Diagnostik-Informationssystem

Integrierte elektronische Datenverarbeitung
für die ärztliche Diagnostik

Beschreibung des Systems der Medizinischen
Universitätsklinik in Tübingen
mit einem Erfahrungsbericht

Herausgegeben von

H. E. Bock und M. Eggstein

Mit Beiträgen von

R. Allner · F. W. Aly · K. Barisch · H. E. Bock · U. Dold
M. Eggstein · C. Th. Ehlers · H. Ehrengruber · F. Fiedler · W. Gräser
E. Kenzelmann · W. Knodel · S. Koller · H. E. Korn · U. Ludwig
E. Meister · I. Mieth · A. Porth · I. Reusch · R. Richterich · H. Rosenmund
W. Schneider · W. Schostak · T. B. Whitehead · C. Wustlich

Mit 98 Abbildungen

Springer-Verlag Berlin Heidelberg GmbH

Ursprünglich erschienen bei Springer-Verlag Berlin Heidelberg New York 1970.

Additional material to this book can be downloaded from http://extras.springer.com

ISBN 978-3-540-04791-9   ISBN 978-3-642-86198-7 (eBook)
DOI 10.1007/978-3-642-86198-7

Titel-Nr. 1676

GEDANKEN BEI DER EINFÜHRUNG EINES COMPUTERS

H. E. Bock

Forschung und Wissenschaft sind heute ohne Datenverarbeitungssysteme nur träge entwicklungsfähig und ohne den Computer nicht mehr denkbar. Das gilt in der Medizin auch für die Bereiche angewandter Grundlagenwissenschaft. – Der Computer gibt das in ihn programmierte Vorgewusste mit erstaunlicher Zuverlässigkeit und Geschwindigkeit wieder. Scharfsinnige Köpfe fragten, wie weit eine solche "Erzeugung von Information" heute noch als Intelligenz anerkannt werden könne (was früher fraglos bejaht worden wäre); im Laufe der letzten Jahrzehnte ist es tatsächlich fragwürdiger geworden denn je.

Wir brauchen Computer, um den Automatismus methodisch festgelegter Abläufe zu garantieren, sowie zur Herstellung von Korrelationen, gewissermassen als Gedächtnisstütze, nicht aber um uns individuelle Denkvorgänge abzunehmen.

1476 hat man die neue Kunst des Druckens "die Kunst des künstlichen Schreibens" genannt. 500 Jahre später sind wir versucht, die Computerleistungen als "Kunst des künstlichen Denkens" zu bezeichnen. Der Computer ist aber nur ein Denkraffer, seine Vorgänge sind - um linguistisch modern zu sprechen - transparent, aber nicht kreativ oder spontan intentional. Der Computer ist grandios zweckhaft, aber dennoch nur ein Zusatz-Teilgehirn, denn gewisse Rindenschichten und bestimmende Hirnstammteile fehlen, ohne deren Gesamtintegration das spezifisch Menschliche nicht denkbar ist. Der Computer ist jederzeit ansprechbar und auskunftbereit, ohne Gedächtnislücken; er ist unbestechlich und somit vielleicht der schnellste Wahrheitsverkünder, den wir kennen. Aber er verkündet nur eine mathematisierte Wahrheit des Vorgegebenen, und er hat keine sittliche Substanz. Durch sein kaum vorstellbares Speichervolumen wird er in Zukunft vielleicht der wertvollste Diener, den der Arzt hat. Man kann ihn auch zum Range eines Konsiliarius erheben, wenn man nichts anderes von ihm will als statistische Wahrheit und lückenlose Wissensinformation des Bekannten; von ihm ist aber nicht zu erwarten, dass er mitempfindet, mithofft, Trost spendet, ermuntert oder Vorbild wird.

Automatisation und gleichzeitige Dokumentation ist der Wunsch derer,
die sich der Tatsache gegenübersehen, bei Verkürzung der Arbeitszeit (von 70 auf 40 Stunden) zehnfach vermehrte Anforderungen zur
diagnostischen und therapeutischen Sicherheit unserer Kranken erfüllen zu müssen, und - greifen wir die Schwesternfrage heraus - dass
die erforderlichen Schwesternstellen nur zu 50 - 75 % besetzbar
sind. Die Anforderungen werden für den Unterricht in kleinen Gruppen
noch zunehmen; man wird nicht nur für exemplarische Vorstellungsfäl-
le, sondern für jeden Fall das ganze Fundament mit harten Daten als
diagnostischen Bausteinen lückenlos auslegen müssen, nachdem sich im
modernen Universitätsbetrieb eine Schwerpunktsverlagerung von der
Forschung auf die Lehre und ein erhöhtes Anspruchsniveau der Schüler
herausgebildet hat.

Ein Diagnostik-Informationssystem, wie es die Medizinische Universitätsklinik Tübingen seit 1964 vorbereitet und seit 1968 in Betrieb
hat, spart vor allem menschliche Arbeitskraft in den ärztlichen
Hilfsberufen, richtiger gesagt, macht diese Arbeitskraft frei für
wesentlichere Pflege- und Forschungsaufgaben. Die Einsparung an
technischen Assistentinnen wird zum Teil wettgemacht durch die Notwendigkeit, Techniker, Mathematiker, Physiker, Programmierer usw.
einzusetzen. Man sollte vorsorgen, dass sich das Berufsbild der
technischen Assistentin nicht etwa ganz in das einer geübten Hilfs-
person der Automatisation verwandelt. Wir verlangen daher an der
Klinik von allen unseren technischen Assistentinnen, dass sie auch
"den Handbetrieb der Methoden" noch beherrschen, um im Nachtdienst
oder im Notfalldienst bestehen zu können, vor allem aber, um bei
späterer Verwendung in kleineren Häusern oder Praxen vollwertig und
voll einsatzfähig zu bleiben. Es wäre ein unverantwortlicher beruf-li-
cher Valenzschwund, wenn die wesentliche Aufgabe der technischen Assistentin nur die Überwachung der technischen Geräte und des Informationsflusses würde. Ein Gewinn ist es aber bereits jetzt, dass unsere MTAs nur noch 20 % und nicht mehr 80 % der Arbeitszeit auf
Schreiben und Rechnen und Registrieren verwenden müssen.

Die Zeit des Menschen ist ausserordentlich kostbar geworden, vor allem in Berufen, in denen Personalmangel herrscht. Der Schwester Arbeit abzunehmen, ihre Verantwortung zu erleichtern und ihre Bela-
stungen zu vermindern - auch durch Verminderung der Fehlermöglichkeiten bei der Übertragung von Laborergebnissen -, ist in meinen Augen eine viel wichtigere Computeraufgabe als differentialdiagnostische Schützenhilfe für den Arzt zu geben, die Datenverarbeitungssysteme ebenfalls geben können. Arbeitsökonomie und Sicherheit ist das

Gebot der Stunde. Pro Patient und Klinikverweiltag fallen bisher
etwa 6 Ergebnisse klinisch-chemischer Untersuchungsmethoden an.
100 - 200 Einzeldaten sind manchmal von der Schwester handschriftlich auf etwa 15 Fieberkurven einzutragen; vorher musste sie dafür
die verschiedenen Anforderungsformulare ausfüllen. Heute streicht
man auf einem einzigen Anforderungsbogen das Gewünschte an und erhält vom Computer, der das registriert und die Identifizierungskleber
ausdruckt, u. U. 50 - 100 Exemplare. Die Schwester braucht also nicht
mehr die Probenröhrchen für Blut, Urin usw. selbst zu beschriften,
sondern sie heftet nur die vorgefertigten Identifizierungskleber an.
Schon am Nachmittag des Analysentages empfängt sie in einer kranken-
blatt-adaptierten Form die Resultate zum Einheften übersichtlich ausgedruckt - und am Wochenende erhält sie noch einmal die Resultate der
gesamten Woche auf einem Bogen, der dem Krankenblatt und als Duplikat
dem Arztbrief beigefügt wird.

Der Versuch, durch Perfektionierung und Automatisierung aller statistischen Grundlagen einer Diagnose den pathogenetischen Prozess
von Krankheiten fehlerfrei und "narrensicher" aufschreibbar zu machen, erscheint manchen als Wunschziel, manchen bereits als geglück-
tes Experiment. Ähnlich wie für die technische Assistentin stellt
sich für den Arzt die Frage, ob man eine Verschiebung des ärztlichen
Berufsbildes durch Computerherrschaft befürchten oder anstreben soll.
Ich sehe hier beträchtliche Gefahren. Ohne hier auf diese prinzipiellen Fragen zukünftiger Berufsgestaltung eingehen zu wollen, ist zunächst einmal für die notwendige Entwicklungsphase der Computermedi-
zin zu sagen, dass Zweckmässigkeit und Oekonomie den vom Arzt oder
vom Krankenhausträger anzustrebenden Grad der Automatisation und
Dokumentation bestimmen sollten. KNODEL hat sehr treffend gesagt,
dass die Sorgfalt der Diagnostik erhöht, ihr Spektralbereich erweitert und die Ausschöpfung der Befunde in höherem Masse zu sichern
sei, wenn man die in der Medizinischen Klinik Tübingen übliche Diagnostik-Informationshilfe benutzt. Überdimensionale Programme sind
in meinen Augen Luxuskonsum und als Imponiergehabe des Computers
wie des Arztes zu bewerten. Aus Programmhörigkeit z. B. des Multi-
12-Analysers statt zweier für die Diagnose notwendiger Werte ständig 3 - 6 aussageähnliche Laborergebnisse anzufordern (und vom
Kranken bezahlen zu lassen) wäre in meiner Wertskala unsozial.

Internmedizinische Diagnostik ist mehr als eine blosse Namensfin-
dung für einen statischen Zustand; sie ist auch mehr als eine Be-
griffsfindung für den Schluss eines Einakters. Internmedizinische

Diagnostik ist die Charakterisierung eines dynamischen Geschehens einschliesslich seiner Entstehungs- und Weiterentwicklungsmöglichkeiten, eines Geschehens, das durch innere und äussere Einflüsse, z. B. durch die Abwehrsysteme des Organismus und durch die Medikamentenwirkung, ständig gleitend sich verändert. Bedeutungsdiagnostik sich wandelnder Krankheitsszenen ist ein mindestens ebenso grosses Aufgabengebiet wie die Festlegung des Status präsens. Bereits für diesen reicht oft eine einzige Diagnose nicht aus; schon bei der Primärsymptomatik, sicher aber bei der Gestaltung des weiteren Krankheitsverlaufes, spielen auch früher durchgemachte Operationen und Erkrankungen wie deren Defekt- oder Residualzustände Rollen, die im Verlauf eine unterschiedliche Wertigkeit erfahren. In ein medizinisches Diagnostiksystem muss daher auch eine möglichst langfristige Verlaufsdokumentation einbezogen werden. - Die durch Computer kontrollierte und gesteuerte Diagnostik-Informationshilfe wäre zweifellos auch auf die Therapie und ihre Nebenwirkungen noch viel ausgiebiger als bisher anwendbar. Auch Anamnese und Arztbrief könnten - als Grundrisse - durchaus automatisiert werden. Dies ist uns bisher nicht so wichtig gewesen wie die Plausibilitäts- und Zuverlässigkeitssteigerung unserer diagnostischen Laborgrundlagen.

Die Differentialdiagnostikhilfe kommt mir demgegenüber nur wie eine - nicht unerwünschte aber luxuriöse - Rückversicherung des kundigen Arztes vor, die für die Lehre ganz interessant, aber nicht unentbehrlich ist. Weil sie die eigenen Gedankengänge ungenügend bahnt, womöglich inaktivitätsatrophisch werden lässt, ist sie sogar gefährlich.

Nachdem E. A. NASH 1954 und LEDLEY 1956 imponierende differentialdiagnostische Hilfen mittels eines Elektronenrechners gegeben hatten, hat LIPKIN 1958 über die mechanische Korrelation von Daten zur Differentialdiagnostik haematologischer Erkrankungen berichtet. Ich habe früher einmal auf die Kostspieligkeit der ("Diät"!-)-Fütterung eines Computers und auf die Tatsache hingewiesen, dass ein kundiger Arzt aus der Situation heraus, auf Grund seiner Erfahrungen und der Ergebnisse einiger weniger Daten (also längst vor Abschluss des "Gesamtmenüs") die Diagnose finden würde. Solche Diagnostikprogramme haben ihre grosse Bedeutung, wenn ein Kataster der in einem bestimmten Gebiet vorkommenden derartigen (z. B. Blut-)Krankheiten erstellt werden solle, etwa in ärztlich ungenügend versorgten Entwicklungsgebieten oder bei Vorsorgeuntersuchungen irgendwie gefährdeter Menschengruppen. Wenn dafür ein Programm vorliegt, können medizinisch-technische Hilfskräfte die meisten der notwendigen Untersuchungen durchführen und ihre Ergebnisse in den Computer eingeben, falls die Menschenmassen oder die Computereinrichtung mobil genug sind, um zueinander zu finden. Jedenfalls ist ein Informationstankstellenbesitzer noch lange kein Arzt, auch wenn er die besten Programme für seine Maschinen besitzt. Wie immer man zur Technik steht und insbesondere zum Computer, eine Entwicklung der modernen Medizin ohne seinen Einsatz wäre rückständig. Noch viel grössere Verbreitung und noch ausgiebigere Programmgestaltung (EEG, EKG, zytologische Programmierung, Elektrophorese) wären zu wünschen. Bei vollständiger Ausnutzung aller sinnvollen Computerhilfen in Automatisation und Dokumentation dürfen wir jedoch die Realitäten des ärztlichen Praxisalltags nicht aus dem Blick verlieren. Ärztliche Diagnostik muss auch ausserhalb grosser Zentren, jederzeit, an jedem Ort betrieben werden können. Wir brauchen den Praktiker, d. h. den Spezialisten für Allgemeinmedizin, nötiger denn je. Wenn es, wie GALL ausführt, auch möglich ist, dass auf dem Schreibtisch des Arztes ein Bildschirm steht, auf dem ihm sofort vom Computer über Netzanschluss alle bis dahin gespeicherten Patientendaten mitgeteilt werden, wenn das System darüber hinaus noch Diagnosevorschläge macht und einen Therapierahmen liefert, dann ist das wertvolle Perfektion, aber sicher nicht der Stil des Allgemeinpraktikers der Zukunft. Die grössere Zahl der Kranken erkrankt zu Hause, oft stürmisch und bedrohlich, auch nachts und am Wochenende - und dann braucht man wie immer schon den guten alten Hausarzt, der mit seinen fünf Sinnen arbeitet und mit besserer Kenntnis des Milieus, des Verlaufs der Vorkrankheiten, der Spannungen in Familie oder Beruf, auf Grund seiner Gesamterfahrung individuumgerechte Entscheidungen trifft. Nur weil der Computer in der Medizin eine Revolution bedeutet, diese an allen Ecken und Enden, wo Medizin betrieben wird, auch stattfinden zu lassen, wäre falsch.

Ich habe früher einmal die Gesprächigkeit des Computers als eine Untugend dargestellt und die mögliche Beunruhigung des Patienten, wenn mit der Diagnose auch prognostische Aussagen vom Computer ausgegeben werden. Schon die Aufzählung der in Frage kommenden Differentialdiagnosen, die dem Patienten natürlich nicht verborgen bleiben werden, stellen u. U. eine schwere psychische Belastung des Vertrauensverhältnisses und vielleicht auch des Heilungsvorganges dar - von den vielen Möglichkeiten, die auf einen viel grösseren Personenkreis ausgedehnte Schweigepflicht zu verletzen, ganz zu schweigen. Es ist andererseits kein Zweifel, dass der durch die

Automatisierung entlastete Arzt die entfesselte Zeit zu fundamentalen Gesprächen mit den Kranken nutzen kann und wird.

Das Glück, einen Computer für ein Diagnostik-Informationssystem neuartiger Prägung zu besitzen, verdanke ich der Stiftung Volkswagenwerk und vielen Mitarbeitern meiner Klinik, die sich unter der Führung von Oberarzt Professor Dr. Manfred EGGSTEIN - ich nenne hier nur die Namen DOLD, KNODEL, von OLDERSHAUSEN, ALLNER, Dipl.-Math. PORTH, Dipl.-Phys. MIETH und Dipl.-Ing. GRÄSER - und unter dankbar gewürdigter Mitarbeit eines Teams der IBM - hier nenne ich Dipl.-Math. KENZELMANN, Math. WUSTLICH, Dipl.-Ing. MEISTER und Dr.-Ing. FIEDLER - über viele Monate mit den Fragen der Programmierung befasst haben. Dieses gemeinsam von Mitarbeitern schwer erarbeitete Glück wird für den Tübinger Klinikdirektor sublimiert durch die Gewissheit, dass Tübingen in der Geschichte der Rechenautomaten wie der Dokumentation schon historische Verdienste hat. Der Tübinger Gelehrte Wilhelm SCHICKARD, Professor für biblische Sprachen, hat 1623 die erste urkundlich nachweisbare Rechenmaschine der Welt in Gestalt seiner "Rechenuhr" entwickelt. Er sei ein Universalgenie allerersten Ranges gewesen, zitiert GALL, Sprachwissenschaftler, Astronom, Geodät, Zeichner, Kupferstecher und Maler, mathematisch so hoch begabt, dass er nach dem Tode seines Lehrers MAESTLIN auch noch dessen Lehrstuhl für Mathematik und Astronomie an der Universität Tübingen übernehmen konnte. - Schwäbischer Lokalpatriotismus könnte weiter angefacht werden durch die Feststellung, dass es dem Sohne schwäbischer Eltern, dem in USA geborenen Dr. Hermann HOLLERITH vorbehalten blieb, den Lochkartenmaschinen "jene praktische Bedeutung zu geben, die diesen Anlagen auch heute noch auf so vielen Gebieten zukommt". - Mir als Nachfolger auf dem Lehrstuhl WUNDERLICHs, des grossen Reformators der klinischen Medizin vor 110 Jahren, ist es eine Genugtuung, im Sinne dieses Schöpfers einer damals grundsätzlichen Verbesserung der Dokumentation, nämlich der Fieberkurve, nun an der Tübinger Medizinischen Universitätsklinik eine kurvenmässig moderne Verlaufsdokumentation bieten zu können, die den Überblick auf die Datenfülle auch komplizierten Krankheitsgeschehens erleichtert.

Schliessen möchte ich mit einem von Rudolf GROSS in seinem Buche "Medizinische Diagnostik - Grundlagen und Praxis"* zitierten Wort von Ch. S. SCOTT: "Im allgemeinen denkt man, dass wissenschaftliches Folgern davon abhängt, dass die Natur geordnet ist .... Wissenschaftliches Folgern hängt von unserer Kenntnis der Art ab, in der die Natur ungeordnet ist."

---

* Heidelberger Taschenbücher, Band 48. Berlin Heidelberg
  New York: Springer 1969

INHALTSVERZEICHNIS

Erfahrungen mit der elektronischen Datenverarbeitung auf medizinischem Sektor in anderen Ländern

AUTORENVERZEICHNIS

Allner, R. Dr. med.
   Tübingen, Medizinische Universitätsklinik

Aly, F. W. Dozent Dr. med.
   Tübingen, Oberarzt der Medizinischen Universitätsklinik

Barisch, K. Ing.
   Sindelfingen, IBM

Bock, H. E. Prof. Dr. med. Dr. med. h. c.
   Tübingen, Direktor der Medizinischen Universitätsklinik

Dold, U. Dr. med.
   Tübingen, Medizinische Universitätsklinik

Eggstein, M. Prof. Dr. med.
   Tübingen, Oberarzt der Medizinischen Universitätsklinik

Ehlers, C. Th. Dozent Dr. med.
   Tübingen, Leiter der Abteilung Medizinische Dokumentation

Ehrengruber, H. Dipl.-Math.
   Bern/Schweiz, Datenverarbeitung Inselspital

Fiedler, F. Dr.-Ing.
   Stuttgart, IBM Beratungszentrum

Gräser, W. Dipl.-Ing.
   Tübingen, Medizinische Universitätsklinik

Kenzelmann, E. Dipl.-Math.
   Stuttgart, IBM Beratungszentrum

Knodel, W. Dr. med.
   Tübingen, Medizinische Universitätsklinik

Koller, S. Prof. Dr. med. Dr. rer. nat.
   Mainz, Direktor des Instituts für
   Medizinische Statistik und Dokumentation

Korn, H. E. Director
   New York, Medical 8 Administrative System Roosevelt Hospital

Ludwig, U. Dr. med.
   Tübingen, Medizinische Universitätsklinik

Meister, E. Dipl.-Ing.
   Sindelfingen, IBM Erzeugnisvertrieb

Mieth, I. Dipl.-Phys.
   Tübingen, Medizinische Universitätsklinik

Porth, A. Dipl.-Math.
   Tübingen, Medizinische Universitätsklinik

Reusch, I. MTA und Programmiererin
   Tübingen, Medizinische Universitätsklinik

Richterich, R. Prof. Dr. med.
   Bern/Schweiz, Chefarzt des Chemischen Zentrallabors
   des Inselspitals

Rosenmund, H. Priv.-Dozent Dr. phil.
   Zürich/Schweiz, Kantonshospital Chem. Laboratorium

Schneider, W. Dr.
   Uppsala/Schweden, Data Center

Schostak, W. Dr. med.
   Tübingen, Medizinische Universitätsklinik

Whitehead, T. B. Prof. Dr. med.
   Birmingham/England, Biochemistry Dept. Queen Elizabeth Hospital

Wustlich, C. Mathematiker
   Stuttgart, IBM Beratungszentrum

E I N F Ü H R U N G

COMPUTER - EIN HILFSMITTEL FÜR DIE DIAGNOSTIK

S. Koller

Im Titel meines Referats steht kein Fragezeichen. Mit Recht. Denn
es ist heute keine Frage mehr, ob Computer ein Hilfsmittel für die
Diagnostik sein können; es ist vielmehr eine feststehende Tatsache
von grundsätzlicher Bedeutung. Diese Tagung ist der wissenschaftlichen Vorstellung eines Diagnostik-Informations-Systems gewidmet,
mit dem ein Aufgabenkomplex spezieller Prägung gelöst werden soll.
Bevor die einzelnen Vorträge nun auf die verschiedenen Einzelheiten
dieses Systems eingehen, soll jetzt der allgemeine Hintergrund des
Einsatzes von elektronischen Datenverarbeitungsanlagen (EDV) im Zusammenhang mit der Diagnostik dargestellt werden.
Welches sind die Arten der Diagnostikhilfe durch Computer? Die Dia-
gnosenstellung ist ein aus verschiedenen Vorgängen zusammengesetzter
Prozess. Ein im Einzelfall erhobener komplexer Befund wird mit allen Symptomenkomplexen derjenigen Krankheiten verglichen, die Symptome aufweisen können, die bei dem zu beurteilenden Fall vorliegen.
Einige wenige Krankheiten kommen als Differentialdiagnosen in die
engere Wahl, aus denen - manchmal erst nach längerer Beobachtung -
die endgültige Diagnose festgelegt wird. Bei allen Stufen dieses
Diagnostikprozesses kann der Computer wesentliche Hilfe geben.

1. <u>Gedächtnishilfe</u>. Bei der grossen Zahl von Diagnosen ist es unmöglich, dass der einzelne Arzt alle Krankheiten mit dem zugehörigen
Symptomenbild im Gedächtnis behält. Die EDV speichert die einmal
eingegebenen Krankheitsbezeichnungen mit den Symptomen unverlierbar
und druckt sie beim entsprechenden Suchvorgang zuverlässig wieder
aus.
Die EDV-Speicher können nach vielen Suchgesichtspunkten nacheinander
oder gleichzeitig abgefragt werden. Die systematische Kombinations-
leistung geht weit über die Leistung des menschlichen Gehirns hinaus.
Damit wird auch die Fähigkeit zu gedanklichen Assoziationen über-
troffen, die zwar beim Menschen in günstigen Fällen "blitzartig"
die richtige komplexe Suchantwort geben können, auf die man sich
aber leider nicht verlassen kann.

2. _Hilfe bei der Befunderhebung._ Durch EDV-Einsatz kann eine erhebliche Präzisionssteigerung bei der Durchführung und Dokumentation von Messungen, Registrierverfahren wie EKG, EEG usw. erreicht werden. Die Verbindung der EDV mit der Laborautomation ist ein weiterer besonders wichtiger Teil der Präzisionssteigerung bei der diagnostischen Befunderhebung, der bei der jetzigen Tübinger Tagung das zentrale Thema darstellt.

3. _Hilfe bei der gemeinsamen Wertung zahlreicher Befunde._ Durch die EDV wird die Anwendung zusammenfassender statistischer Auswertungsverfahren möglich, die sonst an der Kompliziertheit und Langwierigkeit der erforderlichen Berechnungen scheitern würden. Die "multivariaten" Verfahren entsprechen den Grundaufgaben des ärztlichen Denkens. Sie vergleichen, prüfen, unterscheiden unter gleichzeitiger Berücksichtigung mehrerer, auch zahlreicher Merkmale.

4. _Hilfe bei der gesichteten Auswahl der in Frage kommenden Differentialdiagnosen._ Die zum Symptomenbild mehr oder weniger gut passenden Diagnosen können in einer Skala nach dem Grad ihrer Übereinstimmung quantitativ gewertet werden. Der diagnostizierende Arzt nimmt auch subjektiv eine Wertung vor und beurteilt den Grad der Übereinstimmung mit dem jeweiligen Symptomenbild des Patienten, er kann jedoch keine festen Regeln für die Wertung und Abstufung geben und befolgen. Mit Computerhilfe kann dagegen nach einheitlichen mathematischen Prinzipien eine quantitative Wertung vorgenommen und dem beurteilenden Arzt mitgeteilt werden. Diese Basisinformation ist zweifellos von hoher grundsätzlicher und praktischer Bedeutung für den Arzt, der trotzdem selbstverständlich stets die letzte diagnostische Entscheidung behält.

In diesem grossen Komplex von Möglichkeiten, die der Computer für die Diagnostikhilfe geben kann, sind nicht alle Teile gleichmässig weit entwickelt; teilweise ist Forschungsanalyse erforderlich, teilweise mehr praktische Erfahrung. Deshalb ist es zur Zeit besonders wichtig, die einzelnen Teilprobleme zu fördern, während die umfassende Computerdiagnostik noch etwas zurückgestellt wird, bis sie ausgereift ist. In diesem Sinne ist es sehr zu begrüssen, dass hier in Tübingen ein Diagnostik-Informations-System vorgestellt wird und nicht ein Diagnostik-System. Dieser Unterschied soll deutlich unterstrichen werden.
Aber gerade um diesen Gegensatz zu verdeutlichen, will ich im folgenden einige Probleme darstellen, die mit der Computerhilfe für

die allgemeine Diagnostik verbunden sind, sich vielfach in einem
Diagnostik-Informations-System aber anders, und zwar günstiger auswirken.
In der wissenschaftlichen Entwicklung stehen die Bearbeitungen
zweier Aufgabenstellungen nebeneinander, die Modifikationen der
diagnostischen Grundaufgabe sind und sich nur durch eine andere Abgrenzung des Basismaterials und der Zielsetzung unterscheiden. Die
eine Arbeitsrichtung umfasst die diagnostische Durcharbeitung eines
medizinischen Fachgebietes oder einer speziellen Gruppe von Krankheiten aus einem Gebiet. So kennen wir z. B. diagnostische EDV-Pro-
jekte über angeborene Herzfehler, über hämatologische Krankheiten,
über Vergiftungen usw. Die andere Richtung geht von einem speziellen, aber in sich vielseitigen Untersuchungsprogramm aus (EKG, EEG,
Laborbefunde usw.) und bearbeitet deren diagnostische Aussagen.
Beidemal geht man von Befunden und Symptomen zur diagnostischen
Aussage vor; beidemal sind die anzuwendenden mathematisch-statisti-
schen Verfahren gleich. Dennoch bestehen wichtige, allerdings bisher kaum beachtete grundsätzliche Unterschiede zwischen beiden Wegen.
Im ersten Fall, bei der Fachgebietsdiagnostik, liegt der erste
nicht zu umgehende Schritt darin, dass ein Krankheitsfall in einer
Vorentscheidung als vermutlich zugehörig zu dem jeweiligen Fachgebiet bzw. der im Computer gespeicherten Krankheitsgruppe angesehen
wird. Dann erfolgt die diagnostische Wertung der vorliegenden Befunde nach dem Computerprogramm und den gespeicherten Daten. Ob
aber die primäre Vorentscheidung richtig war, wird im weiteren Be-
arbeitungsprozess nicht mehr beachtet. Nun hat jedes medizinische
Fachgebiet einen erheblichen Überschneidungsbereich mit anderen
Fachgebieten; es ist zu anderen Gebieten offen. Für eine ganze
Reihe von Krankheiten gibt es in der jeweils möglichen Symptomen-
skala Ausprägungen, die auf den ersten Blick eine Zuteilung zu einem anderen Organsystem oder einer anderen Krankheitsgruppe nahe-
legen. Wenn in solchen Fällen die EDV-Einschaltung nach Vorentscheidung für ein bestimmtes Gebiet vorgenommen wird, dann kann der Computer zwangsläufig nur in der Krankheitenliste dieses Gebietes wäh-
len. Seine Auskünfte - mit dem Nimbus der Perfektion umgeben - werden leicht die vorangegangene subjektive Vorentscheidung vergessen
lassen und möglicherweise in einem oder anderen Fall zur Fixierung
eines falschen diagnostischen Weges beitragen. Bei der praktischen
Anwendung der EDV-Hilfe zur Diagnostik in einem Fachgebiet, z. B.
bei Vergiftungen ist es unmöglich, differentialdiagnostisch sämtli-

che anderen Krankheiten, die gelegentlich teilweise Übereinstimmung
mit einem Vergiftungsbild zeigen können, in die EDV-Bearbeitung
voll einzugeben. Die EDV-Auskunft muss daher im heutigen Entwicklungsstand mit dem Hinweis beginnen: "Wenn es sich um eine Vergif-
tung handelt, ...".
Damit ist freilich das allgemeine Problem der Fachgebietsdiagnostik
mit EDV-Hilfe nicht gelöst. Es ist eine Zukunftsaufgabe der EDV-Or-
ganisation und -Programmierung, praktikable Systeme zur Überprüfung
der Vorentscheidung zu entwickeln, denn ohne diese wäre der Fachge-
biets-Computer grundsätzlich in Frage gestellt.
Diese Schwierigkeiten bestehen grundsätzlich nicht, wenn man wie
bei der anderen Arbeitsrichtung, von einem geschlossenen System von
Befunden, z. B. einem festgelegten Laborbefunds-Profil, ausgeht und
diese mit EDV-Hilfe diagnostisch auswertet. Hier wird grundsätzlich
nur eine auf dieses System beschränkte Auskunft erteilt; diese kann
dann alle aus den Befunden hervorgehende diagnostische Information
erschöpfen. Es ist das Diagnostik-Informations-System eines Teilge-
bietes der Befunderhebung. Freilich ist es für den jeweiligen
Krankheitsfall nicht vollständig. Es erhebt aber auch keinen solchen Anspruch und ist besser gegen Fehlinterpretationen geschützt.
Für die umfassende ärztliche Diagnose ist dann allerdings die Zu-
sammenführung mit anderen Informationen aus Anamnese und Befunderhebung erforderlich, die ihrerseits entweder weiterhin subjektiv
oder mit EDV-Hilfe erfolgen kann, wobei ggf. wiederum offene Fach-
gebietssysteme mit ihren Schwierigkeiten in Betracht kommen.
Im derzeitigen Entwicklungsstadium sind beide Arbeitsrichtungen
wichtig und förderungsbedürftig. Das geschlossene Diagnostik-Informations-System aus Laborbefunden oder physikalischen Befunden erscheint mir jedoch wegen der Überlegenheit des Ansatzes die besten
Erfolgsaussichten in der nächsten Zukunft zu haben.
Es ist heute und hier nicht erforderlich, eine umfassende Übersicht
über die zahlreichen noch offenen methodischen Fragen zu geben, die
gemeinsam von Ärzten, Statistikern und EDV-Spezialisten erörtert
werden müssen. Ich weise an anderer Stelle (1) darauf hin. Es ist
aber wichtig, dass die Ärzteschaft sich an diesen Diskussionen be-
teiligt. Zu diesen Themen gehört z. B. die Frage nach der Elastizi-
tät des Diagnostikmodells, ob man zu einem Befund einheitliche diagnostische Antworten verlangt, oder ob man mit Unterschieden von
Ort zu Ort, von Herbst zu Winter, von einer Fachklinik zur anderen
rechnet und sie ärztlich gutheisst. Als andere Frage sei erwähnt,
dass man oft hört, die EDV-Hilfe brauche man nur für schwierige und

seltene Krankheitsbilder. Dann aber haben wir wieder das Problem
der Abhängigkeit von einer wichtigen Vorentscheidung - hier, dass
es sich um eine schwierige Diagnose handelt - vor uns; die sehr
wichtige andere Möglichkeit, dass man einen schwierigen Fall, der
zunächst klar erscheint, in der Vorentscheidung irrtümlicherweise
übersieht, wird jedoch der Computerhilfe entzogen. Durch diese
Überlegung wird die zunächst so plausible Anwendungsstrategie der
Beschränkung auf schwierige Fälle recht fragwürdig.

Welcher Entwicklungsstand ist nun heute erreicht? Die führenden
Kliniken und Institute stehen mitten in der Forschung und beginnen
bei günstigen Projekten die Erprobung der Routineanwendung, so z.B.
hier in Tübingen. Der Computereinsatz im eigenen ärztlichen Verant-
wortungsbereich entspricht auch dem, was bei anderen modernen technischen Methoden praktiziert wird. Es ist jedoch etwas ganz anderes,
wenn die Computerhilfe zur Diagnostik nicht im eigenen ärztlichen
Bereich bleibt, sondern von einem Computerbetrieb gewissermassen
über die Strasse verkauft wird. Man muss dabei bedenken, dass im
Computer ein der Kontrolle und meist auch dem Verständnis des an-
fragenden Arztes unzugänglicher Vorgang abläuft, auf dessen Vollständigkeit in der Aufzählung der möglichen Diagnosen er sich weitgehend verlässt. Ob aber die Speichereingabe, das Programm und die
Betriebssicherheit für die Erfüllung der Aufgaben tatsächlich aus-
reichen, kann der Arzt als Kunde des Computers nicht erkennen. Man
braucht sich nur vorzustellen, dass bei der Dateneingabe in den
Speicher Lücken geblieben sind, indem etwa ein Teilgebiet fehlt.
Der Verfasser hat daraus (a.a.O.) die Forderung abgeleitet, dass
für diagnostische Auskunftsstellen mit Computerbetrieb eine spezielle Kontrolle über die ärztliche Zuverlässigkeit und Vollständigkeit der Auskünfte erforderlich ist. Dabei sollte z. B. an einer
grösseren Zahl von Modellfällen mit Eingabe von Befunden durch eine
Sachverständigen-Kommission geprüft werden, ob - abgesehen von der
Zuverlässigkeit der Computer-Arbeit - die Auskünfte ärztlich sinn-
voll und vollständig sind.

Hier im Tübinger Diagnostik-Informations-System der Medizinischen
Klinik bestehen diese Schwierigkeiten nicht. Es wird eine zwar
grosse und schwierige, aber überschaubare Aufgabe mit der derzeit
erreichbaren Perfektion bewältigt. Es ist ein wichtiger Baustein
für die Weiterentwicklung der Medizin.

Literatur

(1) KOLLER, S.: Wann ist die Computerhilfe in der
Diagnostik für die Praxis anwendungs-
reif?
Dtsch. Ärztebl., $\underline{66}$, 795-800 (1969)

DAS DIAGNOSTIKINFORMATIONSSYSTEM
DER MEDIZINISCHEN UNIVERSITÄTSKLINIK TÜBINGEN

- Einrichtungen, Aufgaben, Auswirkungen, Ziele -

M. Eggstein

I. Einführung

Das Diagnostik-Informationssystem (DIS) der Medizinischen Klinik
gilt in seiner e r s t e n Etappe der Optimierung der innerbe-
trieblichen Organisation soweit sie der Befunderhebung, -bewertung,
-ergänzung und Befundnutzung dient. Es verspricht eine Optimierung
des Informationsflusses, beeinflusst die Erstellung, Verarbeitung
und Sortierung der apparativen Messungen, umfasst Kontrollen und
zielt auf eine verzögerungsfreie Vervollständigung des chemischen
Profils der Patienten ab. Es besorgt die Speicherung klinischer
Diagnosen, der Pathologica und aller Laboratoriumsbefunde und gewährleistet ihre Bereitstellung im direkten Zugriff zur wissenschaftlichen Auswertung. Ein Diagnostik-Informationssystem berührt
also Arbeitsbereiche der Ärzte, des Pflege- und des medizinisch-
technischen Personals.

Seit 1964 wird an der Medizinischen Universitätsklinik Tübingen an
dem DIS-Projekt geplant - Abb. 1 -.
1965 findet die erste Einsatzstudie über den Ist-Zustand ihren Abschluss (KENZELMANN). 1966 erfolgen vergleichende Untersuchungen
über den Datenfluss und die Effektivität sogenannter "Extremwert"-
und "Verlaufskontrollen" (BOCK u. M. 1967, EGGSTEIN u. M. 1967,
BOCK und EGGSTEIN 1968). Im Mai 1967 wird der Klinik das Modellpro-
jekt, die "pilot study über on line-Verarbeitung von klinisch-chemischen Messwerten" von der Stiftung Volkswagenwerk übertragen. Es
folgt eine Informationsreise durch die Vereinigten Staaten, die
Schaffung der baulichen Voraussetzungen in der Klinik und es beginnt die projektbezogene Umorganisation des Laboratoriums, mancher
Stations- und Dokumentationsarbeiten.

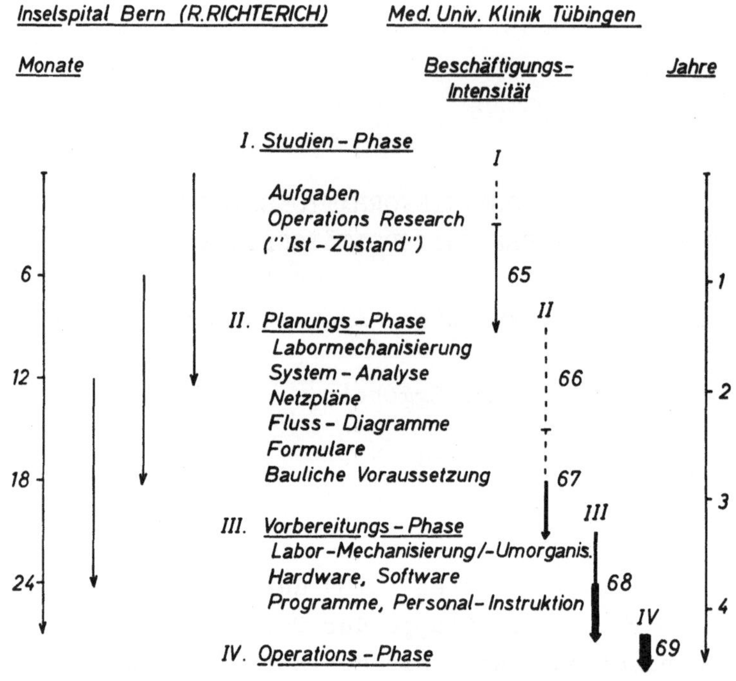

Abb. 1   Projektplanung

1968 werden die Arbeitsplätze im Laboratorium neu aufgeteilt und
soweit als möglich mit vollmechanisierten Analysensystemen ausgerüstet. Statt Einfachanalysen werden Vielfachanalysen erstellt, die
indizierte Befunderhebung durch "indiskriminierte" Ermittlungen in
verschiedenen Untersuchungsbereichen abgelöst. Der Organisationsablauf und die vorgesehenen Kommunikationen werden programmiert. Im
Mai/Juni 1968 wird schliesslich die elektronische Datenverarbeitungsanlage - ein Prozessrechner IBM 1800 - installiert. Die Pro-
benverarbeitungs- und Identifizierungsprogramme werden erstellt. Im
Oktober 1968 sind die Verkabelungs- und Anschlussleistungen abgeschlossen, es wird systematisch mit Testläufen begonnen. Ein Jahr
später, seit Mai 1969 arbeitet das klinisch-chemische Laboratorium
ausschliesslich mit on-line an den Rechner angeschlossenen Laboratoriumsmessgeräten. Mitte Juni werden die ersten Krankenbetten,
nach 3 weiteren Monaten alle 22 Stationen (rund 350 Betten) in das
"System" einbezogen.

II. Problemstellung

Das Diagnostik-Informationssystem der Medizinischen Klinik wird
seiner Zielsetzung gerecht, wenn eine Automatisierung der meist
technischen Vorleistungen, die zur Erkennung ·und Behandlung von
Krankheiten erforderlich sind, gelingt. Je vollständiger die Be-
fundregistrierung am Kranken und in Untersuchungsproben mechani-
siert ist, umso mehr ist eine Automatisierung (Definition siehe unten) dieser Aufgaben angezeigt. Das gilt für Röntgen- und nuklear-
medizinische Geräte ebenso wie für die elektrocardio-, elektroence-
phalo-, elektromyographische und für die klinisch-chemische Diagnostik.

II. 1 Umfang und Progredienz der Diagnostik

Die zur Diagnoseerstellung nötigen Untersuchungen - von ROTHSCHUH
als "Diagnostik" zusammengefasst - nehmen in der klinischen Medizin
einen von Jahr zu Jahr breiteren Raum ein. Im Januar 1969 werden in
unserem Laboratorium pro Tag durchschnittlich 2 000 quantitative
klinisch-chemische Analysen gegenüber weniger als 1 000 vor 3 Jahren
angefordert, nicht mitgezählt Blutbilder, Urinstaten, elektrophoretische und serologische Untersuchungen. Damit kommen auf jeden Patienten pro Krankheitstag 2,3 quantitative Laborresultate, dazu alle
fünf Tage 1 Röntgenkontrolle (0,2 Bilder inclusive Durchleuchtungen
/Patient/Tag) und alle drei Wochen 1 EKG (0,05 EKG/Patient/Tag)
- Abb. 2 -.

Bewährte Kontrollen werden häufiger und unter differenten Arznei-
mitteln und/oder für die Intensivpflege und -behandlung regelmässiger gebraucht, unsichere und schwankende oder in ihrer Aussagekraft
falsch bewertete Resultate werden öfter wiederholt. Nachfrage-
spitzen und -tiefs erwachsen zumindest zum Teil aus ärztlichen Aufgaben und lassen sich dann anderen Gesichtspunkten nicht unterord-
nen noch umorganisieren. Schliesslich leistet die Forschung der
Arbeitszunahme in den Laboratorien durch die Neueinführung von
Testen und durch die Ergänzung indizierter Einzelbefunde zum "biochemischen Profil" wesentlichen Vorschub. Pro Jahr erweitert sich
das Untersuchungsspektrum um 3 - 5 neue Kenngrössen, z. Z. werden
im Laboratorium der Klinik über 100 verschiedene Verfahren für
quantitative Messungen routinemässig durchgeführt. Bei "Mehrfach-
analysen" werden neben den ausdrücklich - weil indiziert - angefor-

Quantitative Klin. Chem. Untersuchungen im Hauptlaboratorium.[x]

	März 1966	Januar 1968	Januar 1969
Klin. chem. Untersuchungen pro Monat	13 998	30 184	42 672
pro Arbeitstag	993	1 372 (+ 38 %)[°]	2 032 (+ 48 %; bzw. + 105 %)[°°]
pro Patient / Tag	1,14	1,55 (+ 36 %)[°]	2,32 (+ 48 %; bzw. + 102 %)[°°]
Patienten - Verweilzeit (Tage)	(1965) 24,4	(1967) 21,9	—
Mittlere Belegung (%)	(1965) 92,4	(1967) 84,2	—

[x] nicht mitgezählt sind Serum - Eiweissuntersuchungen, Blutkörperchen - Zählungen, Diff. Blutbilder und die qualitativen Kontrollen in Körperausscheidungsprodukten.

[°] Zunahme gegenüber 1966, [°°] Zunahme gegenüber 1968 bzw. 1966

Abb. 2

derten, noch weitere, nicht angeforderte, indiskriminierte Messergebnisse erstellt. In Grenzen, die vielfach noch abzustecken sind, geschieht dies zu Recht, denn bei jedem 10., sicher bei jedem 20. Patienten, der den Arzt aufsucht, bringt der biochemische "check up", liefern die "indiskriminierten Laboruntersuchungen"einen zusätzlichen, mit dem eigentlichen Beschwerdebild nicht erklärten oder vermuteten Aspekt und weisen auf ein bislang nicht beachtetes diagnostisches oder therapeutisches Problem hin (WHITEHEAD et al. 1967, THIERS siehe bei BRYAN et al. 1966, YOUNG and DRAKE 1965, EGGSTEIN und KNODEL 1969). Diese mit 5 - 10 % angegebene Ausbeute an diagnostisch relevanten Daten überrascht, liegt die Wirksamkeit bei Schirmbildkontrollen (in Nord-Württemberg im ersten Durchgang 1955 - 1961) bei 0,64 % (DIETZ 1963), die von Reihenuntersuchungen auf Glukosurie zwischen 1,5 und 2,9 % (GLOGNER, DÜRR 1964, STOCK-HAUSEN 1965). Die Ausbeute wird verständlich und für den Kliniker annehmbar durch die Mitteilung von WHITEHEAD, dass von 6,9 % diagnostischer Hinweise aus indiskriminierten Analysen die Hälfte à conto "Serumeisen und Blutzucker" gehen, wo die Bedingungen der Probenentnahme das Untersuchungsresultat wesentlich mitbestimmen. Aus diesen Gründen erwächst eine Datenfülle, die eine Bearbeitung durch eine elektronische Datenverarbeitungsanlage nahelegt.

II. 2 Diagnostische Effektivität von Laboratoriumsdaten

Welche Bedeutung apparativ gewonnene Messgrössen - indizierte und
indiskriminierte - für die Diagnose letzten Endes haben, kann man
bei der variablen Schärfe und der oft fehlenden Exaktheit der
Krankheitsbezeichnungen z. Z. nicht in Zahlen angeben. LEIBER em-
pfiehlt zwischen praxis- und klinikgerechten Diagnosen zu unterscheiden. VOLHARD schätzte vor nicht 40 Jahren, dass die Diagnosestellung zu 70 % auf dem ärztlichen Gespräch, zu 20 % auf der klinischen Untersuchung und zu 10 % auf Laboratoriumsbefunden beruht.

Doch der Aussagewert von Laboratoriumsbefunden wird vom Internisten
heute höher eingestuft. Er liegt für gezielte Untersuchungen günstiger als für die einzelnen Messpunkte eines "fixen biochemischen Profils". Dieses liefert dafür bei nicht oder ungenau präzisierter
Fragestellung z. B. bei Filteruntersuchungen zur Ergänzung der ärztlichen Untersuchung oder bei epidemiologischen Studien aus einem
breiten diagnostischen Bereich orientierende, oder bei Anwendung einer an die diagnostisch-therapeutische Fragestellung adaptierten
Analysenbatterie mehrfach fundierte, gewichtete Aussagen. Sie sind
nötig, um bei der Datenfülle zu entscheiden ob unerwarteten, anormalen Werten tatsächlich eine pathologische Bedeutung zukommt. Denn
bereits die Definition "normal - anormal" (anormal sind Grössen
ausserhalb der doppelten Standardabweichung des Mittelwertes für
Gesunde) besagt, dass mindestens 5 % anormale Kenngrössen anfallen
müssen. Oder, wird bei 10 Gesunden ein chemisches Profil mit je
10 Kenngrössen erstellt, dann können theoretisch 5 Untersuchte je
einen anormalen Laborwert (per definitionem) aufweisen.
Der biochemische check up hilft nicht nur Befundlücken zu vermeiden
und latente Symptome aufzudecken, er verpflichtet auch zur optima-
len Nutzung, um ausserhalb der Kontroll- und Einflussphäre des Untersuchers gelegene Fehlbestimmungen zu erkennen und zu entscheiden,
welche anormalen Befunde als Krankheitssymptome zu werten sind. Das
sind Entscheidungen, die programmierbar, damit einem Computer über-
tragbar sind.
Die an diese Überlegungen geknüpften Erwartungen - durch erprobte,
(zum Teil) fixe Untersuchungsspektren Befundlücken zu vermeiden,
latente Symptome und typische Symptomenkomplexe notfalls selbsttätig zu erfassen und dadurch zu gewichten, durch programmierte Daten-
kontrollen und -ergänzungen plausible und diagnostisch-therapeutisch
effektive Befunde herauszustellen - lassen auch für die intuitive·
Diagnose weniger Fehlentscheidungen erhoffen und bieten m. E. die

Voraussetzung für "Computerdiagnosen". Nach PIRTKIEN gehen 27 %
der von ihm definierten und analysierten Fehldiagnosen auf "das
Röntgen", 12 % auf "das Laboratorium" und 10 % auf "das EKG" zurück. An 2 % Fehldiagnosen waren falsche oder täuschende Laborwerte
schuld, bei 4 % waren Laboruntersuchungen, die zu den Diagnosen
hätten führen können, nicht angeordnet worden und 6 % der Fehldiagnosen beruhten auf einer klinischen Fehldeutung der Laboratoriumswerte. Nach demselben Autor verursachten falsch-positive oder -ne-
gative, klinisch ungenügend oder falsch bewertete Röntgen-, EKG-
und Laborbefunde 31 % der Fehldiagnosen. Unterlassungen von Rönt-
gen-(in 12 %), von EKG- (in 2 %) und von Laboratoriumsuntersuchungen (in 4 %) haben an 18 von 100 Fehldiagnosen wesentlichen Anteil,
während die Anamnese nur für 2 % der Fehldiagnosen verantwortlich
gemacht werden kann.

Der Kliniker wird sich bei dieser retrospektiven Studie mit dem
Spruch trösten "wie niemand ist niemandes Diagnose v o r dem Tode
sicher" und die - auch für diesen Fall geltende "Ausnahme von der
Regel" nicht übersehen: selbst der Pathologe kommt nach LANDES und
ZÖTL in 0,5 %, in der Untersuchungsreihe von PIRTKIEN in 3 % zu kei-
ner Diagnose der Grundkrankheit.

II. 3 Nahziele des DIS

Spiegeln diese Zahlen Wert, hier "Unwert der Technik", also von Laboratorium, EKG und Röntgen für die Diagnosefindung wider oder aber
den Anteil der "Diagnostik mit Apparaten" an der ärztlichen Urteils-
findung? Die Frage bleibt unbeantwortet!

Ungelöst bleibt auch die Aufgabe mit der grossen Zahl und weiteren
Zunahme apparativer Untersuchungen, mit ihrer Überprüfung und Gewichtung in den diagnostischen Zentren und mit ihrer Verarbeitung
und Nutzung am Krankenbett fertig zu werden. Hieraus erwächst die
Zielsetzung für das Diagnostik-Informationssystem der Klinik.

Dessen erste Etappe gilt

1. einer möglichst vollmechanisierten Aufarbeitung, mathematischen
   Auswertung, Verdichtung, Identifizierung, der mehrschichtigen
   Kontrolle - damit Gewichtung - und möglichst noch Auslösung er-
   gänzender Laboratoriumsanalysen, also der Automatisierung des
   klinischen Laboratoriums und der übrigen diagnostischen Zentren
   mit dem Ziel einer programmierten Basisdiagnostik;

2. der Optimierung des Informationsflusses innerhalb der Klinik
    und

3. der Dokumentation aller somatischen und chemischen Befunde mit
    direktem Zugriff.

III. Mechanisierung und Automatisierung im Laboratorium

Dem Bedarf nach kontinuierlich aufgezeichneter Herz-, Kreislauf-,
Gehirn- und Atemfunktion, nach mehr und häufigeren Messpunkten im
Blut und Körperausscheidungen wird mit "teil- und vollmechanisierten" Registrier- und Messapparaten auf den Überwachungsstationen
wie im Laboratorium Rechnung getragen. JENSEN und LABADIE (1968)
bearbeiteten 80 % der klinisch-chemischen Untersuchungen für ein
900-Bettenkrankenhaus für allgemeine Krankheiten mit Hilfe eines
12-fach-Analysengerätes und verzeichnen dabei einen 40 %igen Ana-
lysenzuwachs. In unserer Klinik werden ebenfalls 80 % der Laboratoriumsergebnisse durch vollmechanisierte Analysensysteme erstellt.
Sie gelten 23 verschiedenen diagnostischen Kenngrössen oder rund
einem Fünftel des Spektrums an chemischen und biochemischen Messmethoden, über die der Kliniker verfügen kann.

III. 1 Apparative Ausrüstung des Laboratoriums

Zu den vollmechanisierten Analysensystemen des Laboratoriums zählen
2 Einkanal-Autoanalyzer für Blutzucker und PBJ, 2 Zweikanal-Auto-
analyzer für Kreatinin, Harnstoff, Harnsäure und Phosphat im Urin
und für stark erhöhte Serumkonzentrationen (sobald Verdünnungen nötig sind), der Technicon SMA 12/30 Typ "Survey", mit dem in 3 bis
3,2 ml Serum gleichzeitig Kreatinin, Harnstoff, Harnsäure, Calcium,
Phosphor, Chlor, Bilirubin, Albumin, Gesamteiweiss, Zucker und Cholesterin gemessen, also 11 Kanäle genützt werden (SCHILY, EGGSTEIN
und Mit. 1969). Vollmechanisch werden auch die Aktivitäten von GOT,
GPT, LDH, DPF-Aldolase, alk-P'ase und LAP im Serum mit 3 Enzymstrassen Eppendorf und (flammenphotometrisch mit selbsttätigem Proben-
transport und Verdünnung in 0,05 ml Serum), Natrium, Kalium und Calcium mit der sogenannten Elektrolytstrasse Eppendorf gemessen. Für
quantitative Harnanalysen, - Eiweiss, Zucker, Harnsäure - wird der
Perkin Elmer C_4-Analyser eingesetzt. Nur noch 1 % der Cholesterin-,
5 % der Blutzuckerwerte, 10 % der Enzymaktivitätsmessungen, 50 %
der Elektrolytbestimmungen (durch den Eil- und Bereitschaftsdienst,
durch Exkretanalysen und die manuell bearbeiteten Schwermetallana-

lysen bedingt), aber a l l e Hormone, die Serologie, z. Z. auch
die Haematologie und alle qualitativen Reaktionen in Körperausscheidungen werden manuell vorbereitet, pipettiert und bearbeitet und
visuell ausgewertet oder in Messgeräte überführt und die Messgerä-
teeinstellung, wenn auch nur durch Knopfdruck, registriert bzw. für
den Rechner freigegeben.

III. 2 Analysenkapazität

Die theoretische Stundenleistung des Laboratoriums liegt z. Z. zwischen 900 und 1 100 quantitativen Analysen (ohne haematologische
und serologische und ohne die qualitativen Exkretuntersuchungen)
oder zwischen 50 bis 60 Analysen/Stunde und medizinisch-technische
Assistentin. Tagesleistungen zwischen 3 000 und 4 000 Analysen am
Montag stehen 300 bis 400 Analysenanforderungen am Wochenende gegenüber - Abb. 3 -.

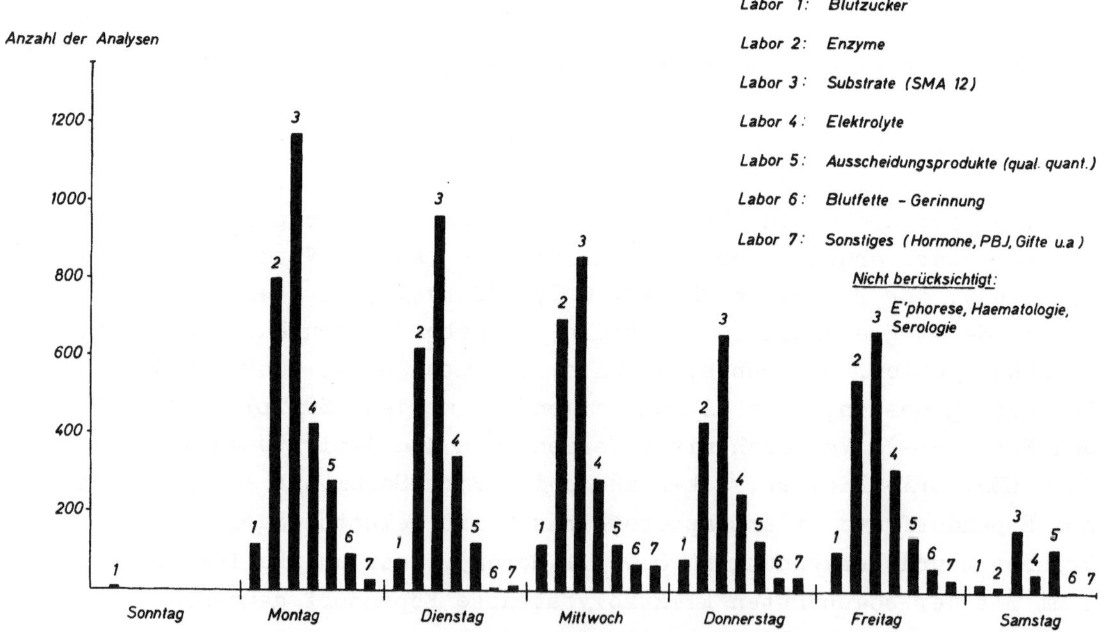

Abb. 3 Quantitative Klin. Chem. Analysen während einer Woche
(Januar 1969)

Selbst für die wenigen Anforderungen sonnabends werden die mechanisierten Analysensysteme bevorzugt, obwohl manuelle, periodisch auf
Richtigkeit und Vergleichbarkeit überprüfte Verfahren für den Systemausfall (Not-) und Bereitschaftsdient (siehe bei ALLNER) zur
Verfügung stehen.

III. 3 Definition der Laboratoriumsautomatisierung

Eine Laborausstattung mit Geräten vom Typ ANALMATIK, ANALYSENSYSTEM
Eppendorf, AUTOANALYZER, BIOANALYST, CHEMATIK, CLINOMAC, ELVI 300,
MECOLAB, ROBOT-CHEMIST, SPECTROPLAN oder SYSTEMATIK u. a. sogenannte "Laborautomaten" - ausgenommen den AUTOCHEMIST (Firma AGA, Schweden) sollte man nicht einer Automation gleichsetzen. Die Bezeichnung "mechanisierte, teil- oder vollmechanisierte Analysensysteme"
ist zutreffender und respektiert die Definition von KIENITZ (1966)
Danach hat auch das komplizierteste Analysensystem erst dann etwas
mit Automation gemein, wenn es in ein Kontrollsystem eingebaut ist,
das der menschlichen Vernunft entspricht, die üblicherweise bei der
manuellen Durchführung von Analysen eingesetzt wird.
Gerade das, ein laborinternes Kontrollsystem, dazu störungs- und
verzögerungsfreie Proben- und Informationsübermittlungen sind erforderlich, wenn sich die Labormechanisierung auf die Qualität der
Alltagsaufgaben von Ärzten, von Pflege- und medizinisch-technischem
Personal auswirken soll (BOCK, EGGSTEIN 1968). Deshalb bildete die
Laboratoriumsautomatisierung den Kristallisationspunkt für das DIS
und Anlass für die Installation eines Prozessrechners.

IV. Off-line und on-line Arbeitsbereiche im DIS

Das Diagnostik-Informationssystem der Klinik umfasst das Funktions-
dreieck "Stationen - Laboratorien (und sonstige diagnostische Zentren) - Computer". Für den Arbeits- und Informationsablauf müssen
3 Organisationsformen unterschieden werden, nämlich
a) für stationäre Patienten der S t a n d a r d b e t r i e b
   mit 3 Informationsschleifen und on- und off-line arbeitendem
   Computer,
b) für Eilfälle, ambulante und Sprechstundenpatienten und für Einsendungen, der E i l d i e n s t bei on-line arbeitendem
   Rechner,
c) für Untersuchungen während des B e r e i t s c h a f t s -
   d i e n s t e s (Sonnabendnachmittag, Sonntag, nachts) und bei

Systemausfall (N o t d i e n s t) im Labor- wie Rechnerbereich
mit n i c h t arbeitender Datenverarbeitung.
Dem S t a n d a r d b e t r i e b sind die Organisationsformen
des Eildienstes und des Bereitschaftsdienstes bzw. der Notlösung
bei Systemausfall weitgehend angeglichen. Dabei sind 3 Informationsschleifen wirksam. In der ersten Schleife wird der Rechner bevorzugt für off-line Arbeiten oder sogenannte non-process-Funktionen,
in der zweiten Etappe für den"Betrieb" von on-line mit dem Rechner
verbundene Messgeräte und Computer-terminals, also für process-Arbei-
ten eingesetzt (WUSTLICH). Die Aufgaben für die dritte Informationsschleife werden wieder off-line erledigt.

IV. 1   Informationsschleife I

Die erste Informationsschleife dient der Eingabe von Patientendaten
in den Rechner, erstellt den obligaten Formularsatz und erforderliches Identifizierungsmaterial und unterrichtet über die anstehenden
diagnostischen Messungen und Eingriffe - Abb. 4 -. Der in die Klinik aufgenommene Patient füllt einen zum Ablochen geeigneten
P e r s o n a l b o g e n aus (siehe Beitrag KENZELMANN Abb. 3).
Die Personalien beanspruchen 3 Lochkarten. Die erste mit der Mini-
maldatei und einer fünfstelligen Patientennummer wird in den Rechner eingelesen und veranlasst den für jede Neuaufnahme obligaten
"Diagnostikformularsatz". Er umfasst je einen Diagnostikverordnungsbogen und Pathologicabogen, das sind Belegleserformulare. Sie
werden mit ausgedruckten Personaldaten und markierter Patientennummer per Rohrpost der Station zugeleitet.
Das P a t h o l o g i c a f o r m u l a r (siehe Beitrag DOLD,
Abb. 1) gilt einer grob-orientierenden Registrierung von a n a m -
n e s t i s c h e n , von bekannten R ö n t g e n - und L a b o r -
befunden und den bei der k l i n i s c h e n Untersuchung erhobenen Normabweichungen, die damit in den Rechner eingegeben werden.
Der Aufnahmebefund wird durch pro Woche und Patient dem Stationsarzt zur Verlaufsregistrierung zugeleitete weitere Pathologicabogen ergänzt.
Mit dem D i a g n o s t i k v e r o r d n u n g s b o g e n lassen sich etwa 250 verschiedene d i a g n o s t i s c h e Aufgaben
- alle klinisch-chemischen Routinebestimmungen, die häufigsten
Röntgen-, nuclearmedizinischen, Herz- und Kreislaufkontrollen und
einige diagnostische Eingriffe, für die ein festgelegtes Programm
an Voruntersuchungen verlangt wird - durch einfache Strichmarkie-

rungen aufrufen (siehe Beitrag KNODEL, BARISCH, REUSCH, Abb. 3).
Täglich erhält die Stationsschwester pro Patient ein vom Rechner
vorbereitetes Exemplar. Nach der Bettenfolge geordnet, ergeben die
Diagnostikverordnungsbogen das "Visitenbuch neuer Art". Bei der Visite oder Patientenuntersuchung mit Strichmarkierungen versehen,
kommen die Verordnungsbogen per Rohrpost an die Rechnerstation zurück. Ein Markierungsleser mit Kartenlocher (IBM 1232 und 534)
überträgt die Informationen auf Lochkarten. Sie werden mit dem Kartenleser und -stanzer (IBM 1442) in den Rechner eingelesen. Über
den Schnelldrucker (IBM 1443) liefert der Rechner nach Stationen
geordnet - Abb. 4 -

1. eine "Übersicht" über die bei der Visite angestrichenen, für den
folgenden Tag geplanten Untersuchungen mit Hinweisen für richtige Probennahme - wir nennen sie S t a t i o n s h i n w e i s -
l i s t e n - (siehe Beitrag KNODEL, BARISCH, REUSCH, Abb. 7).

2. Zur Kennzeichnung der Probengläschen werden I d e n t i f i -
z i e r u n g s k l e b e r - Abb. 5 - und - für alle im Auto-
Analyzer bearbeiteten Proben - verkürzte Lochkarten, K u r z -
k a r t e n - Abb. 6, 1084-Karte - zur Probenidentifizierung
mit binärverschlüsselter Patienten- und Testnummer und mit Datum
gedruckt bzw. gestanzt, die direkt an die Probengläschen anzu-
hängen sind.

FOLGENDE AUFKLEBER SIND FUER STATION A5H	�b SOFIE PAT.NR. 2826 STATION A5H KUPFER VENENBLUT 1/2 R LAB. 4 PL. 1 FE CU BILI DIR DATUM 06.10.69	▬ THERE PAT.NR. 3218 STATION A5H VENENBLUT 3/4 R LAB. 2 PL. 1 ENZYME MANUELL DATUM 06.10.69
▬ THERE PAT.NR. 3218 STATION A5H BILI DIR. VENENBLUT 1/2 R LAB. 4 PL. 1 FE CU BILI DIR DATUM 06.10.69	▬ THERE PAT.NR. 3218 STATION A5H EISEN VENENBLUT 1/2 R LAB. 4 PL. 1 FE CU BILI DIR DATUM 06.10.69	▬ THERE PAT.NR. 3218 STATION A5H VENENBLUT 3/4 R LAB. 4 PL. 7 ELEKTROLYTE-SER DATUM 06.10.69

Abb. 5

3. entstehen L o c h k a r t e n zur Identifizierung von solchen
Untersuchungsproben, die manuell oder in Analysensystemen ohne
gleichzeitige Probenidentifizierung bearbeitet werden - Abb. 6,
1082-Karte - und

4. werden für die Laboratorien, für die EKG- und Röntgenabteilung
nach Arbeitsplätzen geordnete " A r b e i t s l i s t e n "
ausgedruckt (siehe Beitrag KNODEL, BARISCH, REUSCH, Abb. 8 u.9).
Sie unterrichten über Vorwerte, über evt. erforderliche Probenverdünnungen oder Probensplittung und sind bei Systemausfall als
"Laborbuch" zu verwenden (KNODEL). Für die qualitativen Exkretanalysen werden B e l e g l e s e r f o r m u l a r e mit aus-

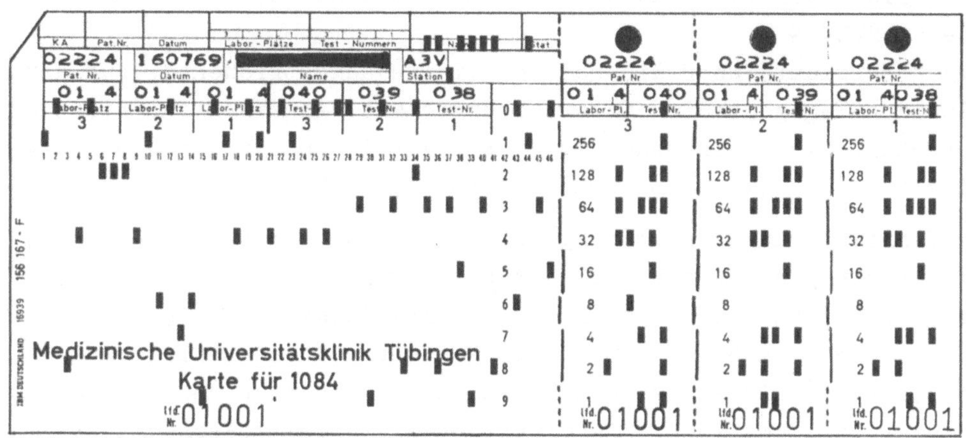

a) 1084-Karte

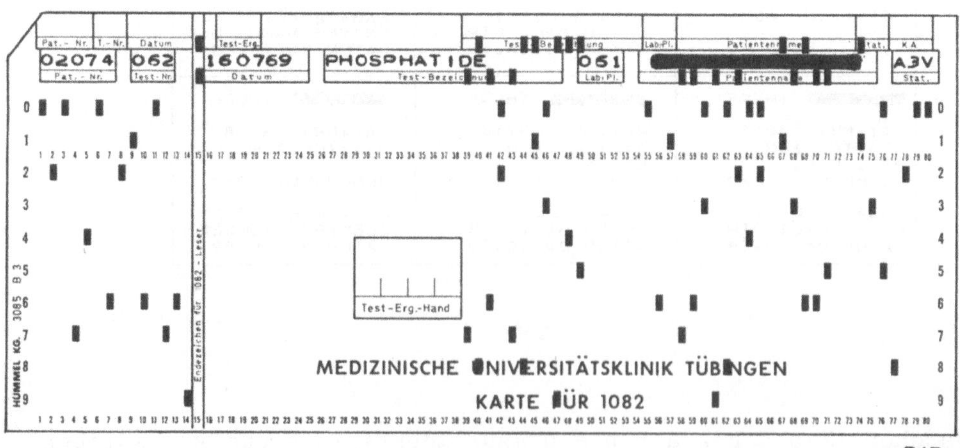

b) 1082-Karte

Abb. 6 Probenidentifizierungskarten

gedruckten Personaldaten, markierter Patientennummer und ange-
kreuzter Testanforderung bereitgestellt (siehe Beitrag PORTH und
SCHOSTAK, Abb. 1). Die Untersuchungsresultate lassen sich durch
einfache Strichmarkierung eintragen und über die Kartenleserein-
heit in den Rechner eingeben (SCHOSTAK).
Diese erste Informationsschleife soll der Stationsschwester das
"Verarbeiten der Visite", soweit es sich um die Vorbereitung diagnostischer Massnahmen handelt, abnehmen. Sie schafft die Voraussetzung für eine der Probenmessung parallellaufende Probenidentifizierung in den on-line geschalteten Laboratoriumsmessgeräten, sie
entlastet die Stationen und Laboratorien von Schreibarbeiten und
mahnt zur korrekten Probennahme. Auf die Mitteilung von BARKER
(Lit. BOCK und EGGSTEIN 1968) gestützt, kann im Aktionsbereich der
ersten Informationsschleife mit einer Effektivität von rund 10 %
weniger "Fehlern" gerechnet werden.
Der R e c h n e r arbeitet für diese erste Informationsschleife
off-line. 2/3 der Kernspeicherkapazität (22 k-Worte) gelten den
Kommunikationsprogrammen (Listen, Kleber, Kurz- und Langkarten, Belegleserformulare usw.), 1/3 dem TSX-Betriebssystem zur Steuerung.
Die erste Informationsschleife läuft deshalb ab 15.00 Uhr, während
tagsüber der Rechner der zweiten Informationsschleife zur Verfügung
steht.

IV. 2 Informationsschleife II

Die zweite Informationsschleife gilt der on-line Verbindung zwischen "Laboratorium und Rechner" und beinhaltet die Identifizierung
und Analyse der Proben, ihre mathematische Auswertung und Verdichtung, ihre Kontrolle und Speicherung. Sie wird durch in das Laboratorium gebrachte Proben initialisiert. Für jeden Test und jedes
Analysensystem gelten Flusschemata, wobei Probenverteilung, Identifizierung und Analysengang bzw. die in den einzelnen Laboratorien
eingesetzten Analysensysteme berücksichtigt sind. Die im Standardbetrieb on-line mit dem Rechner verbundenen Geräte mit digitaler
und analoger Datenausgabe verteilen sich z. Z. auf 7 Laboratorien
(1 - 7). Hinzu kommt das Prüflaboratorium und eine Ablochstelle
- Abb. 4, Abb. 7 -.
Für einen 1-Kanal-, zwei 2-Kanal- und einen 11-Kanal-Autoanalyzer
also für 16 von z. Z. 17 eingesetzten Auto-Analyzerkanälen, stehen
4 Probelesegeräte (T 40/IBM 1084 bzw. 1894) zur selbsttätigen Probenidentifizierung (Labor 1, 3, 5) zur Verfügung.

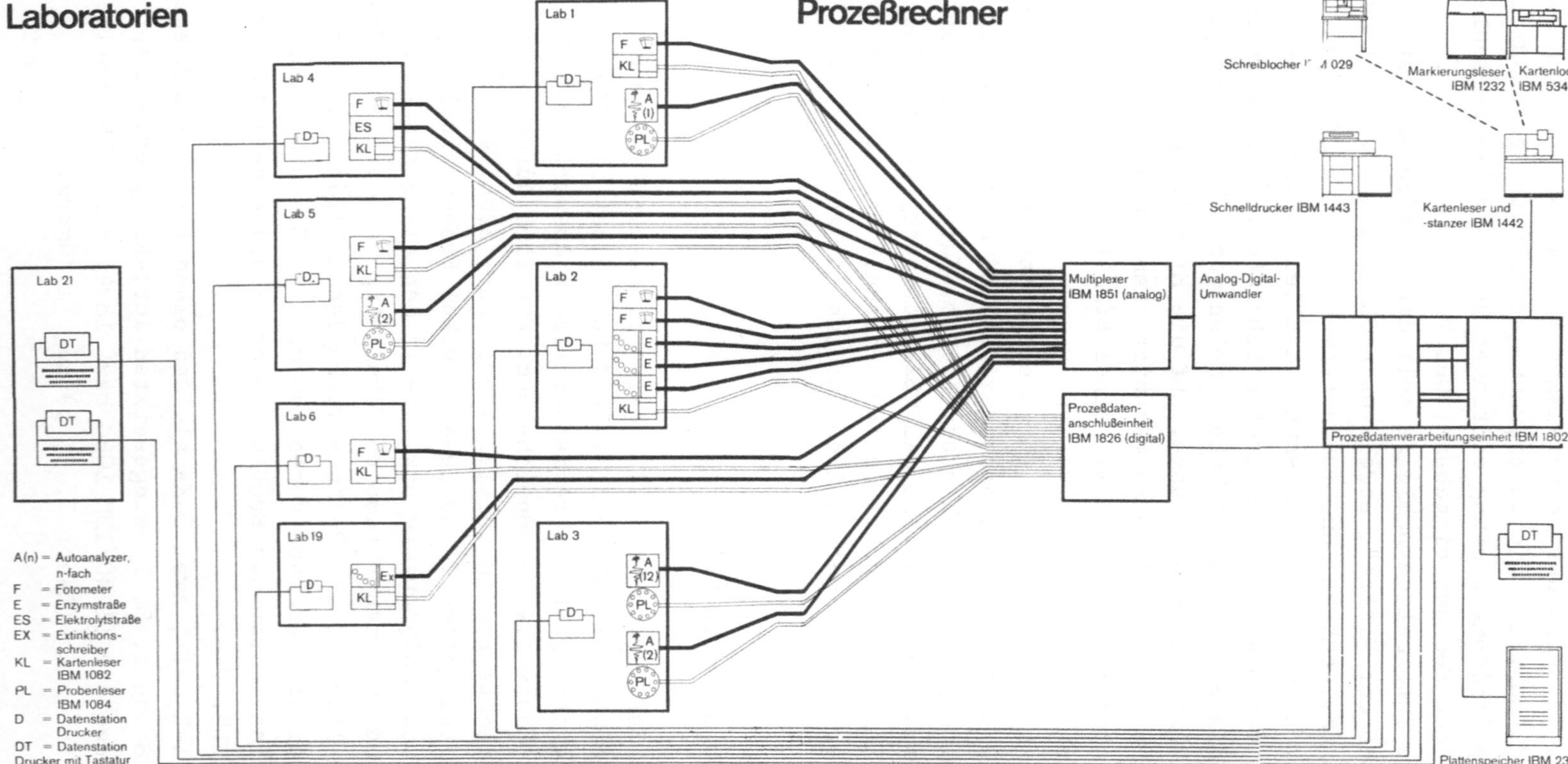

Abb. 7 On-line Konfiguration

Den drei Doppelenzymstrassen Eppendorf (Labor 2) und dem mechanisierten Flammenphotometer Eppendorf (Labor 4) sind je ein Lochkartenleser (IBM 1082) zugeordnet.
Weiter sind 6 Photometer (2 mit Küvettenwechseleinrichtung) und
1 Spektralphotometer (auf Laboratorium 1, 2, 4 und 6 verteilt),
1 Extinktionsschreiber (Labor 19) und vier für die on-line Arbeit
mit diesen Photometern erforderliche, also insgesamt 6 Lochkartenleser (IBM 1082 in Labor 1, 5, 6 und 17) an den Rechner angeschlossen. In jedem der sieben Laboratorien, die 7 Arbeitsbereichen entsprechen, steht ein mit dem Rechner verbundener, den Analysengeräten des betreffenden Laboratoriums beigegebener Drucker (IBM 1053).
Dazu kommt das sogenannte Prüflaboratorium (Labor 21), in dem
2 Drucker mit Tastaturen (IBM 1816) zur Freigabe der überprüften
Resultate in die permanente Datei als "Periphergeräte mit vielfa-
cher Verwendung" zur Verfügung stehen.

IV. 2. 1 Die E i n t e i l u n g der mit dem Rechner verbundenen
L a b o r g e r ä t e erfolgt nach zweierlei Gesichtspunkten. Unter analytischem und organisatorischem Aspekt, sowie nach Arbeitsweise und Effektivität sind von der L a b o r a t o r i u m s -
s e i t e her

a) vollmechanisierte Analysensysteme,
b) einfache oder teilmechanisierte Messgeräte und
c) Untersuchungsgeräte, die sich nicht zum Anschluss an einen Computer eignen, zu unterscheiden.

Ad a) Vollmechanisierte Analysensysteme können mit und ohne selbst-
   tätige Probenidentifizierung (mit interner oder selbsttätig aus-
   gelöster externer Synchronisation) ausgestattet sein. Die Proben
   werden mit anhängender Kurzkarte in speziellen Zentrifugenbe-
   chern aufgesert und direkt in den Autoanalyzer gegeben. Mit Pro-
   benlesern (IBM 1084 oder 1894) kombinierte Autoanalyzer liefern
   zum analogen Messwert Digitalwerte, und zwar aus der Kurzkarte
   über die Patientennummer den -namen, über die Testnummer die
   Testart und das Datum (zur eindeutigen Speicherung der Teste,
   die sich über mehrere Tage hinziehen oder um Wiederholungen vom
   Vortag erkennen zu können).
   Als Kurzkarten abgefasste, ebenfalls über den Probenteller mit
   Leseeinrichtung eingelesene "Steuerkarten" markieren Leerproben,
   Standardlösungen, Kontrollseren. Die Serienendekarte ruft das
   Auswertprogramm auf und veranlasst im Labordrucker (IBM 1053)
   den Ausdruck der Messwerte (siehe unten).

Für die Enzym- und Elektrolytstrassen, ebenfalls vollmechanisierte, aber diskontinuierliche Analysensysteme z. Z. noch ohne Probenidentifizierungsteil wird die positionelle (serielle) Identifizierung (dem Rechner gegenüber) gewählt. In gleicher Folge wie die Serumproben in den Probennehmer eingefädelt werden, müssen die Identifizierungslochkarten in den Kartenleser (IBM 1082) gelesen werden. Hinzu kommen Steuerkarten zur Kennzeichnung der Methode, für den Anfang, für Leerwerte, für Ende, für den Ergebnisausdruck als "Zubehör" zum jeweiligen Arbeitsplatz. Hier bilden Mess- und Probenidentifizierungsgerät keine obligate Einheit, die Zuordnung der Analog- zu den Digitalwerten ist störbar. Dafür kann der Lochkartenleser (IBM 1082) für mehrere Messgeräte verwendet werden.

Ad b) Die üblichen Photometer und Messgeräte für manuell bearbeitete Proben sind ebenfalls on-line an den Rechner angeschlossen. Über sogenannte Beistellgeräte wird dem Rechner die Analogwertübernahme (aus dem Schreiber) signalisiert und die dazugehörende Digitalinformation über den Lochkartenleser (IBM 1082) eingegeben. Sie dienen Einzel- oder kleineren Serienmessungen (den 20 % nicht vollmechanisch erstellten Laboratoriumsbefunden - siehe oben -). In der "Vorrangsteuerung" für den Messwertabgriff rangieren sie mit entsprechend geringerer Priorität (WUSTLICH). Über eine Serienendekarte werden die Resultate auf der dem Messgerät zugeordneten Schreibmaschine (IBM 1053) ausgedruckt.

Ad c) Eine weitere Gruppe bilden Laborgeräte und Arbeitsplätze, die n i c h t on-line mit dem Rechner verbunden sind - z. B. Mikroskope und Waagen. Damit erstellte und alle visuell bewerteten Resultate werden über Lochkarten oder Belegleserformulare dem Rechner eingegeben - ein zusätzlicher Arbeitsgang -, während an allen übrigen Arbeitsplätzen unseres Laboratoriums der Rechnerausdruck das L a b o r b u c h ersetzt und Schreibarbeiten einspart (vgl. hierzu BOCK und Mit. 1967). Auch diese Arbeitsplätze können nach Eingabe der Resultate vom Rechner einen zusammenfassenden Laborbericht abrufen.

IV. 2. 2 Für die D a t e n v e r a r b e i t u n g unterscheidet man
a) Geräte, die durch einen Impuls dem Rechner den Beginn einer analog verlaufenden Messung signalisieren, deren Auslesevorgänge i n t e r n synchronisiert vom Computer gesteuert werden. Das sind die Auto-Analyzer (PORTH, WUSTLICH).

b) Geräte mit e x t e r n e r Synchronisation. Der Rechner bekommt, sobald ein Analogwert ansteht, ein Signal übermittelt. Das kann durch eine mechanisch ausgelöste Positionsmeldung der Küvettenstellung oder manuell über ein Beistellgerät durch Knopfdruck erfolgen. Enzym- und Elektrolytstrassen und einfache Photometer korrespondieren in dieser Form mit der Zentraleinheit (MEISTER, MIETH, FIEDLER).
Zwischen Laboratorium und Rechner bestehen für die on-line Phase über 300 Prozessein- und Ausgabepunkte - Abb. 4 -. Charakteristisch und hervorzuheben ist, dass die Aktivitäten des Rechners zur Übernahme der Messungen von Laborarbeitsplätzen durch externe Unterbrechungen gesteuert werden (WUSTLICH). Im Rechner stehen während der on-line Phase 4 Programmgruppen parat (MEISTER, MIETH, PORTH, WUSTLICH). Das TSX- und Labordatenerfassungssystem nimmt 25 K-Worte oder 3/4 des Kernspeichers in Anspruch. Der Rest von 7 K-bites ist für Auswert-, Freigabe-, Verteilerprogramme und Hintergrundarbeiten erforderlich.

IV. 2. 3 F r e i g a b e der Analysenresultate für die Krankenstationen und den permanenten Speicher.
In der letzten Etappe der 2. Informationsschleife des Diagnostik-Informationssystems werden die M e s s d a t e n über die Laborschreibmaschinen in den einzelnen Laboratorien ausgedruckt - Abb. 4 und Abb. 7 -. Normale Resultate werden schwarz, pathologische rot aufgelistet, dazu der Patientenname, -nummer, Station, Datum mit Uhrzeit und für jeden Messwert Hinweise zur Beurteilung der Messgenauigkeit. Weiter enthalten die Ausdrucke Hinweise auf Verdünnungen, auf die mittleren Fehlerquadrate der Regressionsgeraden über die die Enzymaktivitäten ermittelt und ob Messpunkte eliminiert wurden. Vorwerte liefern die Laborarbeitslisten. Früher erstellte Werte können ferner vom Laborarzt mit einem Code aus dem Speicher über die Schreibdruckereinrichtung des Prüflaboratoriums (IBM 1816) abgerufen werden. Ebenso stellt der Rechner in "Kontrollkartenformat" die Ergebnisse der Kontrollproben und den "range" für Doppelwerte zusammen und errechnet aus den ersten 20 Werten, die in den für unser Krankengut periodisch ermittelten Normbereich fallen, nach HOFFMANN die "mittlere Tagesnorm". Sichtkontrolle der Geräte und Überprüfung jedes Einzelwertes durch Analytiker und Laborarzt an Hand dieser Unterlagen müssen zur Zeit noch die für eine weitere Ausbaustufe geplanten, programmierten Plausibilitätsprüfungen er-

setzen. Die Prüfarbeiten erfahren durch die vom Computer gelieferten Unterlagen und durch den on-line Betrieb mit weit weniger Fehlern bereits jetzt eine wirksame Unterstützung. Richtig erachtete Ergebnisse werden über die Eingabeschreibmaschine (2 IBM 1816 im Prüflabor 21) freigegeben und vom Rechner in den permanenten Speicher übernommen. Fragliche Werte werden wiederholt oder mit anderer Methode getestet. On-line eingegeben, löscht ein nachfolgender Wert den vorausgegangenen oder der zweite Wert den ersten, sofern für den Test keine separate Nummer zur Verfügung steht oder keine off-line Korrektur erfolgt.

An diesem Punkt setzen die für die z w e i t e A u s b a u s t u f e geplanten Arbeiten und Aufgaben an. Sie gelten der "programmierten Richtigkeits- und Praezisionsüberprüfung" über Kontroll- und Testsera, der "laborinternen Befundkontrolle" durch Plausibilitätsprüfprogramme, der "gesteuerten, programmierten Befundkomplettierung", der manipulierten Basisdiagnostik" und der **"Datenverdichtung"** (vgl. Abschnitt II).

IV. 3 Informationsschleife III

Die 3. Informationsschleife verbindet über Rohrpost den "Rechner mit den Krankenstationen und diagnostischen Zentren" und liefert die überprüften Untersuchungsresultate - Abb. 4 -.
Täglich werden die für jeden Patienten anfallenden Ergebnisse in fieberkurvenadaptierter Form erstellt. Die in regelmässiger Folge geordneten Laborwerte brauchen lediglich in die "Fieberkurve vom neuen Typ" (siehe Beitrag KNODEL, LUDWIG, Abb. 4) eingeheftet zu werden. Auch die in anderen diagnostischen Bereichen erstellten Befunde - Lungenfunktion, Magensaft, EKG, Röntgen - finden hier Platz (KNODEL).

Nach unseren Voruntersuchungen wird sich die Verlust-und Fehlerquote an diagnostisch verwertbaren Kenngrössen auf dem Weg vom Analysenplatz im Laboratorium in die Fieberkurve am Krankenbett von rund 14 % auf weniger als 2 % Fehler und Verlust reduzieren (BOCK und Mit. 1967, BOCK und EGGSTEIN 1968). On-line erstellte Resultate gelangen fehlerfrei zur Kenntnis des Arztes. Fehler und Verluste entstehen in dem als Informationsschleife III aufgezeichneten Bereich nach unseren bisherigen Erfahrungen nur durch Ablochfehler.

Schlussfolgerungen:

Mit der ersten Etappe einer als Diagnostik-Informationssystem bezeichneten Organisationsform wird der Informationsfluss und die Erstellung von Laboratoriumsresultaten quantitativ und qualitativ auf
einen für die Diagnosefindung besseren Stand als bisher gebracht.
Die technischen Voraussetzungen sind durch die Neuinstrumentierung
des Laboratoriums und die Installation eines Prozessrechners der
III. Generation (IBM 1800) mit ausreichender Kernspeicherkapazität
aus Mitteln der Stiftung Volkswagenwerk gegeben.
Für den K r a n k e n werden kürzere Liegezeiten erwartet - zumindest für die zur Durchuntersuchung aufgenommenen Patienten - durch
weniger Nachkontrollen von Laborwerten, die z. Z. bis zu 30 % die
Nachfrage nach Labordaten bewusst oder unbewusst mitbestimmen. Auch
die zur Verfügung stehenden breit angelegten Analysenspektren wirken sich verkürzend auf die Liegezeit aus.
Für das P f l e g e - und L a b o r p e r s o n a l entfallen
zeitraubende Organisations- und Schreibarbeiten, die die Schwestern
von ihren pflegerischen, die technischen Assistentinnen von den
analytischen und wartungstechnischen Aufgaben abhalten.
Für die Ä r z t e gewährleistet die übersichtliche Datenanliefe-
rung eine als Ergänzung zum Arztbrief geeignete Zusammenstellung
der Laboratoriumswerte bei Aufnahme und Entlassung der Patienten,
der Zugriff auf Messwerte unter verschiedensten Gesichtspunkten eine schnellere Orientierung und eine zeitliche Entlastung. Das DIS
lässt eine genormte und - nicht nur in zeitlicher Hinsicht - ver-
besserte Diagnostik und Anregungen für wissenschaftliche Überlegungen und Auswertungen erwarten.

Literatur

Barker, K., W. Kimbrough, W. Keller
Medication errors by hospital per-
sonal.
Mes. 4. Int. Congr. Hygiene and
Preventive Medicine. Vienna/Austr.
May 1965 (Sprechmanuskript vom Au-
tor überlassen).

Bock, H. E., M. Eggstein, W. Knodel, R. Allner — Automation im klinisch-chemischen Laboratorium. Schweiz. Med. Wschr. 97, 2, 35-41 1967

Bock, H. E., M. Eggstein — Automationsprobleme in der Medizin - am Beispiel aktueller Aufgaben des Kliniklaboratoriums. Dtsch. Med. Wschr. 93, 20, 985-990, 1968

Bryan, D. J., J. L. Wearne, A. Vian, A. W. Musser, F. W. Schoonmaker, R. E. Thiers — **Profile of admission chemical data by multichannel automation: an evaluative experiment.** Clin. Chemie. 12, 137, 1966

Dietz, B. — Ergebnisse des zweiten Durchgangs der Röntgenreihenuntersuchungen in Nordwürttemberg. Dtsch. Med. Wschr. 88, 377-383, 1963

Eggstein, M., E. Kenzelmann W. Knodel, R. Allner — Organisatorische Konsequenzen von Automation und Datenverarbeitung im klinisch-chemischen Laboratorium. Ärztl. Labor. 13, 2, 64-70, 1967

Eggstein, M., W. Knodel — Effektivität von Filteruntersuchungen. Gesundheitswesen, Thieme Verlag Stuttgart im Druck.

Glogner, P., F. Dürr — Suchaktion auf Diabetes und Nephropathien. Dtsch. Med. Wschr. 44, 2081-2083, 1964

Jensen, R., M. Labadie — SMA 12 dans un centre hopitalier universitaire. Automation in Analyt. Chemistry, Brighton 13. - 15. Nov. 1967

Kenzelmann, E.

Untersuchungsbericht über den La-
bor - Station - Istzustand an der
Med. Univ. Klinik Tübingen.
IBM, Juli 1965

Landes, G.
Leiber, B.
Pirtkien, R.:
siehe bei H. Immich, W. Kübler.
K. Oette, K. Schuhmacher

Probleme der modernen Diagnostik.
Internat. Klausurgespräch Titisee
28./29.10.1966
Method. Inform. Med. 6, 1, 32-39
1967

Richter, R. H.H.

Einführung zum Thema Automation und
Datenverarbeitung in der Klinischen
Chemie.
Zeitschr. Klin. Chemie und Klin. Bio-
chem. 7, 1, 73-82, 1969

Richterich, R.,
H. Ehrengruber

Datenverarbeitung im klinischen Laboratorium.
Naturwissenschaften 5, 368-374, 1968

Rothschuh, K.E.

Prinzipien der Medizin.
Urban & Schwarzenberg, München-Berlin
1965

Stockhausen, J.

Eine alarmierende Bilanz.
Deutsches Ärzteblatt 62, 1979-1990
1965

Whitehead, T. P.,
M. H. B. Carmalt,
G. M. Widdawson

Hospital Admission Profiles.
European Technicon Symposium
"Automation in Analytical Chemistry",
Brighton, 13. - 15. Nov. 1967

AUFBAU UND FUNKTION DES PROZESSRECHNERS DER KLINIK

C. Wustlich

1. Die Einordnung des Tübinger Rechners in die Reihe bisher installierter Computer in der Medizin

Die elektronische Datenverarbeitung hat auch in der Medizin inzwischen den Weg von der exklusiven Neuigkeit zum notwendigen Arbeitsmittel zurückgelegt. Hier in Tübingen bekamen die Untersuchungen einen besonderen Akzent durch das Einschalten der Stiftung Volkswagenwerk, die ihre finanzielle Unterstützung des Projektes mit der verständlichen Auflage verknüpfte, Neuland zu betreten. Als Aufgabe wurde uns gestellt, in einer Pilot-Studie die Probleme der on-line Datenerfassung im klinisch-chemischen Labor zu einer Lösung zu führen.

Aus diesem Ziel ergaben sich neue und - wie wir meinen - interessante Möglichkeiten für den Einsatz der elektronischen Datenverarbeitung in der Medizin. Es bedeutete aber gleichzeitig, dass die auszuwählende Rechenanlage vor allem qualitativ neue Aufgaben zu bewältigen hat.

Worin liegen dabei die Unterschiede zu den bisherigen Computer-Installationen in der Medizin?

In Analogie zu ihren Aufgaben in Verwaltung und Industrie übernahm die elektronische Datenverarbeitung Arbeiten aus der Klinikverwaltung. Hinzu kam die Lösung organisatorischer Probleme, wie z.B. bessere Kommunikation der Klinikbereiche, Vorbereitung und Auswertung von Reihenuntersuchungen, Dokumentation und Archivierung der Pathologica sowie deren Auswertung nach statistischen Gesichtspunkten - eine Paradeaufgabe für die Datenverarbeitung.

Durch standardisierte Befragung der Patienten wurden erste Diagnose-Hilfen auf Grund des Vergleichs mit typischen Symptomen versucht. Werden Laborergebnisse hinzugezogen, so erfolgt ihre Messung wie bisher, die Ergebnisse werden manuell in Lochkarten oder Lochstreifen übertragen. Datenerfassungssysteme können diesen Vorgang automatisieren. Einschränkungen ergeben sich dabei aus der Tatsache, dass es sich meist um gleiche Gerätetypen handeln muss, deren Messungen zeitlich nicht voneinander unabhängig sind. Auf dem Weg zum zusätzlich erforderlichen Datenverarbeitungssystem wird ein Zwischenträger für die Daten eingeschaltet. Diese Form bezeichnet man als off-line Lösung.

Die dazu eingesetzten Datenverarbeitungsanlagen variieren in Grösse und Leistungsfähigkeit. Ihre Grundstruktur zeigt - Bild 1 -.

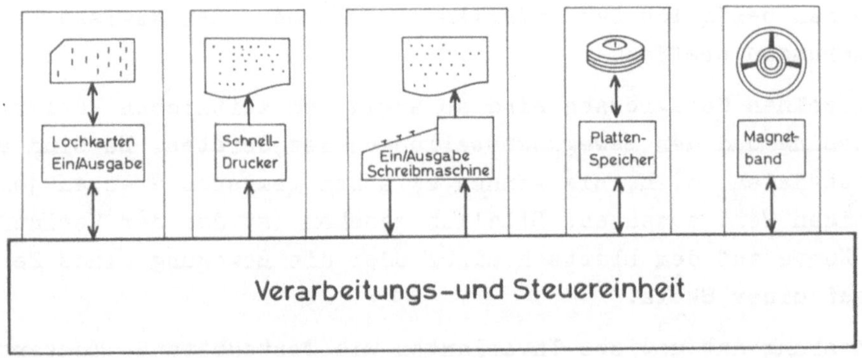

Abb. 1 Grundstruktur eines off-line Datenerfassungssystems

Der Einsatz dieser Anlagen wird heute in den meisten Fällen durch sogenannte Betriebssysteme des Rechners überwacht. Sie steuern den Ablauf der einzelnen Arbeiten durch Karten, woraus sich ein zeitliches Nacheinander ergibt. Die Programmierung erfolgt in Programmiersprachen wie FORTRAN, COBOL und PL/I. Mit den in den Betriebssystemen enthaltenen Übersetzungs-Programmen erstellt der Rechner das endgültige Maschinenprogramm. Bei grösseren Rechenanlagen besteht die Möglichkeit einer vorgeplanten verzahnten Verarbeitung. Die dazu erforderlichen Programme stehen im Kernspeicher bereit.

Welche zusätzlichen und neuen Probleme ergeben sich aber, wenn der Rechner on-line, d. h. ohne Zwischendatenträger wie Lochkarten und Lochstreifen, die im klinisch-chemischen Labor anfallenden Daten erfassen und verarbeiten soll? Ein Labor ist in diesem Zusammenhang als ein dynamisches System zu betrachten, das auf experimentelle Weise Informationen produziert. Die einzelnen Elemente dieses Systems sind die Laborgeräte, ihre Funktionen sind untereinander zeitlich und logisch verknüpft. Dennoch ist jedes Gerät zum Zeitpunkt der Messung eine unabhängige Einheit. Erst die Zusammenfassung aller Ergebnisse einzelner Analysen ergeben als neue Qualität eine Aussage

über das jeweilige Untersuchungsgut. Selbst dann ist die Kette noch
nicht vollständig. Mehrere parallel dazu durchgeführte Messungen
liefern das Laborgesamtergebnis für einen Patienten als Voraussetzung
für die Diagnose.

Eines jedoch ist besonders wichtig: im klinisch-chemischen Labor
gibt es ein zeitliches Nebeneinander vieler Arbeiten, deren Anfang,
Ablauf und Ende über gewisse Zeiträume voneinander unabhängig sind
und sich z. B. aus der Anlieferung und Vorbehandlung des Untersuchungsgutes ergeben.
Trotz des verschiedenen Mechanisierungsgrades der einzelnen Laborgeräte kann man bezüglich der anfallenden Informationen gewisse Ver-
allgemeinerungen treffen.

1. Die einzelnen Messgrössen sind abhängig vom zeitlichen Verlauf
   der Messung und den Bewegungsstellungen des Gerätes. Es sind analoge Messdaten, d. h. sie können zwischen gewissen Grenzen jeden
   beliebigen Wert annehmen. Bildlich gesehen ist das der Verlauf
   einer Kurve auf dem Blattschreiber oder die Bewegung eines Zei-
   gers auf einer Skala.

2. Jede Messung hat gewisse Invarianten wie Testsubstanz, Testart,
   Verdünnung und physikalische Dimension.

3. Es handelt sich stets um eine Vielzahl von Analysen je Laborgerät,
   woraus sich die Notwendigkeit der Trennung der einzelnen Messungen
   und deren Identifizierung ergibt.

Sollen diese Informationen ohne Zwischendatenträger der vorher be-
trachteten Rechenanlage direkt zugeführt werden, so ist das nicht
möglich, weil dafür keine Eingabemöglichkeiten bestehen. Erst eine
spezielle Familie von Computern erlaubt bei gewisser Standardisie-
rung der Messdaten den on-line-Anschluss der Laborgeräte. Man nennt
sie Prozessrechner. Gelingt es, nicht-elektrische Messgeräte in
elektrische Signale umzuwandeln, so kann ein Prozess - in unserem
Fall das klinisch-chemische Labor - direkt mit dem Rechner verbunden
werden. Dieses Problem ist lösbar. Viele Laborgeräte haben bereits
Ausgänge für solche Signale. An Blattschreibern erhält man sie durch
Anschluss eines Folgepotentiometers.

Mit der Einrichtung "Analog-Eingabe" kann der Rechner direkt analoge
Messpannungen übernehmen. Sie besteht aus dem Analog-Digital-Umsetzer
(ADU), der analoge Messgrössen in ein Zahlen-Äquivalent umwandelt.

Aus Gründen der besseren Ausnutzung des ADU sorgt ein Messstellenum-
schalter, genannt Multiplexer, für ein zeitliches Nacheinander der

Umsetzungen von mehreren analogen Spannungseingängen. Diese Stellen sind dem Rechner als Adressen bekannt und über Kabel mit dem Laborgerät verbunden. Aus dieser Zuordnung ergibt sich die Beziehung zu gewissen Geräteinvarianten.

Die erforderlichen Angaben über die Verdünnung und die als Nummer verschlüsselte Testart sind feste quantisierte Zahlengrössen. Sie werden vom Labor aus über Lochkarten eingegeben oder am Drehschalter eines Beistellgerätes zum Laborgerät eingestellt. Mit diesen Stellungen sind elektrische Kontakte verbunden, die offen oder geschlossen sind.
Durch Verbindung mit einer weiteren Eingabemöglichkeit des Prozessrechners, der "Digital-Eingabe", erkennt dieser die Stellungen der Kontakte als "0" oder "1" und stellt die Einzelinformationen zur gewählten Verdünnungsstufe zusammen.

Diese Nahtstellen des Rechners erlauben die direkte Übernahme der Messdaten.

Offen ist nun noch die Festlegung des Zeitpunktes solcher Übertragungen. Rechner, die nur off-line Daten verarbeiten, steuern diesen Zeitpunkt selbst durch ihr Programm. Kartenleser und Magnetband sind in dieser Beziehung wesentlich genügsamer als Laborgeräte und Medizinisch-Technische Assistentinnen, die bezüglich Anfang und Ende einer Serie, Start und Stop der Messung ein gewisses Eigenleben führen. Diesem Eigenleben muss sich der Rechner anpassen. Das Laborgerät übernimmt die Steuerung der Aktivitäten des Rechners. In dieser Tatsache liegt ein wesentliches Merkmal des Prozessrechners. Möglich wird das durch das Interrupt-System. Das Drücken einer Taste oder das Schliessen eines Kontaktes am Laborgerät signalisieren dem Rechner eine Unterbrechung des gerade ablaufenden Programmes. Man nennt das einen "Externen Interrupt". Solche Unterbrechungen steuern die Übernahme der Messdaten durch den Rechner vom Laborgerät aus. Man nennt diesen Vorgang externe Synchronisation. Ist nach solch einer Unterbrechung das mehrfache Abtasten der Messpannung in kurzen Zeitintervallen nötig, so besitzt der Prozessrechner dazu Zeitgeber im Millisekundenbereich, die nach dem Prinzip der Eieruhr arbeiten. Ihr Ablauf signalisiert ebenfalls eine Unterbrechung, die die nächste fällige Messung anzeigt. Nach dem externen Anfangsimpuls er - folgt so das Einlesen durch interne Synchronisation.

Alle diese Unterbrechungen werden einem Vorrangsystem des Rechners zugeordnet. Ein Interrupt erhält dadurch eine Gewichtung, die sich danach richtet, wie schnell der Rechner auf den Interrupt reagieren muss. Aus dieser Sicht kommt es zu einer Klassifizierung der Laborgeräte in der Bearbeitung durch den Rechner. - Bild 2 - zeigt den zeitlichen Ablauf einer Interrupt-Vorrang-Verarbeitung am Beispiel von 3 Gerätetypen der Medizinischen Universitätsklinik Tübingen.

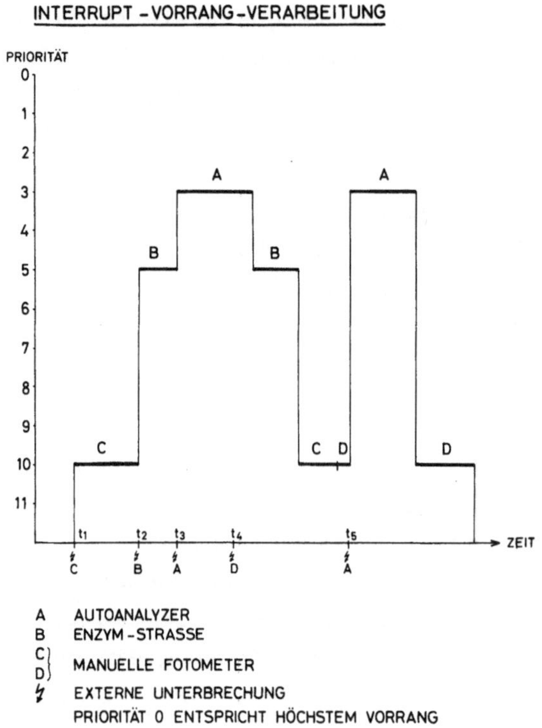

Abb. 2

Nach der ersten externen Unterbrechung von einem manuellen Photometer zum Zeitpunkt t_1 läuft das Bedienungsprogramm C des Rechners auf der Prioritätsebene 10 ab. Dieser Ablauf wird bei t_2 durch einen Interrupt von der Enzymstrasse unterbrochen und das Programm B auf Ebene 5 so lange aktiviert, bis bei t_3 die höhere Priorität des Auto-Analyzers auf Ebene 3 eine neue Unterbrechung bewirkt. Ist der Einlese-Zyklus von Programm A beendet, so wird die unterbrochene Arbeit B und danach C wieder aufgenommen und beendet. In der Zwischenzeit meldete sich ein weiteres Photometer D bei t_4. Durch die Bearbeitung höherer und gleicher Prioritäten beginnt seine Bedienung erst nach dem Ende von C. Das Einlesen vom Photometer D wird dann durch einen weiteren Auto-Analyzer-Zyklus bei t_5 unterbrochen.

Zur Bestätigung von Unterbrechungen, die z. B. auch das Stornieren eines durch Bedienungsfehler falschen Messergebnisses bedeuten, kann

der Rechner Halbleiterschalter schliessen und öffnen, was das Aufleuchten bzw. Löschen einer Kontrollampe am Beistellgerät bewirkt.
Vollmechanisierte Geräte, wie die Auto-Analyzer, werden auf diese
Weise in ihren Bewegungszyklen teilweise vom Rechner gesteuert. Diese neue Ausgabemöglichkeit heisst "Digital-Ausgabe".

Mit diesen für einen Prozessrechner charakteristischen Ein- und Aus-
gängen ergibt sich folgende Konfiguration des Prozessrechners der
Medizinischen Universitätsklinik Tübingen - Abb. 3 -.

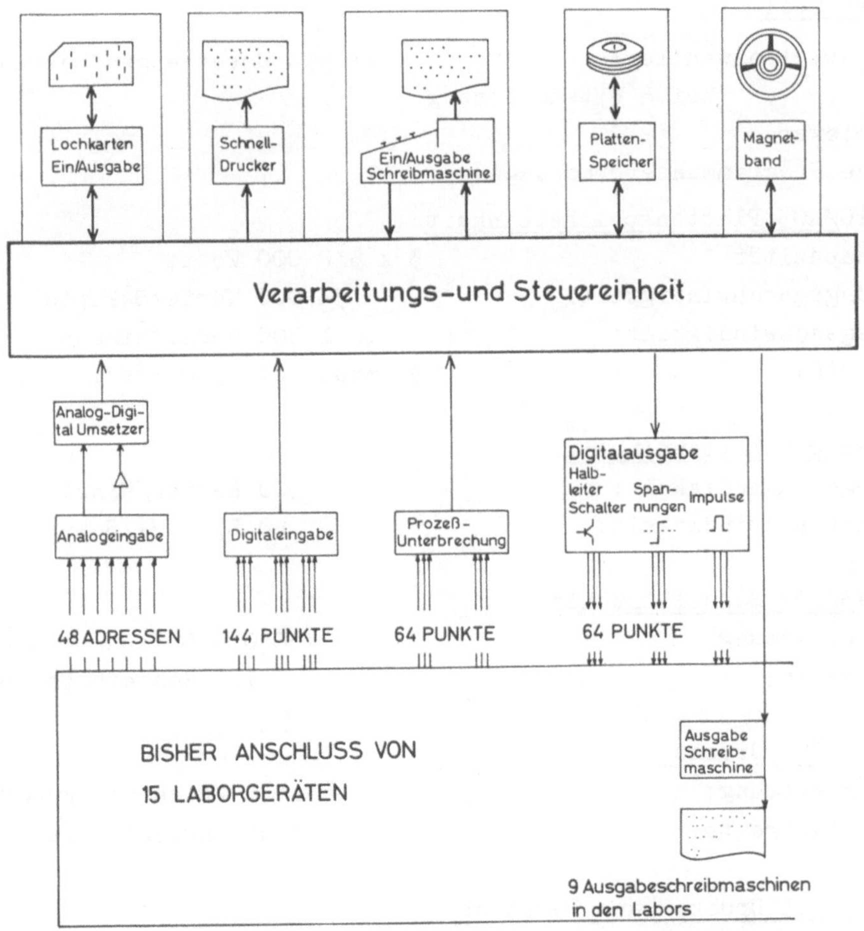

Abb. 3   Das Prozeßdatenverarbeitungssystem
          IBM 1800

<u>IBM 1802/02D Zentraleinheit</u>

Hauptspeicher: 32 768 Worte
1 Wort: 16 Informationsbits
                                                         1 Speicherschutzbit
                                                         1 Prüfbit

Zykluszeit: 2 usec.
  3 Indexregister
  3 Zeitgeber
  6 Hochleistungs-Datenkanäle mit max. 500 000 Worte/Sekunde
                  im Cycle-Stealing-Modus
 12 Unterbrechungsebenen

<u>im Prozess-Teil</u>

  1 Analog-Digitalwandler: 11 000 Umsetzungen/Sekunde
                  bei 8 bit-Auflösung
  2 Multiplexer
 64 externe Programmunterbrechungen

<u>1 IBM 2310/A03 Plattenspeichereinheit</u>
Speicherkapazität   3 x 512 000 Worte
Übertragungsgeschwindigkeit: 36 000 Worte/Sekunde
Rotationsgeschwindigkeit: 1 500 Umdr./Minute
Zugriffszeit: 35 msec. bis 520 msec.

<u>1 IBM 1442/006 Karteneinheit</u>
Max. Lesegeschwindigkeit: 300 Karten/Minute
Max. Stanzgeschwindigkeit: 80 Spalten/Sekunde

<u>1 IBM 1443/002 Schnelldrucker</u>
Max. Druckleistung: 36 000 Zeilen/ Stunde
Formularbreite: 120 Schreibstellen

<u>7 IBM 1053/003 Drucker</u>
Max. Druckleistung: 14,8 Zeichen/Sekunde
Max. Formularbreite: 120 Schreibstellen

<u>3 IBM 1816/001 Drucker und Tastatur</u>
Max. Druckleistung: 14,8 Zeichen/Sekunde
Max. Formularbreite: 120 Schreibstellen

6 IBM 1082/001 Kartenleser

Lesen von normalen Lochkarten (80 Spalten)

Lesegeschwindigkeit: 9 Spalten/Sekunde

4 IBM 1084/001 und 1 IBM 1894 Probenleser

40 Kurzkarten à 6 Spalten

Kartenlesen   erfolgt während Drehung zur nächsten Probe

Ausserdem gehören zum System:

1 IBM 1232/001 Markierungsleser

Max. Lesegeschwindigkeit   2 000 Belege/Stunde

Max. Markierungen/Beleg: 1 000

1 IBM 534/003 Kartenlocher

Lochung: binär

Duplizierleistung: 20 Spalten/Sekunde

sowie 1 Lochschriftübersetzer

und 2 Schreiblocher

Zur Installation gehört aber auch das, was auf dem Bild 3 nur durch
Pfeile angedeutet ist: Die Kabelverbindung zwischen den Laborgeräten im 3. Stock und dem Prozessrechner 3 Etagen darunter. Hierzu
wurden - wenn man die Einzelleitungen aneinanderreiht - 135 km Kabel
verlegt, die 15 000 Klemmstellen miteinander verbinden.

2. Betriebssystem und Programmierung

Zwischen der Aufgabe, ein Diagnostik-Informations-System aufzubauen
und den Voraussetzungen, die Station, Labor und Prozessrechner bieten, bedeutet Organisation und Programmierung die notwendige Verbindung. Gerade die vom klinisch-chemischen Labor her erforderlichen
und vom Prozessrechner gegebenen vielfältigen Steuerungs- und Ein/
Ausgabe-Möglichkeiten schaffen in dieser Richtung zusätzliche und
nicht zu unterschätzende Probleme. Deshalb ist ein umfangreiches u.
leistungsfähiges Betriebssystem unbedingte Voraussetzung für die
sinnvolle Bearbeitung einer so komplexen Rechneranwendung. Wir be-
nutzen bei dieser Installation das IBM 1800 TIME-SHARING-EXECUTIVE
(TSX) System. Es übernimmt die Steuerung der Arbeitsfolge, die sich
aus den Unterbrechungen vom Gerät ergeben und teilt die Aktivität
des Rechners den Laborgeräten nach ihrer Priorität zu. Seine Teile
gibt - Bild 4 - wieder.

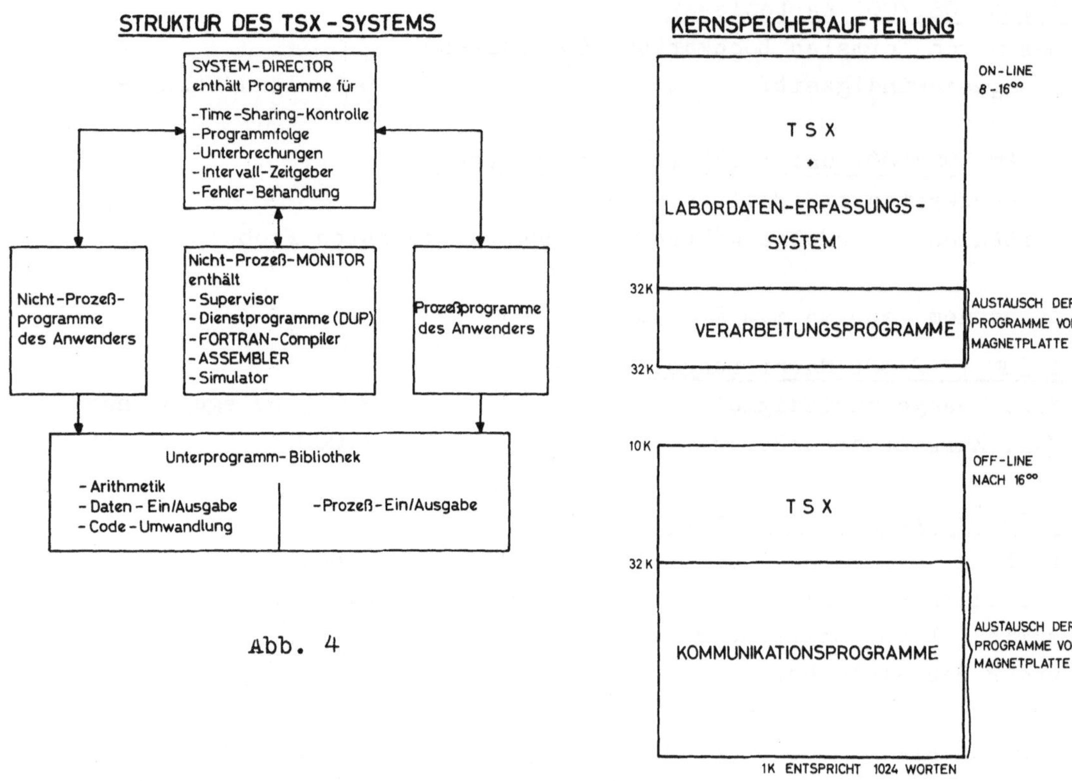

Abb. 4

Abb. 5

Aus dem Angebot von ca. 80 000 Instruktionen werden entsprechend der Konfiguration der Maschine die erforderlichen Teile ausgewählt. Die Variationsmöglichkeiten nutzten wir in Tübingen zu 2 Systemen, die den jeweiligen Gegebenheiten des Tagesbetriebs angepasst sind.
- Bild 5 - zeigt die zugehörige Kernspeicheraufteilung.

Im ON-LINE Betrieb des Labors zwischen 8.00 und 16.00 Uhr steht das Labordatenerfassungssystem ständig im Kernspeicher bereit. Die am Ende einer Serie des jeweiligen Gerätes erforderlichen Verarbeitungs- programme werden dann vom Plattenspeicher eingelesen. Nach 16.00 Uhr beginnt der OFF-LINE Betrieb mit dem Ausdruck der Tagesergebnisse, Hinweislisten für Stationen und Labors sowie das Stanzen von Identi- fizierungskarten für den nächsten Tag. Diesen speziellen Aufgaben haben wir eine andere Kernspeicheraufteilung zur Verringerung der Durchlaufzeiten zugeordnet.

Für den on-line Betrieb wurde das TSX zu einem Labordatenerfassungssystem ausgebaut. Es koordiniert folgende Aufgaben:

1. Auslesen der Analogwerte aller Laborgeräte
2. Komprimierung und Kontrolle der Rohdaten
3. Lesen und Verarbeiten von Identifizierungskarten
   und Verdünnungseinstellungen
4. Bedienung aller externen und internen Synchronisation
5. Speichern der Rohwerte auf Magnetplatte

Beim gegenwärtigen on-line Anschluss von 15 Laborgeräten konnte der
Ablauf dieser Arbeiten so zusammengefasst werden, dass innerhalb der
Zeit von 1 sec. der Rechner dazu nur 80 ms, das sind 8 % seiner Ka-
pazität, benötigt. Die übrige Zeit steht zur Auswertung der Messrei-
hen, Hintergrundarbeit sowie zum Übersetzen und Testen neuer Programme während des Laborbetriebes zur Verfügung.

Ausserdem erreichten wir durch dieses System Variationsmöglichkeiten
im An- und Abschalten einzelner Laborgeräte und für den weiteren
Ausbau der Laborinstrumentierung. Gerade diese Variabilität erwies
sich als Charakteristikum der on-line Datenerfassung im klinisch-
chemischen Labor.

Beim Programmieren benutzten wir die Sprachen ASSEMBLER und FORTRAN.

Die maschinenorientierte ASSEMBLER-Sprache bietet Vorteile beim Einlesen der on-line Daten. In FORTRAN, einer mathematisch-technisch
orientierten Programmiersprache wurden alle Verarbeitungs- und Kom-
munikationsprogramme des Diagnostik-Informations-Systems bearbeitet.
Mit ihr haben sich sogar einige Assistenzärzte befreundet.

Im Zeitraum von 1 1/2 Jahren wurden von 14 Mitarbeitern der Medizinischen Universitätsklinik und der IBM über 200 Haupt- und Unterprogramme erstellt, etwa je zur Hälfte in FORTRAN und ASSEMBLER.

Hinter diesen Zahlen verbergen sich viele neue Erfahrungen über die
on-line Datenverarbeitung, denn auf Bestehendes konnte kaum zurück-
gegriffen werden.

Das Symposium gab uns Gelegenheit, in den noch folgenden Ausfüh-
rungen spezieller aus den Gebieten zu berichten, die die Referenten
selbst bearbeiteten. Vielleicht gelingt es uns damit, auch andere
Kliniken für die Möglichkeiten zu interessieren, die sich aus der
Verknüpfung von on-line Datenerfassung im klinisch-chemischen Labor
und der gesamten Kommunikation im Klinikbereich ergeben. Damit wäre

dann auch das Ziel erreicht, das die Stiftung Volkswagenwerk uns mit
dieser Pilot-Studie stellte.

Zusammenfassung

In Gegenüberstellung zu bisherigen Computerinstallationen in der Medizin werden die besonderen Probleme der Tübinger Pilot-Studie über
die on-line Datenerfassung im klinisch-chemischen Laboratorium cha-
rakterisiert.

Ausgehend von den an den Rechner anzuschliessenden Laborgeräten und
dem zeitlichen Nebeneinander vieler Arbeiten ergeben sich neue Anforderungen an den einzusetzenden Rechner. Zur Kommunikation mit den
Messgeräten braucht der Computer zusätzliche Ein-/Ausgabe-Möglichkei-
ten wie "Analog-Eingabe", "Digital-Eingabe" und "Digital-Ausgabe".
Diese Anforderungen erfüllt eine spezielle Familie von elektronischen
Datenverarbeitungsanlagen, die Prozessrechner. Mit ihrem "Externen
Interrupt-System" erlauben sie ausserdem die Steuerung der Programm-
aktivitäten vom Laboranalysengerät aus.

Deshalb wurde an der Medizinischen Universitätsklinik Tübingen ein
Prozessrechner IBM 1800 installiert.

Das Referat stellt die Elemente dieses Rechners vor und beschreibt
sein TIME-SHARING-EXECUTIVE-Betriebssystem. Im Überblick wird der erforderliche Organisations- und Programmieraufwand behandelt.

Mittels der Programmiersprachen FORTRAN und ASSEMBLER erstellte ein
Team von Mitarbeitern der Klinik und der IBM über 200 Programme für
das "Diagnostik-Informations-System" der Klinik.

LABORATORIUMSINSTRUMENTIERUNG

H. Rosenmund

Es hat seine volle Berechtigung, wenn die Frage der Instrumentierung eines automatisierten Laboratoriums mit zu den einleitenden
Themen dieses Symposiums gewählt würde. Denn darüber sind wir uns
alle im klaren: die Probleme der Instrumentierung, also der apparativen Einrichtungen, die wir zur Ausführung der Analysen benötigen,
werden mit der Anschaffung eines Computers nicht etwa einfacher u.
auch im "on-line" Verfahren nicht gelöst, sondern sie treten im Gegenteil noch schärfer in Erscheinung. Oder ist es nicht eine höchst
unschöne Diskrepanz, auf der einen Seite ein elektronisches System
zu Verfügung zu haben, das in Sekundenbruchteilen komplizierteste
Rechenoperationen ausführt und uns alle gespeicherten Informationen
augenblicklich zur Verfügung stellt, sich gleichzeitig aber von apparativen Einrichtungen abhängig zu wissen, die unter Umständen
stundenlang ausfallen können?

Wir dürfen den Computer auch in seiner heutigen, nahezu vollkomme-
nen Perfektion nicht überschätzen. Seine Fähigkeiten sind be -
schränkt auf den Bereich der Datenerfassung und Datenverarbeitung.
Er kann seine Möglichkeiten nur entfalten, wenn ihm die Daten, in
unserem Fall die Apparatesignale, eingegeben werden. Fällt ein Analysengerät aus, so wird der Computer zwar sofort das Lämpchen auf-
blinken lassen, das bei Störungen in Funktion treten muss, und er
wird auch die Meldung durchgeben, dass der gewünschte Analysenwert
noch nicht verfügbar sei. Doch hier hören seine Möglichkeiten auf.
Der Computer kann die Art einer Störung im Bereiche der Analysengeräte nicht differenzieren, so dass wir nach wie vor mit all den
Problemen konfrontiert sind, die uns schon vor der Einführung der
elektronischen Datenerfassung und -Verarbeitung zu schaffen mach-
ten.

Damit sind wir bereits bei einer wichtigen, wenn auch recht lapi-
daren Forderung angelangt, nämlich dass bei der Instrumentierung
in erster Linie auf einen möglichst hohen Grad von Betriebssicher-

heit zu achten ist. Die Analysengeschwindigkeit steht an zweiter und dritter Stelle; ihr dürfen auf jeden Fall weder die Betriebssicherheit noch die Qualität der Analysenergebnisse geopfert werden.

Nun, die Forderung nach einer absoluten Betriebssicherheit ist natürlich illusorisch. Völlig betriebssichere Apparate, so wünschenswert sie wären, gibt es nicht. Wir haben uns daher mit der Tatsache abzufinden, dass Störungen auftreten. Wir können sie nicht verhindern, aber wir können und müssen sie auf ein tragbares Mass reduzieren. Gewiss gibt es von Apparat zu Apparat und von System zu System Unterschiede in Bezug auf die Störanfälligkeit, so wie es auch Unterschiede in den Anwendungsmöglichkeiten gibt. Im allgemeinen wird ein flexibles System komplizierter aufgebaut und daher auch anspruchsvoller und vielleicht störanfälliger sein als ein starres, bei dem man dafür den Mangel an Flexibilität in methodischer Hinsicht in Kauf nehmen muss. Wir wollen nun aber im folgenden nicht die Reihe der in Frage kommenden Apparaturen durchgehen und sie bezüglich ihrer Anwendbarkeit und Betriebssicherheit klassifizieren.

Ich sehe meine Aufgabe anders und habe mir vorgenommen, heute einmal das Problem der apparativen Störungen etwas näher zu beleuchten. Gleichzeitig will ich anhand einiger Beispiele zeigen, zu was für Lösungen wir am Medizinisch-chemischen Zentrallaboratorium des Kantonsspitals Zürich gekommen sind, um die Störanfälligkeit unserer Einrichtungen wesentlich zu verbessern. In der Tat ist es uns gelungen, die Störungsquote gegenüber früher auf etwa 1/5 herabzusetzen. Ich gehe dabei vom Autoanalyzer aus, der den meisten von Ihnen aus persönlicher Anschauung bekannt sein dürfte.

Der Autoanalyzer scheint mir auch deshalb für eine solche Besprechung geeignet zu sein, nicht nur weil er das gegenwärtig verbreitetste Analysensystem darstellt, sondern weil er es voraussichtlich auch in den nächsten paar Jahren noch sein wird und wahrscheinlich in manchen vollautomatisierten Laboratorien bei der Einführung der elektronischen Datenerfassung und -Verarbeitung mit integriert werden dürfte.

Der Autoanalyzer ist vom Standpunkt der Störanfälligkeit aus beurteilt, ein eher umstrittenes Gerät. Aber die Tatsache besteht, dass er funktioniert, und dies kann ich Ihnen anhand von - Abb. 1 ebenfalls bestätigen. Im Jahre 1968 haben wir mit Hilfe des Autoanalyzers nicht weniger als 260 000 oder 47 % der gesamten Analysenanträge bewältigt, wobei die Geräte nicht etwa bloss für die gewöhnliche Rou-

tinearbeit, sondern auch zur Erledigung der dringlichen Untersuchungen sowie im Nacht- und Sonntagsdienst eingesetzt wurden.

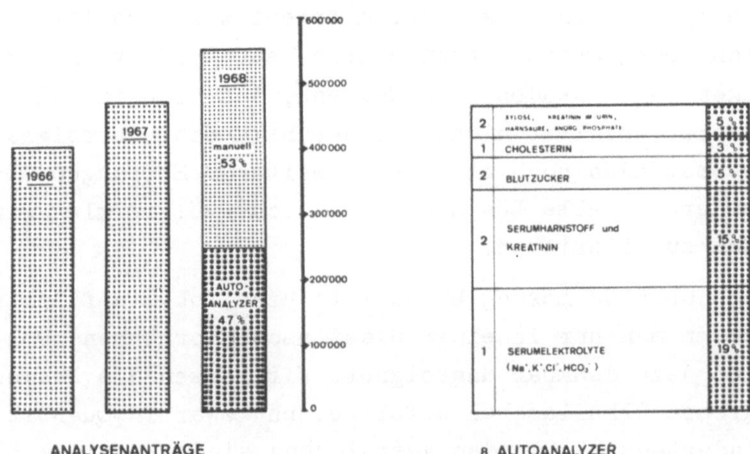

Abb. 1   Med.-Chem. Zentrallaboratorium
Kantonsspital Zürich

Die Störanfälligkeit bei den einzelnen Analyzergruppen ist unterschiedlich. Am wenigsten Störungen haben wir auf der Cholesterinsta-
tion zu verzeichnen und zwar aus dem einfachen Grund, weil dieses
Gerät immer von der gleichen Person bedient wird, während das Bedie-
nungspersonal auf den übrigen Stationen häufig wechselt.

Diese Feststellung dürfte für alle Analysengeräte zutreffen und möglichst gleichbleibende Bedienungsverhältnisse immer als wünschenswert erscheinen lassen. Leider besteht zwischen diesem Wunsch und
der Realität der personellen Möglichkeiten nur allzu oft eine grosse Kluft.

Eine zweite Beobachtung, die ebenfalls nicht auf das Autoanalyzer-
system beschränkt ist, betrifft die Art der Störungen.

Es hat sich herausgestellt, dass etwa 4/5 der früher bei uns aufge-
tretenen Störungen vermeidbar sind und somit vermieden werden können
und müssen.

Zur Gruppe der vermeidbaren Störungen gehört zunächst einmal die
fehlerhafte Bedienung der Geräte. Wenn man die Ursache von Störungen
analysiert, so ist man immer wieder überrascht, wie häufig Bedie-

nungsfehler vorkommen. Meistens handelt es sich um kleine Unachtsam-
keiten, die allerdings manchmal recht unangenehme Auswirkungen haben.

Nehmen wir als Beispiel die Reagenzien. Jede Laborantin lernt, dass
beim Kolorimetrieren Trübungen vermieden werden müssen. Und weil
beim Autoanalyzer ebenfalls kolorimetriert wird, sollte sie selbstverständlich immer genau darauf achten, stets nur völlig klare Reagenslösungen zu verwenden. Ein Reagens, das trüb ist oder Schwebe-
stoffe aufweist, bewirkt nicht nur unruhige Schreibersignale, sondern unter Umständen noch eine Reihe weiterer Störungen. Daher die
strikte Forderung, alle Lösungen, die nicht völlig klar sind, vor
dem Gebrauch zu filtrieren.

Die Prüfung, ob eine Lösung blank ist bzw., ob sie filtriert werden muss, kann man nur in einer Glasflasche vornehmen. Polyaethylen-
gefässe sind dazu denkbar ungeeignet. Wir lassen die Reagenzien in
genügend grosse Glasflaschen abfüllen, und zwar in Quantitäten, welche für mindestens 24 Stunden ausreichend sind. Wenn die Flüssigkeit
zu Ende geht, so wird das Reagens nicht nachgefüllt, sondern die
Flasche wird weggenommen und durch eine neue ersetzt. Dies deshalb,
weil wir verlangen, dass alle Flaschen vor dem Auffüllen zu spülen
sind.

Gleichzeitig lassen sich auf diese Weise Inhomogenitäten der Reagenzien vermeiden. Wird ein Reagens nämlich nur nachgefüllt und unterlässt es die Laborantin, anschliessend den Inhalt der Flasche zu mischen, so können unter Umständen inhomogene Konzentrationsverhält-
nisse auftreten, nämlich immer dann, wenn die Zusammensetzung des
neuen Reagenses von derjenigen des vorangehenden etwas abweichend
ist. Die Folge davon sind fehlerhafte, nicht reproduzierbare Analysenergebnisse.

Wiederholt war bei uns früher auch der Fehler vorgekommen, dass die
Schläuche nach dem Spülen des Autoanalyzers verwechselt bzw. in eine
falsche Reagensflasche gehängt wurden. Diesem Fehler lässt sich
wirksam begegnen, indem man die Flaschen z. B. mit Farbstreifen codiert. Die gleiche Farbcodierung ist auch auf dem dazugehörigen
Plastikstopfen vorhanden, durch den wir ein Glasrohr eingeführt haben, an das der betreffende Schlauch mittels eines Nippels angeschlossen wurde. Diese Lösung verhindert nicht nur Verwechslungen,
sondern schützt das Reagens gleichzeitig vor der Verschmutzung
durch Staub. Die Glasrohre selbst reichen nicht ganz bis auf den
Boden der Flaschen, weil wir unbedingt vermeiden wollen, dass all-

fällige, trotzdem am Boden der Flasche vorhandene Partikelchen angesaugt werden und das System verunreinigen.

Selbstverständlich muss auch das Wasser, das zum Spülen des Autoanalyzers verwendet wird, einwandfrei sauber, bzw. frei von Staub sein. Wenn eine Laborantin beispielsweise so vorgeht, dass sie immer nur Wasser in das Becherglas nachgiesst, in das die Schläuche üblicherweise zum Spülen eingehängt werden und sie unterlässt es, dieses Gefäss vorher zu reinigen, so kann unter Umständen der ganze Spülprozess statt zu einer Reinigung zu einer Verschmutzung des Systems führen.

Der Erfolg derartiger Massnahmen bleibt nicht aus. Die mit den Reagenslösungen zusammenhängenden Störungen lassen sich auf diese Weise tatsächlich vollständig verhindern. Und das Ergebnis sind völlig ruhige Kolorimetersignale, die sich in einer sauberen Basislinie und Eichkurve äussern.

Ich möchte jetzt auf eine zweite Kategorie vermeidbarer Störungen zu sprechen kommen. Es sind dies die Störungen, welche auf eine fehlende oder ungenügende Wartung der Geräte zurückzuführen sind.

Wenn wir vermeiden wollen, dass uns die Geräte "aussteigen", so müssen sie gewartet werden. Wir dürfen es nicht so weit kommen lassen, bis eine voraussehbare Störung eintritt, sondern wir müssen die entsprechenden Gegenmassnahmen einleiten, bevor es soweit ist. Beim Autoanalyzer heisst dies konkret, zum Beispiel einen Schlauchsatz oder eine Dialysatormembran auswechseln, bevor unbrauchbare Eichkurven resultieren, weil ein Schlauch oder eine Membran gerissen ist.

Wie häufig ein Schlauchsatz oder eine Membran zu erneuern sind, hängt von verschiedenen Faktoren ab, wie Art der Analyse, tägliche Beanspruchung der Schläuche, der Pumpe usw. Diese Verhältnisse sind von Fall zu Fall verschieden, feste Regeln lassen sich nicht aufstellen. Am besten ist es, wenn man sich diesbezüglich an die Erfahrungen des eigenen Laboratoriums hält.

Zur Wartung gehören auch das regelmässige Spülen des Systems, die Reinigung oder der Ersatz verschmutzter Teile, die Kontrolle der Schreiberempfindlichkeit und dann vor allem die periodische Überholung der verschiedenen Aggregate wie Probenentnehmer, Pumpe, Dialysator, Heizbad, Kolorimeter und Schreiber. Eine blosse Funktionskontrolle genügt keineswegs; die Geräte müssen vielmehr eingehend geprüft werden, wobei alle abgenützten Teile, welche als potentielle Störfaktoren in Betracht kommen können, zu ersetzen sind.

Diese letzteren Arbeiten setzen einen Apparatefachmann voraus. Ich halte es für ausgeschlossen, dass ein automatisiertes Laboratorium ohne gut qualifizierte Apparatefachleute auskommen kann, wenn man vermeidbare Störungen und längere Betriebsunterbrüche ausschliessen will. Dabei genügt es jedoch keineswegs, dass der Betreffende bloss die erwähnten Revisionsarbeiten auszuführen versteht, er muss unbedingt auch in der Lage sein, die Funktion des ganzen Systems zu überblicken. Nur wenn er das Zusammenspiel der verschiedenen Aggregate übersieht, wird es ihm gelingen, Störungen rasch zu lokalisieren und die richtigen Massnahmen einzuleiten.

Ein Apparatefachmann wird auch in der Lage sein, gewisse Verbesserungen einzuführen, z. B. solche, die im Interesse einer besseren Übersichtlichkeit und Stabilität liegen oder die sich aus anderen Gründen aufdrängen. Beispielsweise lässt sich ein ganzer Schlauchsatz fest auf ein Holzbrett montieren. Die Anschlüsse sind mit Zahlen und Buchstaben codiert, so dass die Demontage und das Wiederanschliessen des Ersatzschlauchsatzes in kürzester Zeit erfolgen können. Als Verbindungsleitungen dienen Glasrohre, die eine wesentlich bessere Beobachtung des Fliessvorganges ermöglichen als Plastikschläuche. Überdies sind Glasrohre leichter rein zu halten, was sich wiederum in einer Verbesserung der Signale auswirkt.

Wie gesagt, ist es mit solchen Massnahmen möglich, die voraussehbaren Störungen weitgehend zu verhindern und nicht vermeidbare rasch zu lokalisieren. Was ist nun aber zu tun, um beim Auftreten einer Störung dieselbe möglichst schnell wieder zu beheben?

Wenn sich ein Defekt an einem Aggregat herausgestellt hat, so besteht die bewährteste Lösung darin, die defekte Einheit wegzunehmen und durch ein intaktes Gerät zu ersetzen. Zu diesem Zweck ist es unumgänglich, dass betriebsbereite Ersatzaggregate zur Verfügung stehen. Das Auswechseln eines defekten Aggregats ist dann meist eine Angelegenheit von wenigen Minuten; während eine Reparatur erfahrungsgemäss immer viel länger dauert.

Ich weiss, dass Ersatzgeräte Geld kosten. Aber es gibt leider keine andere Alternative. Wenn sich ein Laboratorium längere Betriebsausfälle nicht mehr leisten kann, dann kommt es unweigerlich zu dieser Lösung. Wir dürfen nicht übersehen, dass der Umfang der Laboratoriumsarbeit an den grossen Spitälern heute industriellen Charakter angenommen hat. Und deshalb sind unbedingt auch entsprechend grosszügige Lösungen erforderlich.

Um auf den Autoanalyzer zurückzukommen, so heisst dies, dass nicht nur alle üblichen Ersatz- und Bestandteile, sondern auch fertig montierte Schlauchsätze, auf Betriebstemperatur gehaltene Dialysatoreinsätze mit aufgezogenen Membranen, aufgeheizte Heizbäder, aber auch ein kompletter Zerstäuber- und Brennerteil für das Flammenphotometer, je 1 Pumpe, 1 Kolorimeter und 1 Schreiber bereitstehen müssen.

Sie haben eingangs gesehen, dass wir auf zwei Untersuchungsstationen, nämlich beim Blutzucker und Harnstoff-Kreatinin je zwei Geräte eingesetzt haben. Dies hat zwei Gründe. Erstens fallen auf diesen beiden Stationen manchmal sehr viele dringliche Bestimmungen an, die bis zum Mittag erledigt sein müssen, so dass ein Gerät dafür nicht mehr ausreichte. Und zweitens bieten zwei Geräte eine optimale Gewähr, bei Notfällen jederzeit betriebsbereit zu sein. Eine entsprechende Sicherung ist auch auf der Elektrolytstation vorhanden, indem in unmittelbarer Nähe ein JL-Flammenphotometer und ein Chloridmeter, beide natürlich ebenfalls mit den entsprechenden Ersatzteilen vorhanden sind.

Nur selten wird es vorkommen, dass Störungen auftreten, die sich nicht auf den ersten Anhieb richtig interpretieren lassen. Dies kann unter Umständen der Fall sein, wenn eine Störung nur intermittierend in Erscheinung tritt, wie wir dies beispielsweise einmal auf der Blutzuckerstation erlebten.

Auf Grund von Kontrollen stellte sich heraus, dass ein Apparat gelegentlich um etwa 20 mg% zu tiefe Resultate lieferte, wobei es aber auf einem Teller immer bloss vereinzelte Proben waren, die nicht stimmten.

Die systematische Überprüfung des Gerätes mit vorverdünnten Glucosetestlösungen ergab das folgende Bild - Abb. 2 -.

Trotz einer schönen Basislinie und guter Eichkurve waren 6 von 57 Proben eindeutig zu tief. Der Fehler trat in unregelmässigen Abständen auf und erstreckte sich auf hohe und niedrige Glucose-Konzentrationen. Interessant war die auffallende Konstanz dieses Fehlers. Die falschen Werte waren immer um den gleichen Betrag zu niedrig. Es sah aus, wie wenn zu wenig Lösung angesaugt worden wäre. Dies war jedoch nicht der Fall.

Die mit der Stoppuhr gemessenen Ansaugezeiten differierten nur geringfügig. Auch die Schreiberempfindlichkeit war richtig eingestellt. Ebenso liess sich ein Schreiberdefekt ausschliessen.

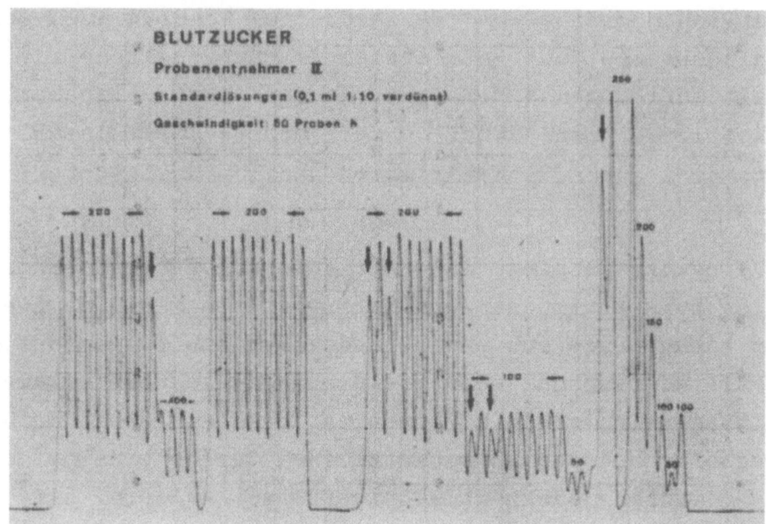

Abb. 2

Bei der genaueren Analyse des Kurvenblattes fiel auf, dass sich die
Kurve jedesmal vor einem falschen Wert der Basislinie weniger näher-
te als sonst. Dies liess auf einen gestörten Spülvorgang schliessen.
Und tatsächlich stellte sich bei genauer Beobachtung heraus, dass
der Fehler dort lag.

Die Ansaugnadel des Probenentnehmers ging nämlich zwischenhindurch
viel schneller vom Wasser in die Probe als sonst, sie fiel geradezu
in den Probenbecher, so dass sich kein trennendes Luftsegment bilden konnte. Dadurch kam es zu einer Längsdiffusion, welche die be-
obachteten Fehler restlos erklärt. Ich möchte noch beifügen, dass
diese Störung beim ersten Sampler nie, selbst nicht nach elfjähri-
gem intensivem Gebrauch zu beobachten war. Dagegen konnten wir die
gleiche Störung später auch noch bei einem anderen Probenentnehmer
vom Typ II feststellen. Offensichtlich liegt hier ein Abnützungs-
effekt an einer Mechanik vor, die sich im Dauerbetrieb als zu wenig
robust erweist.
Dieser Störung kann dadurch begegnet werden, dass man das Flüssig-
keitsniveau im Spülgefäss senkt oder die Mechanik ändert.

Ich habe versucht, am Beispiel des Autoanalyzers zu zeigen, welche
Probleme die Instrumentierung im Laboratoriumsalltag aufwirft, dass
es heute im wesentlichen darum geht, die Betriebssicherheit zu erhöhen und das Risiko sowie die Dauer von Pannen zu vermindern. Beide

Ziele können - wie die Erfahrung zeigt - durch geeignete Massnahmen
weitgehend erreicht werden. Die erforderlichen Massnahmen werden von
System zu System etwas unterschiedlich sein, im wesentlichen jedoch
immer auf das Gleiche hinauslaufen, nämlich Bedienungsfehler durch
geeignete organisatorische Mittel und technische Störungen durch systematische sorgfältige Wartung und Bereitstellung betriebsbereiter
Ersatzteile zu meistern. So sieht die Rückseite der Medaille aus,
bedeutend weniger imposant als das Bild, das man sich von der Automatisierung weithin macht. Es sind nicht imposante Dinge, um die es
praktisch geht, sondern es ist diese konsequente Dienstleistung, die
nach aussen kaum in Erscheinung tritt, es sei denn in Form guter u.
rascher Analysenwerte. Aber diese werden ja von einem automatisierten Laboratorium zum vornherein als selbstverständlich vorausge -
setzt.

Von hier aus gesehen, wird die Vollautomatisierung schlussendlich
wieder zu einem personellen Problem. Nur wenn hinter den Instrumen-
ten Leute stehen, die sie verstehen und warten können, sie gut verstehen und gut warten, kann die Automatisierung zu befriedigenden
Lösungen führen. Diese Erkenntnis ist so wichtig wie die Instrumentierung selbst. Und wenn sich die elektronische Datenerfassung und
Datenverarbeitung bewähren soll, so tun wir gut daran, nicht nur dem
Apparatepark, sondern auch dem personellen Faktor die vollste Auf-
merksamkeit zuzuwenden.

Es ist schwer vorauszusagen, wie die Instrumentierung von morgen
aussehen wird. Voraussichtlich wird sie ähnlich mannigfaltig sein
wie heute. Denn es ist kaum anzunehmen, dass plötzlich ein sensatio-
nelles System in Erscheinung treten wird, das auf Grund seiner Möglichkeiten alles Bisherige in den Schatten stellen und verdrängen
wird.

Sicher werden weitere Verbesserungen kommen, doch der technische
Fortschritt wird immer schrittweise verwirklicht. Und dies ist gut
so, denn dadurch haben wir überhaupt die Möglichkeit, Verbesserungen
zu übernehmen und am Fortschritt teilzuhaben.

An dieser Möglichkeit der ständigen Anpassung an bessere apparative
Systeme müssen wir im Interesse des Fortschrittes unbedingt festhal-
ten. Die Elektronik von der Computerseite aus hat darauf gebührend
Rücksicht zu nehmen. Sie muss über genügend Flexibilität und Lei-
stungskapazität verfügen, um nicht nur den jetzigen Bedürfnissen,
sondern auch kommenden gerecht werden zu können. In der Flexibilität und Anpassungsfähigkeit liegt die Zukunft der ganzen Entwicklung.

KOMMUNIKATIONS- MITTEL UND -FORMEN

Die folgenden Beiträge behandeln spezielle,
mit dem Organisationsablauf und den Einrichtungen der Medizinischen Klinik zusammenhän-
gende Probleme. Die Aufzeichnung der ange-
sprochenen Aufgabenbereiche wurde möglichst
knapp gehalten und auf die Wiedergabe von
Flußschemata oder Programmen verzichtet. Die
in den Abbildungen aufgeführten Patientendaten sind erfunden.

ERFASSUNG UND VERWALTUNG DER PATIENTENDATEN

E. Kenzelmann

Der folgende Beitrag gilt allgemeinen Angaben über Geschichte und
Entwicklung des Diagnostik-Informations-Systems (1) aus der Sicht
eines Systemberaters. Dabei wird zunächst an Hand der Fragen: Warum
on-line Lösung (2)? Warum IBM 1232 Formular für Testanforderungen
(3)? Warum Stationsbericht in "fieberkurvengerechter" Form (4)? auf
das Diagnostik-Informations-System (5) eingegangen. Am Anfang des
Flussdiagramms steht die Erfassung und Verwaltung der Patientendaten (6), deren Bearbeitung folgende Unterteilung erlaubt:

6. 1   Aufnahme eines Patienten in die Klinik

6. 2   Verlegung eines Patienten innerhalb der Klinik
        und Entlassung eines Patienten

6. 3   Archivierung der Patienten-Stammdaten und
        der Testergebnisse

6. 4   Ausdrucken der IBM 1232 Verordnungsformulàre

6. 5   Stationsvisite und Markierung der Verordnungsformulare

6. 6   Einlesen der markierten Verordnungsformulare in den
        IBM 1232 Belegleser, Lochen der "Verordnungskarten"

6. 7   Einlesen der Verordnungskarten in den Computer,
        Transformation der Markierungen in Testnummern,
        Übergabe der Testnummern auf eine Zwischenspeicherdatei

1. Als ich im Mai 1965 zum ersten Mal die Medizinische Klinik der
Universität Tübingen zu Gesicht bekam, galt es zu prüfen, ob und wie
durch den Einsatz von elektronischen Datenerfassungs- und Datenver-
arbeitungssystemen eine Rationalisierung und Automatisierung der Arbeit auf den Stationen und in den Labors möglich ist. Zunächst ging
es darum, im Rahmen einer "Betriebsuntersuchung" den Informationsfluss zwischen den Labors, den Stationen sowie den funktionsdiagnostischen Zentren zu erfassen - Abb. 1 -.

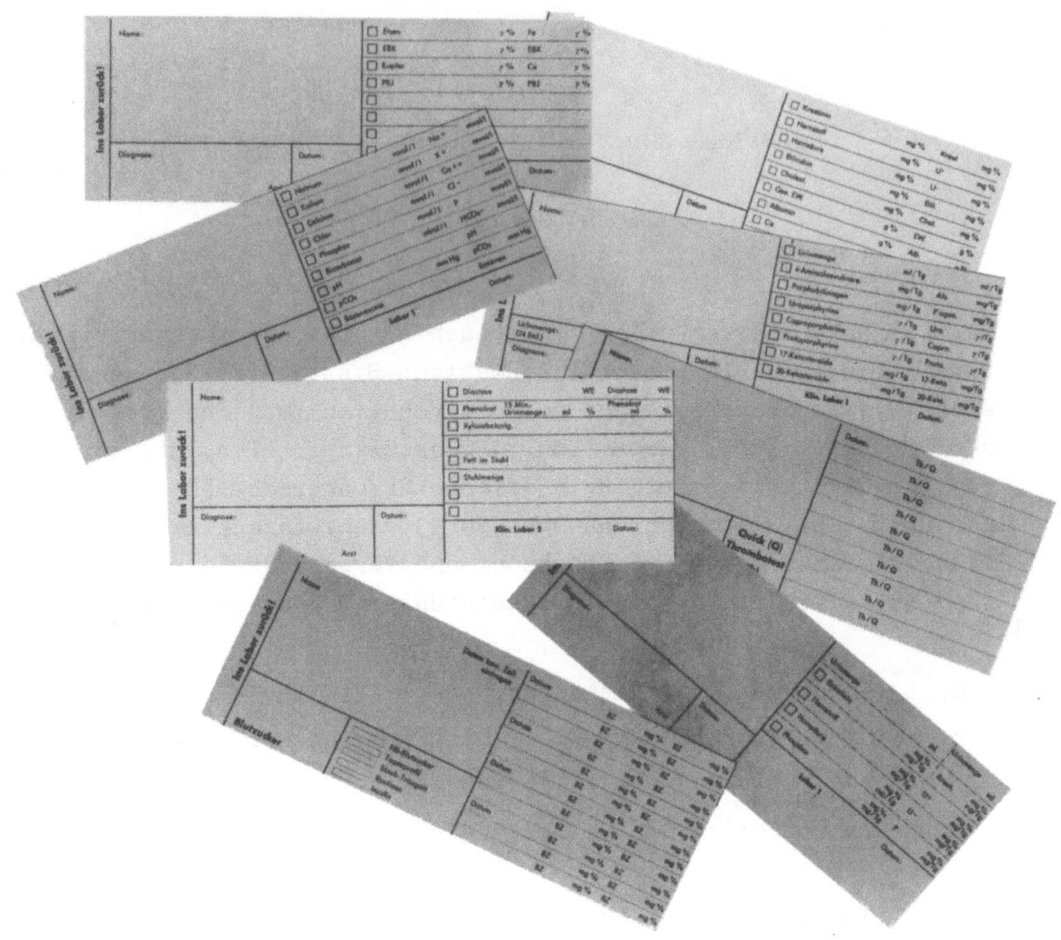

Abb. 1 Labortest-Anforderungsformulare (konventionell)

2. Für den weiteren Fortgang der Untersuchungen war es wesentlich,
ob die Lösung on-line oder off-line heissen sollte. Die Entscheidung
fiel auf eine on-line Lösung, obwohl sie gegenüber der off-line Lösung einen grösseren System- und Programmieraufwand bedeutete. Doch
die Vorteile bei einer on-line Lösung waren entscheidend: der Computer konnte die Ergebnisse der on-line erfassten Tests sofort an
die Labors zurückmelden; dort konnte sie der Laborarzt kontrollieren
und evt. Massnahmen treffen wie z. B. die Wiederholung von bestimmten Tests oder die Freigabe der Testergebnisse an die Stationen;
ausserdem bestand die Möglichkeit, off-line anfallende Testergebnisse (z. B. Urinstatus) über Ein-/Ausgabeschreibmaschinen dem Rechner
mitzuteilen und auf diese Weise den Datenbestand pro Patient jeweils
auf dem neuesten Stand zu halten; und schliesslich konnte der Computer über Ein-/Ausgabeschreibmaschinen jederzeit vom Labor aus ge-

wissermassen "angerufen" werden, um alle zu diesem Zeitpunkt vorlie-
genden Befunde über diese Ein-/Ausgabeschreibmaschinen auszugeben.
Der Computer besass damit die Eigenschaft einer gut funktionierenden
Auskunftei (vgl. Beitrag Eggstein, Abb. 4).

3. Gemäss der Forderung, die wir uns alle gestellt hatten, bei allen Informationsquellen und Informationssenken mit einem Minimum an
Schreib- und Rechenarbeit auszukommen, war die Frage "Lochkarte oder
IBM 1232-Beleg für Testanforderungen?" schnell entschieden. Die Ant-
wort hiess: IBM 1232 Verordnungsbeleg. Damit war gewährleistet, dass
die Anforderung einer Verordnung oder eines Labortests mit einem absoluten Minimum an Schreibarbeit durchzuführen ist.
Um der Stationsschwester auch noch das Beschriften des Verordnungs-
formulars sowie das Markieren der Patientennummer auf diesem Formular
abzunehmen, sollte der Computer täglich für alle in der sogenannten
Patienten-Stammdatei gespeicherten Patienten Verordnungsformulare
ausdrucken. Dabei sollten der Patientenname und die Patientennummer
in Klartext und zusätzlich noch die Patientennummer als Markierung
ausgegeben werden - Abb. 2 -.

Damit würden bei einer durchschnittlichen Liegedauer von ca. 3 Wochen für etwa 95 % der momentan in der Klinik befindlichen Patienten
Verordnungsformulare ausgedruckt, die bereits alle zur Identifizierung erforderlichen Angaben enthalten.

4. Nicht zuletzt musste dafür gesorgt werden, dass auch bei der
Rückmeldung der Testergebnisse auf die Stationen keinerlei Schreibarbeit entstand. Dies wurde ermöglicht durch eine der Fieberkurve
angepasste Form der Stationsberichte. (vgl. Beitrag Knodel et al.)

5. Diese Stationsberichte ergaben zusammen mit der IBM 1232-Anfor-
derungsmethode, dem on-line Anschluss der Laborgeräte und den in den
Labors befindlichen Ein-/Ausgabeschreibmaschinen sowie den dort für
die Probenidentifizierung erforderlichen Proben- und Kartenlesern
die Möglichkeit eines umfassenden Informationssystems, das sowohl
die Labors als auch die Stationen sowie die funktionsdiagnostischen
Zentren einschliesst, und das wir als Diagnostik-Informations-System
(DIS) bezeichneten.

6. Im Rahmen dieses Diagnostik-Informations-Systems (DIS) wird im
folgenden geschildert, in welcher Form die Erfassung und Verwaltung
von Patientendaten erfolgt.

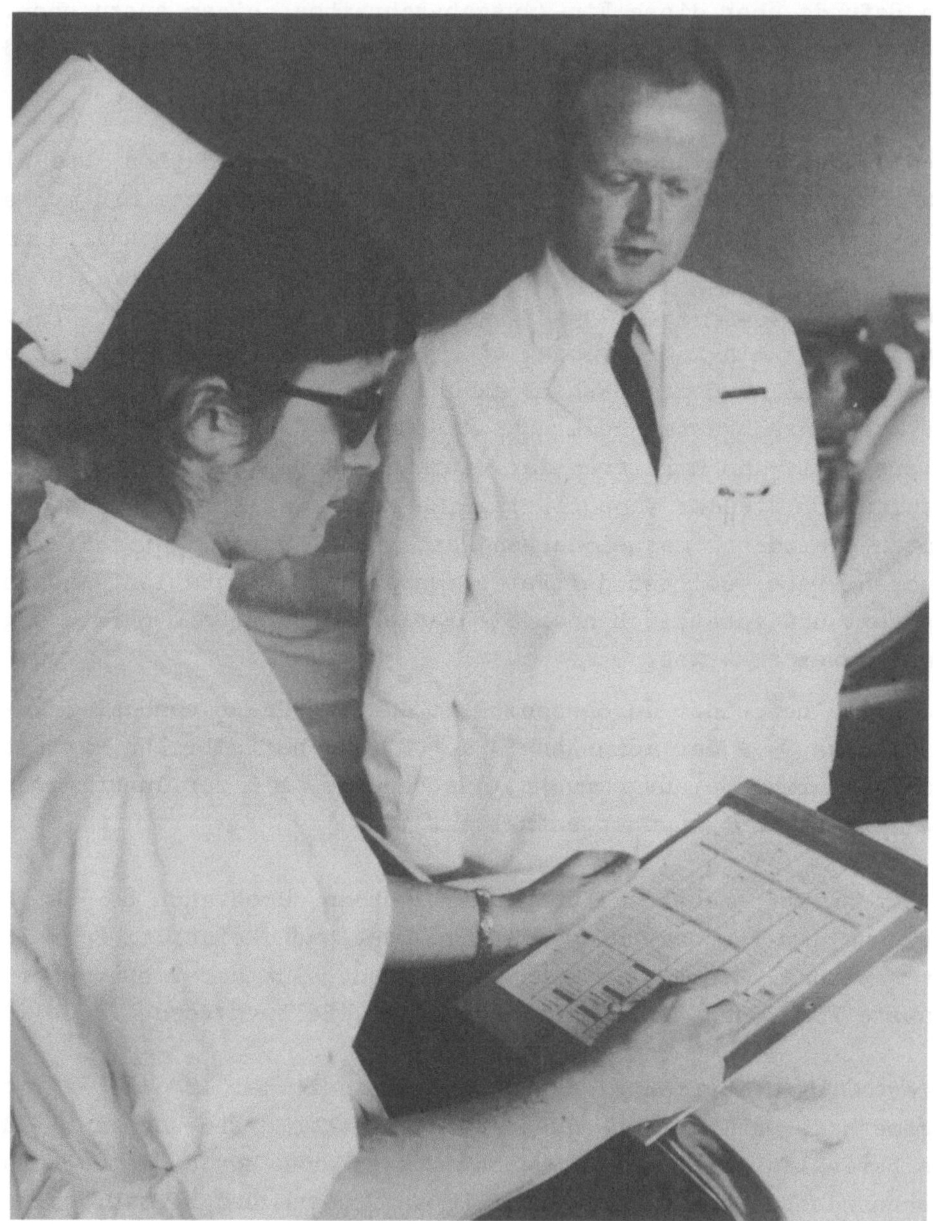

Abb. 2 Verordnungsformular wird bei der Krankenvisite markiert

6. 1 Bei der Aufnahme eines Patienten in die Klinik füllt der Pati-
ent einen Personalbogen aus. Der ausgefüllte Personalbogen
- Abb. 3 - wird jeweils auf 3 Lochkarten abgelocht und über die
IBM 1442 Karteneinheit eingelesen. Für das Diagnostik-Informa-

MED. UNIVERSITÄTSKLINIK TÜBINGEN
(DIREKTOR PROF. DR. DR. h. c. H. E. BOCK)

PERSONALBOGEN
für Patienten

| Verwaltungs-Nr. | 0 4 7 1 1 | Aufn.-Jahr 6 9 |

| Behandlungsart: 0=Wl. 1=1.Kl. 2=2.Kl. 3=3.Kl. 4=Sprstd. 5=Amb. Kasse 6=Amb. Selbstz. 7=Gutachten | 3 | Station C 2 | Aufn.-Tag + Mon. 1 4 0 5 | Uhrzeit 1 6 |

Vom Patienten in Blockschrift auszufüllen

| Familien- und Vorname | GRUENDLICH TRAUGOTT |

| bei Frauen Geburtsname | |

| Geschlecht: 1=männlich 2=weiblich | 1 |

| Geburtsdatum | Tag Monat Jahr — 1 5 0 8 0 0 |

| Familienstand: 1=ledig 3=verw. 2=verh. 4=gesch. | 2 |

| Staatsangehörigkeit (z.B. D =Deutschland CH=Schweiz GB=England) | D |

| Postleitzahl, Wohnort | 7 4 0 1 HAGELLOCH |

| Landkreis | TUEBINGEN |

| | 0 9 0 1 |

| Straße und Hausnummer | HASENALLEE 3 2 5 |

| Beruf des Patienten und des Ehegatten | RENTNER |

| Arbeitgeber des Versicherten | |

| Vorname des Ehegatten | ROSALINDE |

| Geburtsdatum des Ehegatten | Tag Monat Jahr — 1 2 1 1 0 4 |

| | 0 9 0 2 |

| Einweisender Arzt | DR. EBERLEIN |

| Anschrift des Arztes | 7 4 0 1 UNTERJESINGEN |

| Kostenträger | AOK TUEBINGEN |

| Früherer stationärer Aufenthalt in der Med. Klinik Tübingen: Jahr | 5 7 |

| Religion | EV. |

| | 0 9 0 3 |

| Name, Anschrift und Telefon des nächsten Angehörigen | ROSALINDE GRUENDLICH, 7401 HAGELLOCH , HASENALLEE 325 |

Die Aufnahmebestimmungen wurden mir ausgehändigt

Unterschrift des Patienten, des gesetzlichen oder ermächtigten Vertreters   Traugott Gründlich

Abb. 3 Personalbogen

tions-System sind nur die jeweils auf der 1. Karte (KA = 0901)
befindlichen Patientendaten wie Patientennummer, die identisch
mit der Verwaltungsnummer ist, sowie Patientenname, Geschlecht,
Behandlungsart, Familienstand, Geburtsdatum, Wohnort, Aufnahme-
tag, Stationsbezeichnung von Interesse. Infolgedessen werden
nur diese Daten in den Computer eingelesen und auf die momentane
Patienten-Stammdatei der Platte gespeichert. Unter einer Datei,
in diesem Falle der Patienten-Stammdatei, verstehen wir dabei
die Gesamtheit aller Daten, in diesem Falle der Patienten-Stammdaten, die sich auf dem externen Speicher, in unserem Falle einem Plattenspeicher, befinden. Gleichzeitig wird dabei für jeden neu aufgenommenen Patienten ein Satz in der momentanen
Testergebnis-Datei eröffnet und über den Schnelldrucker ein
Kontrollausdruck geliefert - Abb. 4 -. Die restlichen Daten auf
der 2. und 3. Karte werden von der Verwaltung zunächst in konventioneller Form verarbeitet.

```
AM 31. 3.69

SIND FOLGENDE PATIENTEN IN DIE MEDIZINISCHE KLINIK DER UNIVERSITAET TUEBINGEN AUFGENOMMEN WORDEN.
DIE PERSONALIEN DIESER PATIENTEN WURDEN AUF DIE DATEI P0901 GESPEICHERT.

FUER DIE BEHANDLUNGSART,DAS GESCHLECHT UND DEN FAMILIENSTAND GELTEN FOLGENDE VERSCHLUESSELUNGEN
BEHANDLUNGSART...WISS.INTERESSE = 0       GESCHLECHT...MAENNLICH = 1       FAMILIENSTAND...LEDIG       = 1
                 1.KLASSE STAT. = 1                   WEIBLICH  = 2                      VERHEIRATET = 2
                 2.KLASSE STAT. = 2                   ZWITTER   = 3                      VERWITWET   = 3
                 3.KLASSE STAT. = 3                                                      GESCHIEDEN  = 4
                 SPRECHSTUNDE   = 4
                 AMBULANT-KASSE = 5
                 AMBULANT-PRIV. = 6
                 EINSEND.-KASSE = 7
                 EINSEND.-PRIV. = 8

PAT.NR. BEHAND.- STATION AUFNAHME- FAMILIEN-,GEB.- UND VORNAMEN  GESCHL. GEB.-      POSTL.ZAHL UND   FAM.-   VERWALT.-
        ART              DATUM                                           DATUM      WOHNORT          STAND   NUMMER

  5181     3       B2V   20. 3.69  GORKAN JOSEF                     1    15. 1. 7  7035WALDENBUCH      2     5181/69
  5182     3       B2V   20. 3.69  TROSTOFF BEBO                    1     4. 4.22  7968SAULGAU         2     5182/69
  5183     3       B2H   20. 3.69  GARCHERT AUGUST                  1    18. 2.20  7941UTTENWEIL.      2     5183/69
  5184     2       A1H   20. 3.69  KIMMERMANN MAX                   1    18. 5.33  7035WALDENBUCH      2     5184/69
  5185     2       A2H   20. 3.69  BECK EDWIN                       1    15. 1.38  7030BOEBLINGEN      2     5185/69
```

Abb. 4   Kontrollausdruck bei Patientenaufnahme

6. 2 Bei der Verlegung eines Patienten innerhalb der Klinik auf eine
     andere Station wird dem System lediglich die Patientennummer
     sowie die bisherige und die neue Stationsbezeichnung mitge-
     teilt.

Bei der Entlassung eines Patienten erfährt der Computer aus der
Patientennummer, der bisherigen Stationsbezeichnung und einem
Entlassungscodewort, wer und wohin entlassen wurde.

In beiden Fällen druckt der IBM 1443 Schnelldrucker für alle
verlegten und entlassenen Patienten je eine Liste für die Pfor-
te, für die Verwaltung und für das Archiv - Abb. 5 -.

```
VERLEGUNGEN UND ENTLASSUNGEN
- ARCHIV -

PAT-NR.    NAME                          WOHNORT            DATUM      STATION
    5181 GORKAN JOSEF                    7035WALDENBUCH     20. 3.69 B2V NACH HAUSE
    5182 TROSTOFF BEBO                   7968SAULGAU        20. 3.69 B2V NACH HAUSE
    5183 GARCHERT AUGUST                 7941UTTENWEIL.     20. 3.69 B2H VERLEGT NACH STAT.A1V
    5184 KIMMERMANN MAX                  7035WALDENBUCH     20. 3.69 A1H NACH HAUSE
    5185 BECK EDWIN                      7030BOEBLINGEN     20. 3.69 A2H CHIRURG.-KLINIK


VERLEGUNGEN UND ENTLASSUNGEN
- PFORTE -

PAT-NR.    NAME                          WOHNORT            DATUM      STATION
    5181 GORKAN JOSEF                    7035WALDENBUCH     20. 3.69 B2V NACH HAUSE
    5182 TROSTOFF BEBO                   7968SAULGAU        20. 3.69 B2V NACH HAUSE
    5183 GARCHERT AUGUST                 7941UTTENWEIL.     20. 3.69 B2H VERLEGT NACH STAT.A1V
    5184 KIMMERMANN MAX                  7035WALDENBUCH     20. 3.69 A1H NACH HAUSE
    5185 BECK EDWIN                      7030BOEBLINGEN     20. 3.69 A2H CHIRURG.-KLINIK


VERLEGUNGEN UND ENTLASSUNGEN
- VERWALTUNG -

PAT-NR.    NAME                          WOHNORT            DATUM      STATION
    5181 GORKAN JOSEF                    7035WALDENBUCH     20. 3.69 B2V NACH HAUSE
    5182 TROSTOFF BEBO                   7968SAULGAU        20. 3.69 B2V NACH HAUSE
    5183 GARCHERT AUGUST                 7941UTTENWEIL.     20. 3.69 B2H VERLEGT NACH STAT.A1V
    5184 KIMMERMANN MAX                  7035WALDENBUCH     20. 3.69 A1H NACH HAUSE
    5185 BECK EDWIN                      7030BOEBLINGEN     20. 3.69 A2H CHIRURG.-KLINIK
```

Abb. 5 Kontrollausdruck bei Patientenentlassung

6. 3 Aus verarbeitungstechnischen Gründen unterscheiden wir sowohl
   bei den Patienten-Stammdaten als auch bei den Testergebnissen
   zwischen momentanen und permanenten Dateien.

   Die momentanen Dateien sind für die täglich laufenden Arbeiten
   erforderlich. Die permanenten Dateien nehmen die Daten aller
   entlassenen Patienten auf. In bestimmten, vom Computer selbst
   angegebenen Zeitabständen werden daher die Daten aller entlassenen Patienten von den momentanen auf die permanenten Dateien in
   einem sogenannten Archivierungslauf übertragen.

   Zur Kontrolle werden dabei Patientennummer, Aufnahmedatum, Ent-
   lassungsdatum, Archivierungsdatum sowie Patientennamen und Geburtsdatum für alle entlassenen und archivierten Patienten auf
   dem Schnelldrucker ausgedruckt - Abb. 6 -.

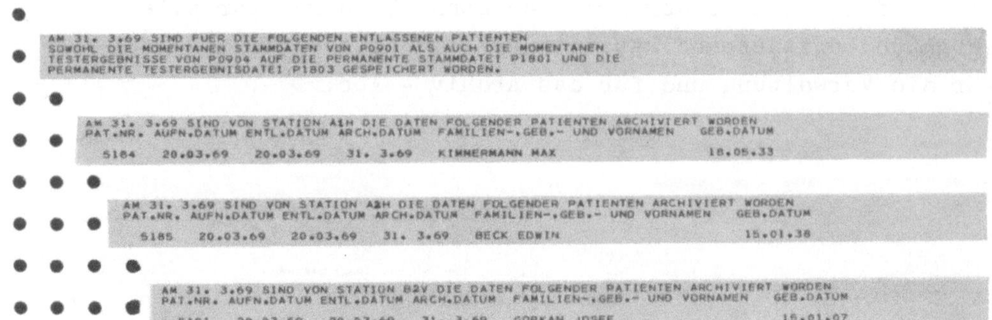

Abb. 6 Kontrollausdruck bei Archivierung

6. 4 Wie bereits erwähnt, wird täglich für jeden in der momentanen
Patienten-Stammdatei gespeicherten Patienten 1 Verordnungsformular über den Drucker ausgegeben. Dabei werden jeweils in
Klartext der Patientenname, die Patientennummer, die Stationsbezeichnung und das Geburtsdatum ausgedruckt. Damit das Verordnungsformular später wieder automatisch verarbeitet, d. h. vom
Belegleser gelesen werden kann, wird ausserdem die Patientennummer und aus Kontrollgründen auch die Stationsbezeichnung als
Markierung ausgedruckt. Damit wird erstens der Stationsschwester
das Beschriften und Markieren der Verordnungsformulare für
95 % aller in der Klinik befindlichen Patienten erspart und
zweitens dem System viel Ärger mit falsch markierten Verordnungsformularen abgenommen.

Die nach Stationen sortierten Formulare werden dann per Rohrpost an die Stationen geschickt.

6. 5 Dort heftet die Stationsschwester diese Formulare in eine etwa
DIN A 4 grosse Metallunterlage (Klemmhefter) ein. Sie markiert
- Abb. 2 - während der täglichen Visite die vom Stationsarzt
angeordneten Untersuchungen auf diesen Verordnungsformularen
und schickt sie danach über die Rohrpostanlage in den Computerraum.

6. 6 Die in den Verordnungsformularen eingetragenen Markierungen
werden über den Belegleser - Abb. 7 - eingelesen und über den
angeschlossenen Locher auf Lochkarten übertragen, die wir als
"Verordnungskarten" bezeichnen.

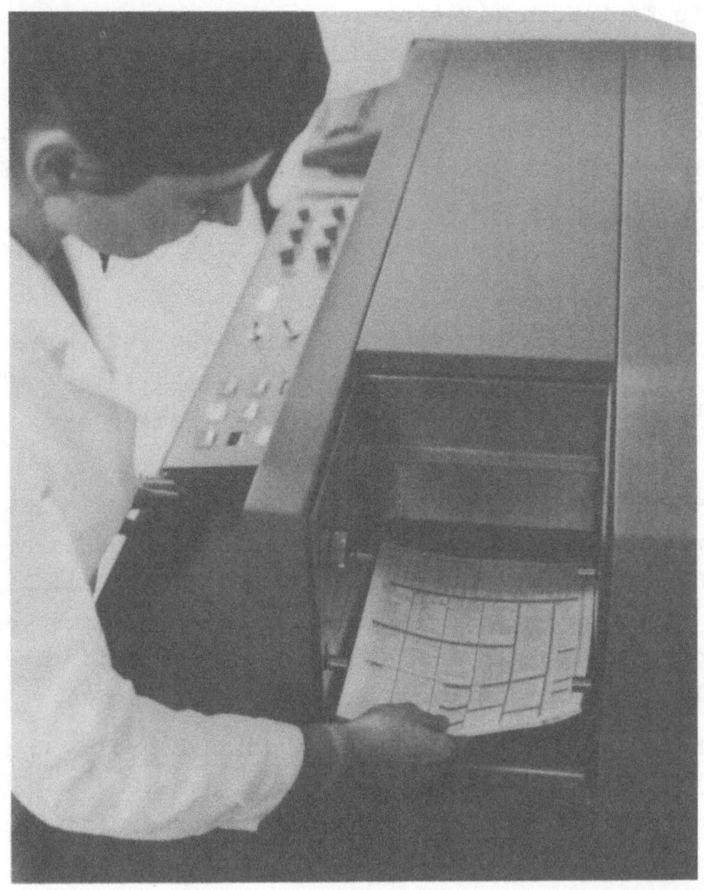

Abb. 7 Verordnungsbelege in Belegleser IBM 1232

Vor Beginn des Einlesens der Verordnungsformulare wird das für
die Steuerung des Lese- und Übertragungsvorganges erforderliche
IBM 1232 Programm über einen speziellen Programmbeleg in den
Programmspeicher des Beleglesers eingelesen. Dieses IBM 1232
Programm steuert nicht nur den Lese- und Übertragungsvorgang,
es prüft auch z.B. während des Einlesens der Verordnungsformulare, ob die Patientennummer formal richtig markiert ist und
steuert formal falsch markierte Formulare aus. Solche falschen
Markierungen können prinzipiell nur bei Blanko-Verordnungsfor-
mularen für neu aufgenommene Patienten, d. h. nur für ca.5 %
der in der Klinik befindlichen Patienten vorkommen. Die gesamte
Zeit für das Einlesen der Verordnungsformulare, das Übertragen
und das automatische Lochen beträgt im Durchschnitt täglich
30 Minuten.

6. 7 Die vom IBM 534 Locher stammenden "Verordnungskarten" werden
über die Karteneinheit eingelesen. Es werden zunächst die Mar-
kierungsnummern gewissermassen "rekonstruiert" und dann mit
Hilfe einer Transformationstabelle aus diesen Markierungs-Num-
mern Test-Nummern erzeugt. Diese Test-Nummern werden zum Teil
auf ihre gegenseitige Verträglichkeit geprüft (KNODEL, BARISCH
und REUSCH) und zusammen mit der jeweiligen Patientennummer
und der Stationsbezeichnung auf eine "Verordnungs-Zwischenspei-
cher-Datei" gespeichert.

Von dort werden diese Daten weiterverarbeitet, um Laborarbeitslisten, IBM 1084 Kurzkarten, IBM 1082 Identifizierungskarten,
Aufkleber und Stationshinweislisten zu gewinnen.

Zusammenfassung

Einleitend wird geschildert, wie bei einer "Betriebsuntersuchung"
im Jahre 1965 der Informationsfluss der Medizinischen Klinik der
Universität Tübingen erfasst worden ist. Es wird ferner erklärt,
warum eine on-line Lösung gewählt wurde und warum für die Verordnungen IBM 1232-Markierungsformulare verwendet werden.

Um den Stationsschwestern soviel wie möglich Schreib- und Übertra-
gungsarbeit abnehmen zu können, werden von dem IBM 1800 Prozessrechner nicht nur die Verordnungsformulare vorbereitet, sondern
auch die Testergebnisse in einer "fieberkurvengerechten" Form auf
die Stationen geliefert.

Bei der Aufnahme eines Patienten in die Klinik werden über ein Pa-
tienten-Aufnahmeformular alle "Patienten-Stammdaten" erfasst und
über Lochkarten auf eine "Patienten-Stammdatei" übertragen. Dort
wird festgehalten, wohin ein Patient verlegt und ob und wohin ein
Patient entlassen worden ist. Täglich werden für jeden momentan in
der Klinik befindlichen Patienten jeweils 1 Verordnungsformular
über den Schnelldrucker ausgegeben und auf die Stationen geschickt.
Während der täglichen Visite werden die vom Stationsarzt angeordneten Untersuchungen auf diesen Verordnungsformularen markiert und
über die Rohrpostanlage in den Computerraum geliefert. Über einen
IBM 1232 Belegleser werden die markierten Verordnungen eingelesen
und veranlassen das Ausdrucken von Laborarbeitslisten, IBM 1084
Kurzkarten, IBM 1082 Identifizierungskarten, Identifizierungsklebe-
zetteln und Stationshinweislisten.

PATHOLOGICA-REGISTRIERUNG

U. Dold

Der wesentlichste Teil jeder ärztlichen Dokumentation ist die Krankengeschichte, die zu führen der Arzt vom Gesetzgeber verpflichtet
wurde. Die Krankengeschichte soll über den individuell-biologischen
Varianten die Charakteristica einer ätiologisch-pathophysiologisch-
prognostischen Einheit erkennen lassen, die zu dem abstrakten Begriff der Diagnose führt.

Es wird niemand bezweifeln, dass auch die aufwendigste Laboratori-
umsdiagnostik nur zusammen mit Angaben aus der ärztlichen Befragung
und Beurteilung des Kranken den richtigen Standort erhält.
Die Inhalte, die wir von einer Krankengeschichte erwarten, sind:
1. die Vorgeschichte, 2. der Aufnahmebefund, 3. die (vorläufige)
Diagnose, 4. der Verlauf (unter klinischen, chemischen, physikalischen und morphologischen Gesichtspunkten) mit Therapie und 5. die
Epikrise.
Wollen wir daran gehen, auch diese Inhalte einer Krankengeschichte
der elektronischen Datenverarbeitung zuzuführen, müssen wir uns klar
machen, dass zwei grundsätzlich verschiedene Datengruppen darin enthalten sind:

1. statische Daten: Vorgeschichte, Aufnahmebefund, Diagnose und
   Epikrise und

2. dynamische Daten: Der Verlauf als Änderung des Aufnahmebefundes,
   besonders hinsichtlich der pathologischen Untersuchungsbefunde
   mit Fieberkurve, klinisch-chemischen Laboratoriumswerten und der
   Therapie.

Die Bearbeitung statischer Daten ist in der elektronischen Datenverarbeitung grundsätzlich einfacher und die Prinzipien sind auf anderen Sachgebieten schon vielfach erprobt. Die Schwierigkeiten der medizinischen Materie liegen in der Befunderhebung. Versuche mit einer
umfangreichen maschinellen Befunddokumentation als Krankenblatt wur-

den hier im Hause gemacht; das Ergebnis hat noch nicht befriedigt.
Herr EHLERS hat nach einem anderen Dokumentationsverfahren den Auf-
nahmebefund zu einem allgemeinen Krankenblatt entworfen, auf dessen
Einführung wir warten.

Dynamische Daten, d.h. in der Zeitdimension ausgedehnte und verän-
derliche Merkmale sind in der Erfassung und Speicherung sehr viel
aufwendiger, die Verfahren noch weniger erprobt und die statistische
Auswertung von Zeitreihen ist problemreich. Doch lässt die Erfassung
des funktionellen Geschehens der Krankheitsabläufe besonders auf-
schlussreiche Erkenntnisse erwarten. Wir haben deshalb eine Verlaufsdokumentation pathologischer Klinikbefunde aus der Sicht des am Krankenbett tätigen Arztes als wichtigstes Arbeitsproblem herausgegrif-
fen. Diese Pathologicabefunde sollen das in erster Linie auf die Erfassung von chemischen Laboratoriumsdaten ausgerichtete Datenver -
arbeitungssystem der Tübinger Medizinischen Klinik an wesentlicher
Stelle ergänzen: Es liefert allein die klinischen Befunde und die
Diagnosen. - Abb. 1 -

Eine erhebliche Beschränkung an Speicherplatz war uns auferlegt. Es
musste also ein Verfahren gefunden werden, das auch unter diesen Bedingungen noch ein Maximum an Information aus dem gesamten klinischen Bereich festhält.

Als Arbeitsprinzip wurde dazu folgendes festgelegt: Erfasst werden
im wöchentlichen Turnus alle pathologischen Befunde, die der Kranke
aufweist. Alle normalen Befunde bleiben unberücksichtigt. Auf einem
Markierungsbogen werden die entsprechenden Markierungen vorgenommen.
Ausserdem wird die vorläufige Diagnose handschriftlich im Klartext
eingetragen. Über einen Markierungsleser, bzw. über Lochkarten erfolgt eine Speicherung im Datenverarbeitungssystem. Dort kann eine
direkte Korrelation zu klinisch-chemischen Laboratoriumsdaten vorgenommen werden. Über einen Listenausdruck kommt eine Aufstellung der
pathologischen Befunde wiederum auf die Station und wird der Fieberkurve beigefügt.

Der Pathologica-Dokumentationsbogen enthält im Kopfteil die Identi-
fizierungsangaben zur Person, über die Herr KENZELMANN in seinem Beitrag schon berichtet hat.

Es findet sich dann eine Gruppe von Begriffen, die den allgemeinen
Körperzustand betreffen und im Untersuchungsgang des Arztes gewöhnlich vornean stehen. Es sind hier die Gruppen Ernährungszustand,
Kreislaufverhalten, Sensorium, neurologische und endokrine Störungen
enthalten, sowie pathologische Reaktionsformen der Haut, des Blut-
systems und der Temperaturregulation. Wichtig erschien uns hier

Med. Univ. Klinik Tübingen (Dir. Prof. Dr. H. E. Bock)

PATHOLOGICA

```
0  1  2  3  4      5  6  7  8  9
0  1  2  3  4      5  6  7  8  9
0  1  2  3  4      5  6  7  8  9
0  1  2  3  4      5  6  7  8  9
0  1  2  3  4      5  6  7  8  9
```

| A1v | A2v | A3v | A4v | A5v | A6v | B1v | B2v | B3v | B4v | C1 | GA | Spr. | amb. | | Mo | Di | Mi | Do |
| A1h | A2h | A3h | A4h | A5h | A6h | B1h | B2h | B3h | B4h | C2 | | Wi | Lab. | | Fr | Sa | So |

adipös 01	hyperton 07	somnolent 13	motorisch 19	Hypophyse 25	Allergie 31	rotes Blutb. 37	Temp.normal 43
reduziert 02	hypoton 08	komatös 14	sensibel 20	Schilddrüse 26	Haut akut 32	weißes Blutb. 38	Temp.subfeb. 44
Kgew. normal 03	Kollaps 09	delirant 15	Koordination 21	Nebenniere 27	Haut chron. 33	Gerinnung 39	Temp.>38°C 45
Kgew. Abn.<1kg 04	Ödeme 10	Krämpfe 16	vegetativ 22	Inselapparat 28	Haut lokal 34	Säure-Basen 40	Temp.>39°C 46
Kgew. Abn.>1kg 05	11	17	23	Endokr. sonst. 29	Haut general. 35	41	Bakt.Kult.pos. 47
Kgew. Zun.>1kg 06	12	18	24	Habit.dysplast. 30	36	42	48

Kopf und Hals	49	klin.	Rö.	Echo-ECG	Hist.
Gehirn u. Hirnh.	50	klin.	Rö./Isot.	s.occ.Liq.	Hyg./Hist.
Hirnnerven	51	klin.	Rö.	EEG	Cyt.
Auge	52	klin.	Rö.	Fundus	Hyg.
Ohr, Nase	53	klin.	Rö.	Audiogr.	Hyg.
Mundhöhle	54	klin.	Rö.	Lab.	Hyg.
Schilddrüse	55	klin.	Rö./Isot.	Lab.	Hist.
Lymphknoten	56	klin.	Rö.		Hyg./Hist.
Thorax	57	klin.	Rö.	Lab.	Hist.
Lymphknoten	58	klin.	Rö.		Hyg./Hist.
Mammae	59	klin.	Rö.		Hyg./Hist.
Mediastinum	60	klin.	Rö.	Lab.	Hist.
Lunge	61	klin.	Rö./Isot.	Funkt.	Hyg./Hist.
Pleura	62	klin.	Rö.	Lab.	Hyg./Hist.
Herz	63	klin.	Rö.	Lab.	Kath.
Perikard	64	klin.	Kymo	EKG	Hyg.
Abdomen	65	klin.	Rö.	Lab.	Hyg./Hist.
Ösoph. Magen	66	klin.	Rö.	Lab.	Hyg./Hist.
Duod. Dünnd.	67	klin.	Rö.	Lab.	Hyg./Hist.
Dickd. Rektum	68	klin.	Rö.	Lab.	Hyg./Hist.
Leber	69	klin.	Rö./Isot.	Lab.	Hist.
Galle	70	klin.	Rö.	Lab.	Hyg./Hist.
Pankreas	71	klin.	Rö./Isot.	Lab.	
Milz	72	klin.	Rö./Isot.		Hist./Cyt.
Niere, Blase	73	klin.	Rö./Isot.	Lab.	Hyg./Hist.
Genitale	74	klin.	Rö.	Lab.	Hyg./Hist
Lymphknoten	75	klin.	Rö.		Hist./Cyt.
Wirbelsäule	76	klin.	Rö.	Lab.	Hyg./Hist.
Rückenmark	77	klin.	Rö.	Lumb.Liq.	Hyg./Hist.
Extremitäten	78	klin.	Rö.	Lab.	Hyg./Hist.
Periph. Nerv. s.	79	klin.	Rö.	EMG/NLG	path.Refl.
Muskeln	80	klin.	Rö.	Lab.	Hist.
Gelenke	81	klin.	Rö.		Hist./Cyt.
Arterien	82	Stamm kl.	Stamm Rö.	Extr. klin.	Extr. Rö.
Venen	83	Stamm kl.	Stamm Rö.	Extr. klin.	Extr. Rö.

Pat.-Nr.

Vorläufige Diagnosen

1.

2.

3.

IBM 100716

Abb. 1 Pathologica - Markierungsbogen

nicht die Vollständigkeit eines leicht über die gesetzten Grenzen
sich ausdehnenden Katalogs, sondern die Beschränkung auf Befunde
am Kranken, die von jedem Arzt leicht erfassbar und eindeutig zu
bestimmen sind. Es sollten die wesentlichsten klinischen Befunde
damit allerdings vollständig erfasst werden, sofern sie nicht von
anderer Seite in das Speichersystem kommen.
In der folgenden Aufgliederung nach Körperregionen und Organen lassen sich die pathologischen Befunde fast ohne Schwierigkeiten durch-
gängig nach ihrer Herkunft aus 4 grossen Gruppen des medizinischen
Informationsgewinnes unterteilen. Da sind einmal die durch ärztliche Untersuchung allein mit den Sinnesorganen, durch Sehen, Tasten,
Hören erfassbaren krankhaften Befunde, die im Bogen kurz als "klinisch" bezeichnet werden. Die nächste Spalte enthält die durch rönt-
genologische oder elektrophysiologische Untersuchungen erhaltenen
pathologischen Befunde, eine weitere alle aus der Untersuchung von
Körpersäften gewonnenen Informationen, kurz "Labor" genannt.
Schliesslich werden noch die durch histologische Gewebsuntersuchung,
Cytologie oder Bakteriologie erhaltenen pathologischen Befunde in
der letzten Spalte vermerkt.
Auch hier galt es in Kürze, aber nach Möglichkeit vollständig, jeden Bereich pathologischer Befunde zu erfassen, um damit im Listenausdruck eine übersichtliche Zusammenschau dem Arzt am Krankenbett
zu geben, vor allem aber auch im Speichersystem umfangreiche Korre-
lationsmöglichkeiten zu den Laboratoriumswerten zur Verfügung zu
haben. Auf eine qualitative Gliederung der pathologischen Befunde
musste verzichtet werden, um den gesetzten Rahmen nicht zu sprengen.
Die Markierung des pathologischen Befundes soll vom Stationsarzt
durch eine Bleistiftmarkierung vorgenommen werden; dies wird üblicherweise während der Visite geschehen. In dem markierungsfreien
Feld werden mit Druckbuchstaben im Klartext bis zu 3 vorläufige Diagnosen eingetragen. Bei der Archivierung des Datenmaterials eines jeden Patienten treten an Stelle der 3 vorläufigen Diagnosen im Klartext nach einem Zahlenschlüssel verschlüsselt bis zu 15 endgültige
Diagnosen.
Der Pathologica-Bogen wird bei der Aufnahme des Patienten und dann
wieder in wöchentlicher Wiederholung ausgefüllt. Er geht auf dem
gleichen Wege wie die Verordnungsbogen für Laboratoriumsuntersuchungen an die elektronische Datenverarbeitungsanlage zurück. Der Markierungsleser überträgt die Markierungen auf Lochkarten, die vorläufigen Diagnosen müssen von einer Locherin in Klartext abgelocht werden. Die Lochkarten werden dann in die Anlage eingelesen.

In der Datenverarbeitungsanlage werden die markierten Pathologica,
ebenso wie die vorläufigen Diagnosen, auf den Tagesbericht der Laboratoriumsdaten gedruckt, der dann auf die Station zurückkommt und in
die Fieberkurve des Patienten eingeheftet wird. - Abb. 2 -

```
SER ZUCKER SMA12  '      '   195  '          '          '          '   'MG/100ML
BZ 11 UHR         '      '        '          '          '    212   '   'MG/100ML
                  '      '        '          '          '          '   '
KALIUM            '      '   3,6  '          '          '          '   'MVAL/L
NATRIUM           '      '   131  '          '          '          '   'MVAL/L
CALCIUM SMA 12    '      '   4,3  '          '          '          '   'MVAL/L
CALCIUM FLAPHO    '      '   4,2  '          '          '          '   'MVAL/L
CHLOR LAB.4       '      '   107  '          '          '          '   'MVAL/L
CHLOR SMA 12      '      '   111  '          '          '          '   'MVAL/L
PHOSPHOR          '      '   0,9  '          '          '          '   'MVAL/L
                  '      '        '          '          '          '   '
EISEN             '      '   271  '          '          '          '   'UG/100ML
EBK               '      '   364  '          '          '          '   'UG/100ML
                  '      '        '          '          '          '   '
AST               '      '   75   '          '          '          '   'E
                  '      '        ' THROMBELAS'          '          '   '

UR=REAKT.(PH)     '      '     6  '          '     6    '          '   '
UR=SPEZ.GEW.      '      '  1008  '          '  1006    '          '   'MG/ML
UR=EIWEISS        '      '   N.   '          '   N.     '          '   '
UR=ZUCKER         '      '   N.   '          '   (+)    '          '   '
UR=ACETON         '      '       ' N.       '   N.     '          '   '
UR=UROBILINOGEN   '      '   =/+  '          '   =/+    '          '   '
                  '      '        '          '          '          '   '
UR=LEUKO          '      '   (+)  '          '   (+)    '          '   '
UR=PLATTENEPI     '      '   (+)  '          '          '          '   '
                  '      '        '          '          '          '   '
UR=AMORPHE SALZE  '      '   (+)  '          '    +     '          '   '
                  '      '        '          '          '          '   '
UR=MENGE/24H      '      '        '   1000   '   400    '          '   'ML
UR=ZUCKER G/24H   '      '        '    =1    '    =1    '          '   'G/24H


DIAGNOSEN UND PATHOLOGICA VOM 17.10.69
1. PANMYELOPATHIE   2. LEBERPAR SCHAD   3. DIABETESMELL

KGEW.NORMAL              ROTES BLUTBILD VERAEND. WEISSES BLUTB.VERAEND.  BLUTGERINNUNG GESTOERT
AUGEN KLINISCH          LEBER LABOR


DATUM           SO 12.10.   MO 13.10.   DI 14.10.   MI 15.10.   DO 16.10.   FR 17.10.   SA 18.10.
```

```
3308  ████████████      ████████                                                          A3H      0
```

Abb. 2   Laborbericht mit Pathologica - Ausdruck und vorläufigen
         Diagnosen

Es sind damit alle krankhaften Befunde des Patienten in Kurzform auf
dem Wochenbericht enthalten. Das erleichtert dem Stationsarzt die
Kontrolle dieser Befunde. Für den diensttuenden Arzt, der den Patienten nicht kennt, ist eine rasche Information möglich.
Für die wissenschaftliche Arbeit mit dem gespeicherten Datenmaterial
ebenso wie für jegliche Prüfarbeit an den klinisch-chemischen Laboratoriumsdaten, ist die sofortige Greifbarkeit der niedergelegten
Befunde im Speichersystem - hier eine Plattenspeichereinrichtung -
erforderlich. Auf dem Plattenspeicher reicht der für die Pathologica-Dokumentation verbliebene Platz nur für die Aufnahme des Datenmaterials von 2 Pathologica-Bogen pro Patient aus. Wir haben unter
diesen Umständen den beiden Speicherplätzen folgende Eigenschaften
gegeben: Der 1. Speicher hält alle positiven Markierungen während

des gesamten stationären Krankheitsverlaufes fest. Auf ihm sind also
alle mindestens einmal vermerkten pathologischen Untersuchungsbefunde erhalten. Der 2. Speicher behält den jeweils letzten Bericht gespeichert.
Dieses System lässt die folgenden Hauptziele erreichen:

1.) Es kann leicht der Therapieerfolg kontrolliert werden.

2.) Die Verbindung zu den ebenfalls im Speicher gehaltenen Werten
des klinisch-chemischen Laboratoriums ist gegeben und damit eine
ständige,gegenseitige Kontrollmöglichkeit.

3.) Zusammen mit den Diagnosen ist die Häufigkeit pathologischer
Symptome zu ermitteln. Zur Ermittlung von Ausmass und Art des
pathologischen Symptoms ist allerdings der Rückgriff auf das ar-
chivierte Krankenblatt nötig.

Das reiche Datenangebot darf nicht zu voreiligen Schlüssen verfüh-
ren. Eine Kontrollmöglichkeit der markierten Befunde ist aufgrund
des Ausdruckes am Krankenbett gegeben, eine Prüfung auf Fehler und
Nachlässigkeit mit geringerem Sicherheitsgrad als Plausibilitätsprüfung. Wir müssen uns aber darüber klar sein, dass wir heute noch
ganz am Anfang einer medizinischen Befunddokumentation stehen. Die
dafür unumgängliche Normierung aller klinischen Untersuchungsbefunde ist noch kaum begonnen worden. Ist die Grenze zwischen normal und
pathologisch noch ungenügend festgelegt, bleibt der Einschätzung
viel persönlicher Spielraum. Bei der Auswertung der Befunde muss
sich jeder über Art und Umfang der hier gegebenen Fehlermöglichkeit
klar werden, um nicht zu Fehldeutungen zu kommen. Das hier beschriebene System führt zur wissenschaftlichen Auswertung bewusst wieder
zu dem bisher noch konventionell geführten Krankenblatt zurück. Nur
dort findet sich Art und Umfang eines als pathologisch markierten
Befundes genauer beschrieben und nur von dorther kann auch zu einem
späteren Zeitpunkt eine Eintragung als falsch oder richtig beurteilt
werden. Es erscheint mir möglich, dass in dieser Begrenzung der
elektronischen Bearbeitungsmöglichkeit des gespeicherten Befundma-
terials ein schwerwiegender Mangel des vorgestellten Systems gesehen
wird. Ich bin jedoch der Überzeugung, dass gerade hier für alle Be-
teiligten ein didaktischer Wert liegt, zur kritischen Schulung in
der Befunderhebung klinischer Untersuchungsdaten.

An der Erarbeitung dieser Pathologica-Dokumentation haben mitgewirkt
Herr Dr. Knodel, Herr Professor Dr. v. Oldershausen, Herr Dr. Rei-
chenmiller und Herr Dr. Seynsche.

DIAGNOSTIK-VERORDNUNGEN, STATIONSHINWEISLISTEN,
AUFKLEBER UND LABORARBEITSLISTEN

W. Knodel, K. Barisch*, I. Reusch

Dieser Ausschnitt aus dem Diagnostik- Informationssystem wird bestimmt vom Informationsfluss von den Krankenstationen zum Rechner
und zurück - Abb. 1 -.

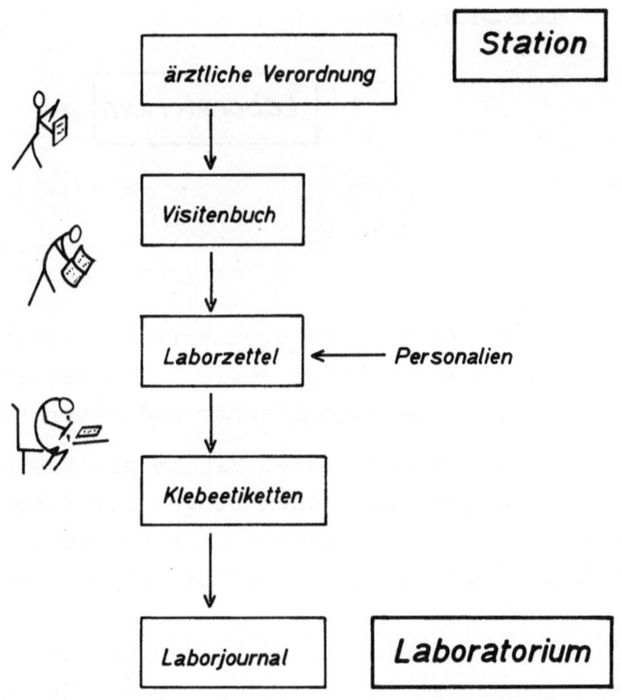

Abb. 1

Bislang wird die ärztliche Verordnung von der Schwester im Visitenbuch registriert und auf Laborzettel und Klebeetiketten übertragen.
Im Labor dienen diese Unterlagen zur Registrierung im Laborjournal.
Nun bekommt die Station für jeden Patienten täglich Verordnungsbogen
für die Diagnostik in Form eines Markierungsbelegs - Abb. 2 -.

* IBM Deutschland

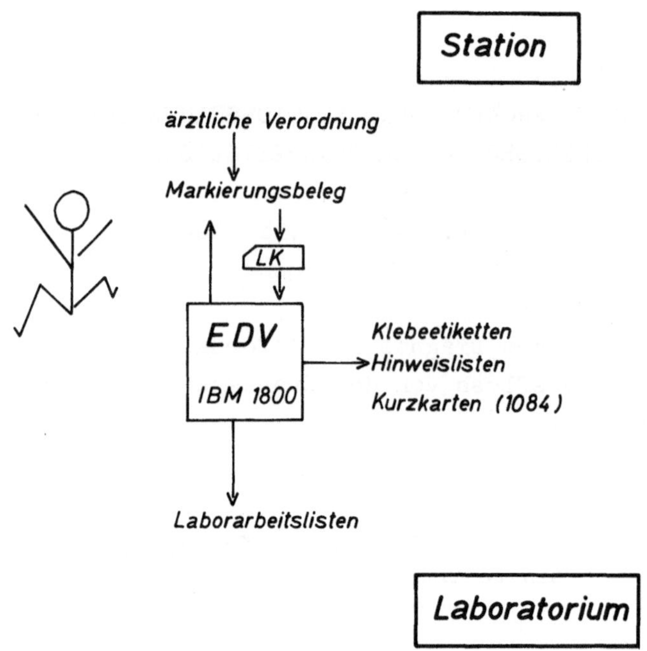

Abb. 2

Der auf Station einlaufende Verordnungsbogen enthält bereits die
Personalien des Patienten in Klarschrift sowie seine Patientennummer und Stationsbezeichnung in maschinenlesbar kodierter Form.

Auf diesem Bogen werden bei der ärztlichen Visite die haematologi-
schen, klinisch-chemischen, physikalischen Diagnostik-Verordnungen
vermerkt, die für den kommenden Tag erforderlich scheinen. Nach der
Markierung wird der Bogen durch Rohrpost zur Belegleserstation be-
fördert.
Dort wird seine Information maschinell auf Lochkarten übertragen und
diese in den Rechner eingespeist. Das Problem für den Entwurf des
Verordnungsbogens liegt in der sinnvollen übersichtlichen Anordnung
aller in diesem Zusammenhang erforderlichen Markierungsmöglichkeiten
(OBERHOFFER 1966, EHLERS 1967, GRABNER 1968). Im Folgenden soll unser Formularentwurf vorgestellt und begründet werden - Abb. 3 -.
Durch die Abgrenzung einzelner Felder zu Untersuchungsgruppen soll
das Auffinden von Anforderungen erleichtert werden. Dies deckt sich
mit dem Bemühen im Laborraum, sich wechselseitig ergänzende Analysen
zusammenzufassen.
Wir unterscheiden Markierungen, die nur eine Untersuchung veranlassen von solchen, die eine Gruppe von Analysen auslösen. So hat bei-

Med. Univ. Klinik Tübingen (Dir. Prof. Dr. H. E. Bock) # VERORDNUNGEN

```
0  1  2  3  4    5  6  7  8  9
0  1  2  3  4    5  6  7  8  9
0  1  2  3  4    5  6  7  8  9
0  1  2  3  4    5  6  7  8  9
0  1  2  3  4    5  6  7  8  9
```

A1v A2v A3v A4v A5v   A6v B1v B2v B3v B4v | C1 bettl. GA Spr. amb. Punkt. Mo. Di. Mi. Do.
A1b A2b A3b A4b A5b   A6b B1h B2h B3h B4h | C2 Eilt. Wi. Lab. Fr. Sa. So.

HÄMATOLOGIE
- BSG
- Leuko
- Leuko+Diff-B. B.
- Ery+∅+Hb+Hk
- Reti
- Ery-Resistenz
- Thrombo
- Eo-Kammer
- Blutg-Gerinng-Zt.
- Blutgruppe
- Heinzkörper Test
- alk. Leuko P'ase
- Sideroblasten

LABOR 1
- Blutzucker nü.
- BZ-Tagesprofil
- BZ 4°°
- BZ 10°°
- BZ 14°°
- BZ 18°°
- BZ 22°°
- BZ enzymat.
- Tolbut. Test 30'
- i. v. Glukose

URIN -Status
- EW g/24 h
- Z. g/24 h
- Z.g/Tg/Nacht getr.
- Aceton
- Bilirubin
- Hb qual.+quant.
- Indikan
- Diazo
- Weidner
- Tyrosin+Leucin
- Diastase i. Urin
- Steinanalyse
- Sediment quant.
- Thormählen quant.

LABOR 2
- GOT+GPT
- alk. P'ase+LAP
- ALD+LDH+HBDH
- GLDH
- Amylase
- CPK
- sre. P'ase
- Cholinesterase
- ICDH
- LDH-Iso
- LEBER progr.
- HERZINFARKTpr.

LABOR 3
- Kalium+Natrium
- Calcium+Phosphor
- Chlor
- Magnesium
- Blut-pH/pCO2/Bik./pO2
- Osmolarität
- Ery-Elektrolyte
- Eisen+Kupfer
- EBK
- Protein Jod
- α-Amino N Urin
- Oxyindolessigsre.
- Katecholamine
- Porphyrine
- Eisen i. Urin
- Osmolarität i. Urin
- Na+K+Cl i. Urin
- Ca+P i. Urin
- Harnsre. Urin
- 17-Ketosteroide
- 20-Ketosteroide

LIQUOR-Status
- Liq. zucker
- Liq. elektrolyte
- Rivalta Probe

LABOR 3+4+6
- Mehrf. Analyse
- Kreat. +Harnstoff
- Kreat. clear. end.
- Harnsäure Serum
- Ammoniak
- α-Amino N Serum
- Bili ges.+dir.
- Cholesterin
- Fettstatus
- Ges. Ew.+Alb.
- E'phorese
- Haptoglobin
- Urin E'phorese

LABOR 6+17
- Quick
- Thrombotest
- Vollbl. Retr. Zt.
- Plasma Retr. Zt.
- Recalc. Zeit
- Fibrinogen
- TEG
- Thrombin Zeit
- Gerinng.-Status

SPUTUM mikr.
- Tbc
- Siderophagen
- elast. Fasern
- Sonstiges

MAGENSAFTnü.
- Fraktionierung
- Radiosonde
- Sonstiges

DUODENALS.
- Lamblien
- Pankr. Enz. Duod.

LABOR 8+9
- AST
- Rheumafaktor
- Thyreoglob. Latex
- LE-Test
- LE-Zellen
- Coombs Test
- Kälteagglut.
- Insulin Antikörper
- Immun-E'phorese
- Immun. Prot. Best.

ISOTOPENLAB.
- T3-Test
- Radiojodtest
- Blutvolumen
- Ery Vol. Vertlg.
- Isotopennephrogr.
- Szintigr. Schilddr.
- Szintigr. Lunge
- Szintigr. Leber
- Szintigr. Milz
- Szintigr. Niere

STUHL Benz.
- Nahrg. Ausnutzg./pH
- Parasiten
- Gallenfarbstoffe
- Triboulet
- Fett quant.
- Pankr. Enz. Stuhl

BESONDERES
- Hb i. Serum
- Ery-Enzymstatus
- Meth-Hb
- CO-Hb
- Alkohol im Blut
- Zwikker Probe

BELAST. TESTE
- Bromsulphthalein
- Galaktose
- p. o. Glukose 90'
- p. o. Glukose 180'
- Xylose-Belastung
- Lactose-Belastung
- Fett-Vit. A-Belast.
- B12 Test
- Histidin Test
- Tryptophan Test
- Gordon Test
- Eisenbelastg. p.o.
- Calc. Bilanz
- Tolbut. Test 180'
- Insulinbelastung
- ACTH Test
- Metopiron Test
- Dexamethason Test
- Ery-Kinetik
- Phenolrot
- PAH+Inulin Cl.
- Aldosteron Cl.
- Bartter Test

DIAGN. EINGR.
- Leberpunktion
- Nierenpunktion
- Lungenpunktion
- Bronchoskopie
- Bronchographie
- Thorakoskopie
- Laparoskopie
- Gastroskopie
- Rektoskopie
- Zystoskopie

AUSSENDUNG
- Hygiene
- Pathologie
- Auswärts

RÖNTGEN
- Thorax
- Schädel
- HWS
- BWS
- LWS
- Becken
- Abdomen
- i.v. Pyelogr.
- p. o. Galle
- i. v. Galle
- Colon
- Ösophagus
- Magen
- Dünndarm
- Früh. Aufn.
- Sonstiges

EKG
- VD. AeD. Zt.
- Farbst. Verd
- Phono/Pulse
- Schellong
- Plethysmogr.
- Herzkath.
- Angiograph.
- Viscosität
- O2-Sättigg.

EEG
- EMG
- A-Reflex Zt.
- Audiogr.

LUNGENF.
- Spirometrie
- Compliance
- Blutgase
- Bodypleth.
- GU
- A-stoß+VK

Abb. 3 Markierungsbeleg "Verordnungen"

spielsweise die Markierung "Amylase" nur diese einzige Untersuchung
zur Folge. Die Angabe "Mehrfachanalyse" bedeutet dagegen die Anwei-
sung, alle mit dem Mehrkanal-Analyzer möglichen Messdaten zu bestimmen. Es sind dies bei unserem Gerät: Cholesterin, Calcium, Phosphor,
Kreatinin, Harnstoff, Gesamteiweiss, Albumin, Bilirubin, Glukose und
Harnsäure im Serum. Alle diese Analysen sind durch Markierung auch
einzeln oder in sinnvollen Zweierkombinationen auszulösen. Ist nur
eine solche Kombination wie beispielsweise Kreatinin und Harnstoff
erwünscht, wird im Regelfall auch der Mehrkanal-Analyzer tätig und
liefert eine komplette Reihe von Messwerten. Das Labor hat aber die
Möglichkeit, die auf jeden Fall erwünschte Bestimmung zu erkennen
und kann sie bei beschränkter Arbeitsmöglichkeit auch einzeln aus-
führen.
Unbeabsichtigt getroffene Doppelanforderungen werden bei dem von
Kenzelmann erstellten Einleseprogramm eliminiert. Bestimmte Markierungen lösen definierte Analysenprogramme aus. So wird z. B. mit der
Anforderung "Leberprogramm" - Abb. 4 - der Versuch gemacht ein dia-

GPT De Ritis Quot.	Serum Eiweiss	Erythrocytenzahl
GOT	Elektrophorese	Ery-Durchmesser
GLDH	Aminostickstoff	Haematokrit
LDH / HBDH	Blutungszeit	Haemoglobin
Aldolase	Gerinnungszeit	Hb_E
	Gerinnsel - Retraktion	Retikulocyten
Bilirubin	Quick-Test	
alk. P'ase	Thrombocyten	Kalium
LAP		Natrium
Amylase	Eisen	Chlor
Kupfer	Eisenbindungskapazität	
		Urinstatus
	Cholesterin	Bilirubin i. Urin

Abb. 4   Durch Markierung "Leber-Programm" angeforderte
         Laboratoriumsuntersuchungen

gnostisches Spektrum anzusprechen, welches sich über mehrere Laborarbeitsplätze erstreckt. Der anweisende Arzt braucht zunächst keine
Überlegungen anzustellen, welche verschiedenen Untersuchungen er bei
der Prüfung einer bestimmten Organfunktion veranlassen kann.

Einige Markierungen haben vorerst nur informatorische Bedeutung zur
Komplettierung des Fieberkurvenausdrucks. Dies gilt für die Rubrik
"Röntgen". Sie bringen allerdings zum Ausdruck, dass wir noch weitergehende Absichten mit dem Markierungsbeleg verfolgen. Wir glauben
in einer weiteren Ausbaustufe spezifische Informationen für andere
diagnostisch arbeitende Stellen auswerfen zu können. Zunächst sties-
sen wir auf Schwierigkeiten.

Die in der Anlage bekannt gewordenen Markierungen laufen über eine
Datei und werden den Labortesten zugeordnet. Als Reaktion darauf er-
hält die Station Probenidentifizierungsmaterial und Hinweislisten.
Ausserdem laufen im Laboratorium Arbeitslisten ein. Zur Probeniden-
tifizierung gehört der über Schnelldrucker erstellte Aufkleber
- Abb. 5 -.

```
┌─────────────────────────┐      ┌─────────────────────────┐
│ HILLER  HANSJOERG       │      │ LAEMMER  CHRISTIA       │
│                         │      │                         │
│ PAT.NR.  57983          │      │ PAT.NR.  22354          │
│ STATION  A1V            │      │ STATION  A1V            │
│ ┌─────────────────────┐ │      │ ┌─────────────────────┐ │
│ │                     │ │      │ │ BST        3 MIN    │ │
│ │ VENENBLUT    1/2 R  │ │      │ │ VENENBLUT    1/2 R  │ │
│ │                     │ │      │ │                     │ │
│ │ LAB.02 PL. 1        │ │      │ │ LAB.04 PL. 2        │ │
│ └─────────────────────┘ │      │ │ BST-RETENTION       │ │
│ ENZYME  MANUELL         │      │ └─────────────────────┘ │
│ DATUM 14.08.68          │      │ DATUM 14.08.68          │
└─────────────────────────┘      └─────────────────────────┘
```

Abb. 5 Klebeetikette zur   Abb. 6 Klebeetikette zur
Probenidentifizierung   Probenidentifizierung

Wir unterscheiden einen invarianten Teil, bestehend aus Patientenname, Stationsbezeichnung, Patientennummer und Untersuchungsdatum.
Variabel in Abhängigkeit von der Testart ist der ausführende Laborarbeitsplatz und die Art des Untersuchungsmaterials, z. B.: Venen-
blut, Urin, Citratblut. Die Zahl und der Probenbedarf der je Arbeitsplatz angefallenen Analysen steuern automatisch die Angabe über
die Untersuchungsgutmenge: 1/2 Röhrchen, 1/1 Röhrchen. In bestimmten
Fällen, wie bei zeitlicher Abhängigkeit der Probennahme ist der
Testname zur sicheren Probenkennzeichnung notwendig - Abb. 6 -.

Der ausgewertete Markierungsbeleg verbleibt in der Rechnerstation.
Als Ersatz und Arbeitsgrundlage für die Vorbereitung der Probennahme erhält die Krankenschwester eine Hinweisliste, die nach Patienten

sortiert alle markierten Informationen in Klartext enthält. An dieser Nahtstelle Rechner - Station besteht die Möglichkeit, durch Hinweise eine korrekte Probennahme oder eine exakte Durchführung von diagnostischen Testen sicherzustellen. Die Formulierung dieser Hinweise stösst auf Schwierigkeiten. Einerseits sollen selbstverständliche Aussagen vermieden werden, andererseits muss in lapidarer Kürze und Prägnanz ein Ausdruck gefunden werden, nicht zuletzt, weil auf eine ökonomische Nutzung der Speicherkapazität zu achten ist. - Abb. 7 -. Wir sind überzeugt, dass gerade an dieser Stelle, auf die man von analysentechnischen Gesichtspunkten bisher schwer einwirken konnte, zu einer Steigerung der Effektivität von Laboratoriumsuntersuchungen beigetragen werden kann.

```
STATION  A5H                                                    DATUM   6.10.69

                              STATIONS - HINWEISE


PATIENTENNAME      PAT.NR.  !      MENGE UND ART DES UNTERS.GUTES FUER VERORDNETE TESTE

                           !
       MARIA       3197    !      1/1 R  VENENBLUT    FUER   KREATININ
                           !                                HARNSTOFF
                           !                                HARNSRE.
                           !                                SERUM-EIWEISS
                           !                                CHOLEST.SMA12
                           !      1/1 R  VENENBLUT    FUER   SERUM E'PHORESE
                           !      1/2 R  VENENBLUT    FUER   KUPFER
                           !      1/2 R  VENENBLUT    FUER   BILI DIR.
                           !      100ML  URIN         FUER   URINSTATUS
                           !      1/1 R  URIN         FUER   UR-PHOSPHOR KONZ
                           !             VENENBLUT    FUER   THROMBELASTOGR.
                           !  HINWEIS  SPEZIELLES PROBENGLAS VERWENDEN
                           !      1/2 R  VENENBLUT    FUER   EISEN
                           !
                           !  HINWEIS  URIN AUF 1 G NABIKARB.PULVER SAMMELN
                           !      1/1 R  URIN         FUER   UR-HARNSRE.KONZ.

                           !
       LIESELO     3110    !      1/1 R  VENENBLUT    FUER   KREATININ
                           !                                HARNSTOFF
                           !                                HARNSRE.
                           !                                BILI GES. SMA 12
                           !                                SERUM-EIWEISS
                           !                                ALBUMIN SMA 12
                           !                                CHOLEST.SMA12
                           !                                CALCIUM SMA 12
                           !                                PHOSPHOR
```

Abb. 7 Stationshinweisliste

In entsprechender Weise wie der Station werden dem Labor jeden Tag Arbeitslisten zur Verfügung gestellt. Diese Listen ersetzen die Laborbücher.
Sie sind aufgeteilt nach Arbeitsplätzen und können so eine spezifische Sortierung berücksichtigen. Diese Gliederung lässt sich durch Beispiele veranschaulichen - Abb. 8 -. Proben, die nicht für Enzymkinetikautomaten, sondern für sogenannte manuelle Enzymaktivitäts-

ARBEITSLISTE FUER ENZYME MANUELL   LABORPLATZ   21   BLATT   1
==

VERARBEITUNGS = DATUM   6.10.69

DEPOT-NR.	PATIENTENNAME	PAT.NR.	STAT.		DAT.CPK 024	DAT.GLDH 201	DAT. SRE P'ASE GES. 037	DAT.PR.-P'ASE 359	DAT.AMYL 203	DAT.HBDH 202	DAT.CHOLIN-EST. 060	DAT.ICDH 204
1 A1	█ MARIA	2943	A6H	ANFORD.					*			
				VORWERT	0/	0/	0/	0/	1/ 429	0/	0/	0/
				RESULTAT								
1 A2	█ ANNA	3155	A6V	ANFORD.	*							
				VORWERT	2/ 0,1	0/	0/	0/	29/ 127	0/	0/	0/
				RESULTAT								
1 A3	█	2877	C1	ANFORD.		*			*	*		
				VORWERT	0/	0/	0/	0/	16/ 150	16/ 90	0/	0/
				RESULTAT								
1 A4	█ TOHNI	3072	B2H	ANFORD.	*				*			
				VORWERT	3/ 3,0	0/	0/	0/	0/	0/	0/	0/
				RESULTAT								
1 A5	█ THERE	3218	A5H	ANFORD.	*	*			*			
				VORWERT	0/	0/	0/	0/	0/	0/	0/	0/
				RESULTAT								
1 A6	█ EDMUN	2913	A3H	ANFORD.					*			
				VORWERT	19/ 0,2	24/ 0,7	0/	0/	0/	8/ 85	0/	0/
				RESULTAT								
1 B1	█ IRMGAR	3163	B4V	ANFORD.					*			
				VORWERT	0/	30/ 0,1	0/	0/	3/ 277	0/	0/	0/
				RESULTAT								
1 B2	█ URSULA	3151	B4H	ANFORD.	*							
				VORWERT	0/	0/	0/	0/	0/	0/	0/	0/
				RESULTAT								
1 B3	█ BERTA	2544	B2H	ANFORD.			*					
				VORWERT	0/	0/	0/	0/	16/ 161	0/	0/	0/
				RESULTAT								
1 B4	█ HILDE	1441	C1	ANFORD.			*					
				VORWERT	0/	0/	0/	0/	0/	0/	0/	0/
				RESULTAT								

Abb. 8

ARBEITSLISTE FUER MEHRFACHANALYSE   LABORPLATZ   31   BLATT   2
==

VERARBEITUNGS = DATUM   6.10.69

PATIENTENNAME	PAT.NR.	STAT.		DAT.	CHOL 030	CA 006	P 009	BILI 020	ALB 305	EW 262	HSRE 010	HST 005	KREAT 003	FETT-STAT.	E PHOR.
█ ALFRE	2955	A2V	ANFORD.										*		
			VORWERT	3	226	4,2	1,6	1,2	3,6	6,8	11,0	58	0,8		
			RESULTAT												
█ KLARA	3037	B2V	ANFORD.									*	*		
			VORWERT	2	90	4,5	1,6	0,8	3,1	6,2	6,0	46	0,7		
			RESULTAT												
█ ALBERT	3143	A2H	ANFORD.		*	*	*	*	*	*	*	*	*		
			VORWERT	29	217	4,7	2,1	0,4	3,8	7,7	8,3	52	0,9		
			RESULTAT												
█	2877	C1	ANFORD.		*	*	*	*	*	*	*	*	*		*
			VORWERT	0											
			RESULTAT												
█ OTTO	2917	A2H	ANFORD.		*	*	*	*	*	*	*	*	*		
			VORWERT	3	204	4,0	3,2	0,4	2,6	6,4	12,2	248	7,4		
			RESULTAT												
█ MAN	2942	A2H	ANFORD.		*	*	*	*	*	*	*	*	*		*
			VORWERT	0											
			RESULTAT												
█ PETER	3058	B2V	ANFORD.								*	*	*		*
			VORWERT	3	277	5,5	2,8	0,4	3,7	8,0	12,2	40	0,8		
			RESULTAT												
█ TOHNI	3072	B2H	ANFORD.		*	*	*	*	*	*	*	*	*		
			VORWERT	22	336	5,0	1,6	0,4	3,4	7,0	7,8	37	0,7		
			RESULTAT												
█ THERE	3218	A5H	ANFORD.		*	*	*	*	*	*	*	*	*		*
			VORWERT	0											
			RESULTAT												
█ BRIG	3153	A5V	ANFORD.		*										
			VORWERT	30	120	5,2	2,2	0,9	4,2	8,0	5,0	54	0,9		
			RESULTAT												

Abb. 9

messungen bestimmt sind, werden nach dem Zentrifugieren in rechteckige Ständer gestellt. Die einzelnen Stellplätze sind durch Koordinaten gekennzeichnet, die dem Probenröhrchen vom Rechner vorgegeben werden. Dadurch wird ein zweckmässiges Zusammenstellen von Serien gleicher Testanforderung gesichert. Die gewünschten Untersuchungen sind in den entsprechenden Spalten durch "Stern" gekennzeichnet. Die Angabe eines Vorwertes mit Untersuchungsdatum erleichtert der technischen Assistentin die Kontrolle ihrer Ergebnisse und erspart ihr beispielsweise Ansätze mit Probenverdünnungen. Eine Leerzeile für das von Hand eingetragene Analysenresultat kann für eine off-line-Verarbeitung bei Systemausfall gedacht werden. Im zweiten Beispiel - Abb. 9 - die Arbeitsliste am Mehrkanal-Analyzer. Normalerweise wird die komplette Mehrfachanalyse durchgeführt.

Die Kenntnis der angeforderten Einzeluntersuchung durch "Stern" kann, wie erwähnt, von Bedeutung sein.

Die vorgestellten Datenlisten dürfen nicht allein unter dem Aspekt der Rationalisierung betrachtet werden. Durch das Fehlen menschlicher Zwischenträger fliessen die Informationen von Instanz zu Instanz verlustfrei weiter. Auch schaltet die Informationsfixierung das Angewiesensein auf Erinnerungsinhalte aus.

Die Erläuterung von Listen mag in der Tat recht langweilig sein. Für die an der Formalisierung klinischer Abläufe Arbeitenden ist der Zwang zur Klarheit und Vollständigkeit nicht ohne Reiz. Man arbeitet in der Vorstellung, damit die Sorgfalt der Diagnostik zu erhöhen, ihr Spektrum zu verbreitern, die Arbeitsschritte zu verkürzen und die Ausschöpfung der Befunde in höherem Masse zu sichern.

Literatur

Ehlers, C. Th.   Direkte maschinelle Erfassung
                      von Krankenblattdaten
                      Meth. Inform. Med. 6, 108 - 115, 1967

Grabner, M.   Universelle Programme zur Verarbeitung
                      von Markierungsbelegen.
                      In: Computer in der Medizin. Probleme,
                      Erfahrungen, Projekte.
                      Herausgeber K. Fellinger, Brüder Hollinek
                      Wien 1968

Oberhoffer, G.   Prinzipien und Methoden der klinischen Be-
                  funddokumentation unter besonderer Berück-
                  sichtigung des Markierungsleseverfahrens.
                  Vortrag auf der 3. Jahrestagung der
                  Dtsch. Ges. für medizinische und biologische
                  Elektronik - Kiel, 13.10.1966

LABORDATENERHEBUNG, -VERARBEITUNG UND PROTOKOLLIERUNG

ON-LINE PROBENVERARBEITUNG UND -IDENTIFIZIERUNG

MIT EIN- UND MEHRKANAL-AUTOANALYZERN

Teil 1. Arbeitsfluss, Probenidentifizierung

C. Wustlich

Nachdem in den bisherigen Referaten sowohl die gerätetechnischen
Voraussetzungen, - die Laborinstrumentierung und der Prozessrechner-
als auch das allgemeine organisatorische Ineinandergreifen der drei
grösseren Einheiten Station, Labor und Datenverarbeitungsanlage behandelt wurden, soll in den folgenden Kurzvorträgen die Labordaten-
erhebung, -verarbeitung und Protokollierung an Hand von Gerätetypen
betrachtet werden.

Zur Gruppe der vollmechanisierten Analysengeräte zählen die Auto-
analyzer. Von den eigentlichen im Labor der Medizinischen Klinik
Tübingen anfallenden 3 000 bis 4 000 quantitativen Analysen entfallen 1/3 auf photometrische Messungen mit

     1 Einfach- Autoanalyzer

     2 Zweifach- Autoanalyzern und

     1 Zwölffach- Autoanalyzer.

Im wesentlichen bestehen diese Geräte aus dem Drehteller für die
Probenserien, dem Sipper mit angeschlossenem Schlauchpumpensystem
zur Verdünnung und Beimischung von Reagenzien sowie dem Photometer
mit Blattschreiber.

Trotz aller Mechanisierung stellt sich das Problem der Probenidentifizierung mit besonderer Härte, weil es sich bei den Messungen um
Grosserien handelt. In seiner Lösung liegt ein wesentlicher Faktor
für die Erhöhung der Sicherheit klinisch-chemischer Laboruntersuchungen und damit auch der Diagnostik. Den ersten Schritt dazu bedeutet die Tatsache, dass in unserem Informationssystem mit den Markierungen des Verordnungsbogens ohne manuellen Eingriff Aufkleber
für die Probenröhrchen erstellt werden, deren Inhalt zu den Stations-
Hinweislisten und Labor-Arbeitslisten in Beziehung steht. Bereits

daraus ergeben sich bessere Kontrollmöglichkeiten. Der Kreis zum
ausgedruckten und gespeicherten Laboruntersuchungsergebnis wäre geschlossen, könnte der Rechner beim Aufnehmen des Messergebnisses
den Aufkleber lesen. Leider ist die Computer-Technik noch nicht in
der Lage, hierzu Geräte bei vertretbarem Aufwand an Platz und vor
allem an Geld zu entwickeln.

Eine Lösung des Problems ergab die Zusammenarbeit der Firmen TECH-
NICON und IBM, deren Ergebnis ein modifizierter Probenteller mit
eingebautem Lesegerät IBM 1084 ist. - Abb. 1 -

Der Kartenleser kann eine 6-spaltige Kurzkarte, die an jeder Probe
befestigt ist - Abb. 2 -, lesen und deren Inhalt zum Rechner übertragen.

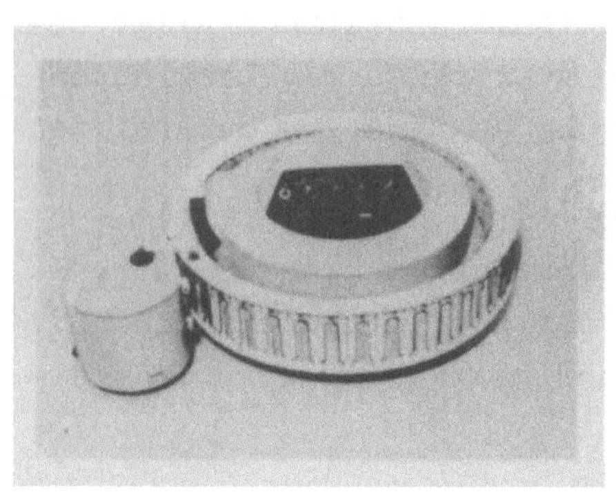

Abb. 1

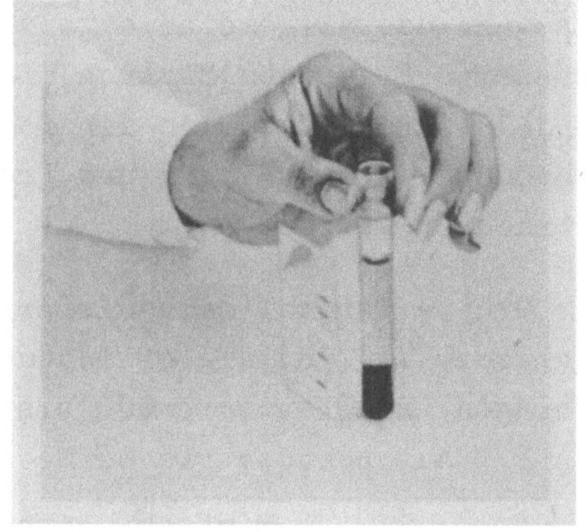

Abb. 2

Wie schliesst sich nun dadurch der Informationskreis? Parallel zum
gedruckten Aufkleber wird vom Rechner eine Lochkarte mit 3 Abriss-
Kurzkarten erstellt - Abb. 3 -. Je nach Anzahl der Testanforderungen für die Autoanalyzer fallen für einen Patienten mehrere Abriss-
karten an.

Alle Aufkleber und Karten gelangen per Rohrpost zur Station und werden bei Abnahme des Untersuchungsgutes an dem Probenröhrchen befestigt. Mit ihm bleiben sie während aller Arbeitsgänge im Labor verbunden. Zum Zeitpunkt der Messung ordnet der Rechner dem Messergeb-
nis den Karteninhalt zur Identifizierung zu. Für alle Laboruntersuchungen mit ein- oder mehrkanaligen Autoanalyzern haben wir dadurch

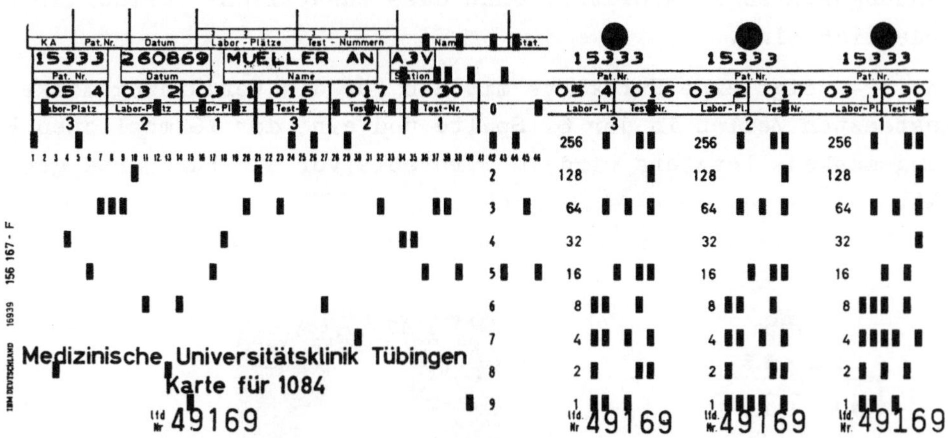

Abb. 3

eine in der Bearbeitungskette von der Abnahme des Untersuchungsgutes
bis zum gedruckten und gespeicherten Ergebnis nicht mehr unterbro -
chene Probenidentifizierung.

Welche Informationen werden nun bei der Messung aus der Karte gebraucht?

Es sind das im einzelnen

> die 5-stellige Patientennummer
> die 3-stellige Testnummer und
> das 6-stellige Datum.

Bereits diese Begriffe ergeben 14 numerische Stellen. Hinzu kommt
als besonderes Problem die bei gewissen Proben auf Grund der ersten
Messung erforderliche Verdünnung für eine weitere Messung. Diese Information steht zum Zeitpunkt des Stanzens der Karte vom Rechner
auf Grund der Testanforderungen nicht zur Verfügung. Deshalb werden
Patientennummer, Testnummer und Datum in Binär-Verschlüsselung in
die Kurzkarte gestanzt. In einer Kartenspalte können wir dadurch
3 dezimale Ziffern unterbringen. Für die oben genannten Begriffe
sind folglich 5 Spalten nötig. Der Rechner stanzt ausserdem die ersten 4 Zeilen der 6. Spalte jeder Kurzkarte. Die restlichen Zeilen
dieser Spalte enthalten eine Prüfsumme, die beim Lesen kontrolliert
wird. Für die verschiedenen Verdünnungsstufen liegen im Labor Kunst-
stoff-Schablonen bereit, die entsprechende Lochungen in den ersten
Zeilen der 6. Spalte bedecken und so zum Zeitpunkt der Messung im
Labor die jeweilig gewählte Verdünnung kennzeichnen. Dadurch ist es
uns gelungen, bei den Messungen im Labor mit bis zu 16 variablen

Verdünnungsstufen zu arbeiten, ohne dass zusätzliche Vorlaufkarten erforderlich sind.

- Abb. 4 - zeigt eine Kurzkarte mit den für die Verdünnungsmaske ausgestanzten Zeilen in der 6. Spalte und eine der 16 möglichen Verdünnungsmasken. Letztere wird im Turntable vor die Kurzkarte gesteckt.

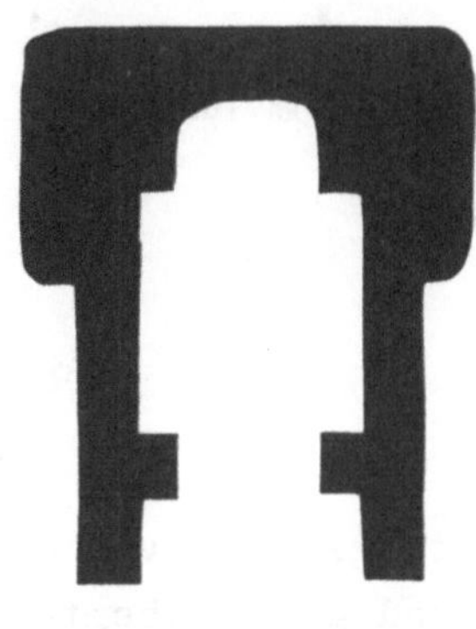

Abb. 4

Die binäre Verschlüsselung hat allerdings den Nachteil, dass sie optisch nicht so einfach aus der Karte zu entnehmen ist, wie das bei einer üblichen Dezimal-Verschlüsselung in 10 Zeilen möglich ist. Aus diesem Grunde wird der Inhalt jeder Kurzkarte durch einen Lochschrift-Übersetzer aufgedruckt und so der Station die Zuordnung von Karte und Aufkleber erleichtert.

Wir sind der Meinung, dass durch dieses Verfahren mit den gegenwärtig verfügbaren Hilfsmitteln das Problem der Probenidentifizierung an ein- und mehrkanaligen Auto-Analyzern eine akzeptable Lösung gefunden hat.

Diskussionsbemerkungen

In der Diskussion ging es um Alternativen zur Probenidentifizierung
mittels Kurzkarten. Das Lesen der gedruckten Information des Aufklebers scheitert heute noch an der technischen Problematik und vor allem an der Kostenfrage. Die Benutzung von markierten Kunststoffröhr-
chen bringt wesentliche Nachteile gegenüber Glas wegen verzögerter
Gerinnselretraktion, was sich bei Versuchen in Tübingen ergab.
Prof. Rappoport (Youngstown) betonte, dass vor der Entscheidung für
die Kurzkarte viele andere Wege untersucht, aber verworfen wurden.
Bei all den verständlichen Wünschen nach eleganteren Lösungen bleibt
die Ernüchterung, dass bei anderen, auch vollmechanisierten Analysengeräten eine vergleichbare Identifizierung wie bei den Autoanalyzern überhaupt noch aussteht.

Zusammenfassung

Im Labor der Medizinischen Universitätsklinik Tübingen entfallen
1/3 aller quantitativen Analysen auf Messungen an 4 Auto-Analyzern.
Bei diesen Grosserien stellt sich das Problem der Probenidentifizierung mit besonderer Härte. Eine Lösungsmöglichkeit bietet der
Einbau des Kurzkartenlesers IBM 1084 in Technicon-Turntable. Auf
Grund der gespeicherten Testanforderungen druckt der Rechner Aufkleber für die Probenröhrchen und stanzt dazu Kurzkarten mit Patientennummer, Testnummer und Verarbeitungsdatum. Beides gelangt per
Rohrpost zur Station und wird bei der Abnahme des Untersuchungsgutes am Röhrchen befestigt. Für die weitere Bearbeitung bleibt diese Verbindung erhalten. Beim Absaugen im Drehteller des Auto-Analyzers werden die Kurzkarten gelesen, ihr Inhalt dem Rechner übermittelt und anfallende Messwerte identifiziert. In der Informationsschleife zwischen Testanforderung sowie gedrucktem und gespeicher-
tem Laborergebnis ist damit eine positive Probenidentifizierung re-
alisiert

Das Referat behandelt ausserdem die Verschlüsselung von 14 numeri-
schen Stellen in 6 Kartenspalten und die Kennzeichnung abweichender
Verdünnungsstufen mit Kunststoffmasken vor der jeweiligen Kurzkarte.

NACHTRAG ZUM BEITRAG WUSTLICH

A. Porth

Eine Untersuchung über Kurzkartenlesefehler der eingesetzten Auto-
Analyzer enthält die Publikation von A. PORTH "Datenverarbeitungs-
probleme bei der Probenidentifizierung in einem on-line an einen
Prozessrechner angeschlossenen klinisch-chemischen Laboratorium" in
der Zeitschrift für das Laboratorium G-I-T, Heft 8/1969, Seite 819-
823.

Die daraus entnommene und hier bis 30.9.1969 erweiterte Tabelle
wird wie folgt erläutert:

Weniger zufriedenstellend ist die bis heute hohe Fehlerrate mancher 1084-Probeleser (Tabelle 1). Als Ursache hierfür konnte die
Fehlererkennungsroutine (EAC = Error-Analysis-Control) des eingesetzten Betriebssystems TSX nachgewiesen werden. Auf das gleiche
Konto kommen noch schwerwiegende Fehler, wie verfälschte und
nicht ohne Mühe als solche erkennbare Messergebnisse. Dieser Fehler wurde inzwischen eingedämmt. Die Fehlerrate beim Kurzkarten-
lesen ging aber nicht wesentlich zurück. Die Einwirkung von Säu-
redämpfen auf mechanische Kontakte dürfte ohne Bedeutung sein.
Die Probenteller- und Identifizierungsgeräte laufen zwar nach einer Justage durch den Wartungstechniker einige Stunden besser, die
Kurzkartenlesefehler verschwinden, um aber nach kurzer Zeit wieder zuzunehmen. Die beiden Auto-Analyzer mit der besten und
schlechtesten Fehlerrate (Tabelle 1 Spalte 1 und 2) stehen nur
2 m entfernt im selben Laboratorium.

Wie diese Dinge auch zustande kommen oder erklärbar sein mögen,
als wesentliche Forderung für einen sinnvollen on-line Anschluss
hat zu gelten: Die durchschnittliche Fehlerrate beim Kurzkarten-
lesen darf den Wert 1 % nicht übersteigen.

Mit Hilfe eines Technikertestprogrammes, das speziell für diese Probleme geschrieben wurde, liess sich schliesslich die Hauptursache
der Kurzkartenfehler finden: Die Segmente im Turntable sind für di-
gitale Auslesefolgen, die im Millisekundenbereich liegen, zu unre-

Tabelle 1

Gerät / Zeitspanne	IBM 1894 SMA 12 (12 Kanäle)	IBM 1084 Kreatinin Harnstoff (2 Kanäle)	IBM 1084 Harnsäure Phosphat (2 Kanäle)	IBM 1084 Blutzucker (1 Kanal)	
1.5. - 15.5.69	23,6	3,0	7,1	2,6	%
16.5. - 31.5.69	24,2	- *)	13,8	4,0	%
1.6. - 15.6.69	15,1	1,5	6,3	3,2	%
16.6. - 30.6.69	13,6	- *)	8,4	6,9	%
1.7. - 15.7.69	15,5	3,0	11,5	4,5	%
16.7. - 31.7.69	7,7	1,2	3,9	2,5	%
1.8. - 15.8.69	3,6	18,3	2,1	2,0	%
16.8. - 31.8.69	19,2	2,1	3,1	2,9	%
1.9. - 15.9.69	3,3	4,2	3,1	7,3	%
16.9. - 30.9.69	2,2	2,3	6,5	4,9	%

*) Keine Angaben wegen Geräte- oder Rechnerausfall

Durchschnittliche tägliche Fehlerrate der IBM 1084/1894 Probenleser an den Autoanalyzern

P/R

gelmässig gebaut. Dadurch kommt es häufig zu unkorrekten Überlappungen von Impulsen bei dem mechanischen Auslesen der Kurzkarteninformationen. Nach Austausch der entsprechenden Segmente sank die Fehlerrate erheblich. Besondere Schwierigkeiten beim Erkennen dieser Fehlerursache bereitete die Tatsache, dass die falschen Impulsüberlappungen auch noch vom Kurzkarteninhalt abhängen.

ON-LINE PROBENVERARBEITUNG UND -IDENTIFIZIERUNG
MIT EIN-UND MEHRKANAL-AUTOANALYZERN

Teil 2.   Datenerfassung und -auswertung

A. Porth

Die voll- und teilmechanisierten Analysengeräte des Laboratoriums,
die on-line an den Computer angeschlossen sind, lassen sich bezüglich Messwerterfassung und Steuerung in 2 Kategorien einteilen:
(Stand: 1.1.1970)

1.) Geräte, deren Datenübertragungsprinzip man als "externe Synchronisation" bezeichnet. Das Auslesen von Analogwerten erfolgt immer dann, wenn das Analysengerät dem Rechner ein Signal übermittelt:

      1 Zwölf-Kanal-Autoanalyzer (SMA 12)
      3 Zweifach-Enzymstrassen
      1 Dreifach-Elektrolytstrasse
      2 Photometer mit Wechselautomatik
      2 manuelle Photometer
      1 Spektralphotometer (PMQ 2)
      1 Filterphotometer (Elko) .

2.) Geräte; die zwar durch einen Impuls dem Rechner den Beginn einer
analog verlaufenden Messung signalisieren, deren weitere Auslesevorgänge jedoch "intern synchronisiert" d. h. vom Computer selbst gesteuert werden:

      1 Ein-Kanal-Autoanalyzer
      2 Zwei-Kanal-Autoanalyzer
      1 Elektrophorese-Extinktionsschreiber .

Diese beiden Gerätegruppen sollen durch je einen Vertreter der
Auto-Analyzer erläutert werden.

Auto-Analyzer-Systeme - viel benutzte vollmechanisierte Analysenge-

räte im klinisch-chemischen Laboratorium - sind an der Klinik durch
4 on-line angeschlossene Geräte mit insgesamt 17 Kanälen vertreten.
Das Untersuchungsspektrum verteilt sich auf einen SMA 12 (sequen-
tial multiple analyzer), zwei 2-Kanal-Geräte und ein 1-Kanal-Gerät:

I. Der SMA 12 zählt zu den Geräten mit "externer Synchronisation".
Auf ihm werden Kreatinin, Harnstoff, Harnsäure, Cholesterin, Serum-
Zucker, Bilirubin, Calcium, Phosphor, Chlor, Serum-Eiweiss und Albumin bestimmt.
Die der Analysenerstellung parallel laufende Probenidentifizierung
erfolgt beim SMA 12 unter anderen zeitlichen Bedingungen ("timing")
als bei den übrigen Ein- und Zweikanal-Auto-Analyzern. Deshalb
konnte das Analysengerät erst nach Erweiterung des Probenlesers zur
IBM 1894 an den Computer angeschlossen werden.
Während der Drehung des "turntables" wird der Kurzkarteninhalt spal-
tenweise vom Rechner ausgelesen. Nach einer kurzen Waschphase
(ca. 4 sec) beginnt das Absaugen der Probe. Von dem Zeitpunkt bis
zum Messen des Wertes in Kanal 1 vergehen 12 Minuten und 10 Sekunden (mit einer Toleranz von $\pm$ 3 sec). Auf diesen Wert reguliert die
medizinisch-technische Assistentin die Probendurchlaufszeit des Gerätes ein, indem sie die einzelnen Kanäle mit einem "Posaunenmecha-
nismus" in ihrer Länge verändert. Das relativ konstante Durchlaufs-
zeitintervall ermöglicht eine "starre" Zuordnung von Digitalwerten
(aus der Kurzkarte) und analogen Messwerten (aus den Photozellen)
nach dem folgenden Identifizierungssatz:
  Bei seriellen Messungen mit paralleler Probenidentifizierung
  (d. h. die Erfassung der Identifizierungswerte geschieht gleichzeitig mit dem Absaugen der Probe) ist eine umkehrbar eindeutige
  Zuordnung von Identifizierungs- und Messwert genau dann möglich,
  wenn die maximale Spannweite aller Probendurchlaufszeiten kleiner
  ist als die Zeitdifferenz zweier aufeinanderfolgender Proben:

$$\text{Max}_{i}\ (t_i) - \text{Min}_{i}\ (t_i) < T_{j+1} - T_j = \frac{3600}{fr}$$

mit

t_i Gerätedurchlaufszeit (in sec) der Probe Nr. i (i = 1, 2, ..),

T_j Zeitpunkt des Absaugbeginns von Probe Nr. j (j = 1, 2, ..),

fr Probenfrequenz = Anzahl der Proben pro Stunde.

(Bemerkung: Auf einen Beweis dieses Satzes wird verzichtet, da er
den Rahmen dieses Beitrags überschreiten würde.)

Mit Hilfe von einem Synchronisier- und 12 Übernahmeimpulsen erfolgt das Auslesen der Analogwerte durch den Computer. Das nach jeder Analysenserie aufgerufene Auswerteprogramm ermittelt über Leer-
und Standardproben die Testergebniswerte durch lineare Inter- und
Extrapolation der abgegriffenen Plateau-Werte.

II. Geräte mit "interner Synchronisation" sind die 2-Kanal-Auto-
Analyzer für Kreatinin, Harnstoff, Harnsäure und Phophat im Serum -
zur Entlastung des SMA 12 - und im Urin.
Dazu gehört auch der 1-Kanal-Auto-Analyzer für Blutzucker im Kapil-
larblut.
Die weiteren Erläuterungen sollen an diesem Blutzucker-Auto-Analy-
zer durchgeführt werden.
Wie bei allen seriell arbeitenden Analysengeräten laufen beim Auto-
Analyzer die Arbeitsphasen in einem sich nach bestimmten Zeiten
wiederholenden Gerätezyklus ab - Abb. 1 -. Er beginnt mit der

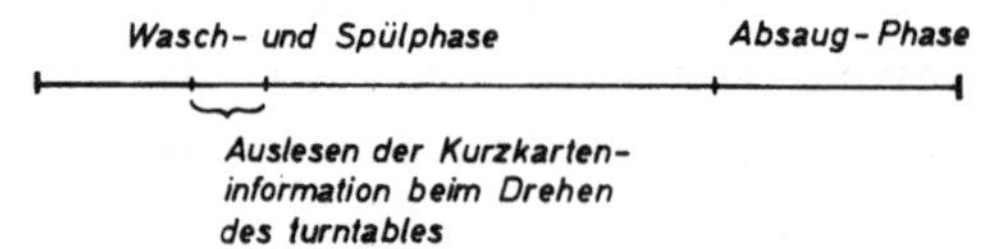

Abb. 1   Arbeitszyklus bei Auto-Analyzer

Wasch- und Spülphase, während der die Absaugnadel in eine Spülflüs-
sigkeit getaucht ist und diese absaugt. Ein Unterbrechungssignal
teilt dem Rechner den Zyklusbeginn mit. Daraufhin initialisiert ein
"Interrupt-Bedienungsprogramm" die Drehbewegung des "turntables"
und damit den Beginn des Auslesens der 6 Spalten Kurzkarteninformation. In der anschliessenden Absaugphase wird die Probe zu der eben
gelesenen Identifizierungskarte über ein Pumpen- und Schlauchsystem
der Messküvette zugeführt, die sich im Strahlengang einer Lampe befindet. Die Analogspannungen eines angeschlossenen Photomultipliers
liest der Rechner jede Sekunde aus.
Eine Hauptaufgabe des Erfassungsprogrammes ist die Ermittlung des
absoluten Maximums eines "Peaks".
Von je zwei nacheinander ausgelesenen Analogwerten merkt sich das
Programm den jeweils grösseren und ermittelt so ein vorläufiges Maximum. Um endgültig als Maximum genommen zu werden, muss ein Ana-
logpunkt noch zwei weitere Bedingungen erfüllen:
1. eine bestimmte Anzahl von kleineren Werten müssen folgen und

2. das vorhergehende und nachfolgende Minimum muss einen bestimmten
   zeitlichen und betraglichen Mindestabstand vom Maximum haben.
Auf diese Weise wird verhindert, dass "Schultern" und sonstige un-
korrekte Messgeräteausschläge - Abb. 2 - als Peakmaximum erkannt
werden. Alle gültigen Maxima werden zusammen mit der Uhrzeit ihres

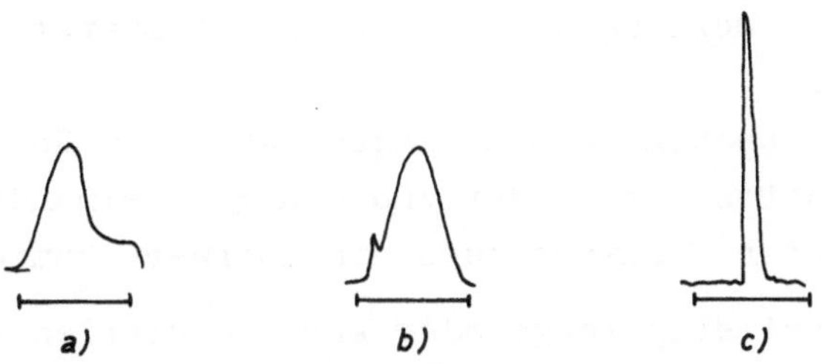

Abb. 2   Ausgeartete "Peaks"

Erscheinens in eine Analogwertedatei gespeichert; auf einer weiteren Datei wird parallel hierzu die ausgelesene Kurzkarteninformation ebenfalls mit der Uhrzeit festgehalten.

Während der erste Teil der Messwertverarbeitung - die Erfassung der
Rohwerte - sich zwischen Laboratorium und Computer abspielt ohne
eine Einwirkung des Bedienungspersonals, kann die medizinisch-technische Assistentin beim zweiten Teil den Rechner beeinflussen durch
gezielten Aufruf des gerätespezifischen Auswerteprogrammes. Hierzu
stellt sie ans Ende einer Analysenserie einen Leerwert und zur
Identifizierung eine Kurzkarte mit einer Sondernummer, die im Rechner das Auswerteprogramm aufruft.

Die Hauptaufgabe - zugleich der schwierigste Teil - des Auswerteprogrammes besteht in der richtigen Zuordnung von Identifizierungsdaten und "Peaks". Im einzelnen waren folgende Probleme zu bearbeiten:
Anders als beim SMA 12 ist bei den Zwei- und Ein-Kanal-Geräten keine "starre" Zuordnung von Kurzkarteninformation und "Peakmaximum"
möglich:
1. Schlauchdicke, -länge und sonstige Gerätefaktoren können die
Durchflussgeschwindigkeit so sehr beeinflussen, dass sich die Zeitspanne zwischen Kartenlesen und dem Erscheinen des zugehörigen
"Peaks" von einem Tag zum anderen um Minuten ändert.
2. Alle Auto-Analyzer können mit und ohne Rechner arbeiten. Beim

Wechsel von "ohne" auf "mit" ermittelt der Computer zuerst "Peaks",
die noch zur "ohne"-Phase gehören, die er also weglassen muss.
3. Manchmal wird ein "Hügelchen" schon als "Peak" erfasst, das kei-
ner sein soll, zu dem es also keine Identifizierungswerte gibt.

Das folgende Auswerte-Konzept für die Ein- und Zwei-Kanal-Auto-
Analyzer geht nur von 3 Voraussetzungen aus, die von der Gerätebe-
dienung und der Analysenmethode her ebenfalls gefordert werden:
1.) Bei Beginn der Messungen eines Tages ist zuerst eine Eichkurve
    zu erstellen.
2.) Die Eichkurve besteht aus Lösungen bekannter Konzentration, die
    in streng monoton steigender Anordnung aufeinanderfolgen.
3.) Nach dem letzten Eichwert muss ein Leerwert kommen.

Es ist möglich, beliebig lange oder kurze Messerien zusammenzustel-
len oder zwischendurch das Gerät abzuschalten. Bleibt der Auto-Analyzer länger als 12 Minuten abgeschaltet, wird das Auswerteprogramm
automatisch aufgerufen.

Da die Spannweite der Gerätedurchlaufszeiten - beispielsweise über
den Zeitraum von 1 Woche betrachtet - mehrere Minuten betragen
kann, ist der oben genannte Identifizierungs-Satz zunächst nicht
anwendbar.
Messungen in dem wesentlich kürzeren Zeitraum zwischen 2 Eichkurven
haben jedoch ergeben, dass die Durchlaufszeiten hier nur geringfügig streuen..
Es konnte sichergestellt werden, dass in diesem Bereich die Voraussetzungen des Identifizierungs-Satzes erfüllt sind und somit die
umkehrbar eindeutige Zuordnung von Identifizierungs- zu Messwerten
gewährleistet ist.

Ausgehend von den oben erwähnten drei Voraussetzungen soll das Auswerteprogramm zuerst die Eichwerte ermitteln. In einem Datenbereich
befinden sich die digitalisierten Analogwerte der "Peakmaxima" mit
Uhrzeit und in einem zweiten die Identifizierungsdaten ebenfalls
mit der Uhrzeit des Auslesens. Zu jedem Gerät gibt es empirisch ermittelte Gerätekonstante, die als feste Daten einprogrammiert sind
- Abb 3 -. Im Beispiel des 1-Kanal-Auto-Analyzers ist die Analysen-
frequenz 60 Proben pro Stunde, die Konstante m = 10 Minuten mit einer Streubreite von d = 3 Minuten und die Messwerttoleranz ε =
15 sec.
Die Grösse ε ist so hoch anzusetzen, da die Uhrzeit vom Computer
in tausendstel Stunden angegeben ist, also mit einer Ungenauigkeit
von 3,6 sec.

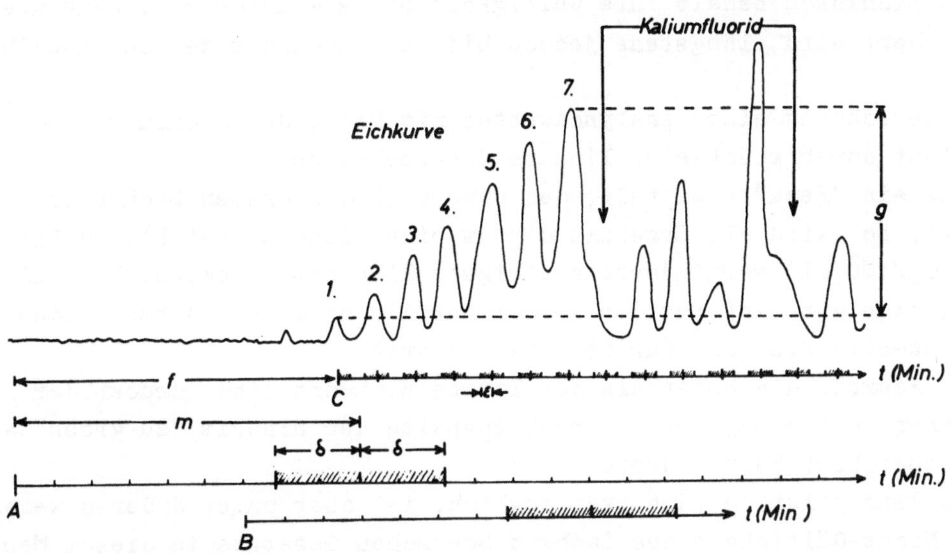

Abb. 3 Messergebnisauswertung bei einem Auto-Analyzer

Empirisch ermittelte Gerätekonstante: m mittlere Zeitspanne
zwischen Kartenlesen - zugehörigem Peak; σ Vari-
ationsgrösse zu m; ε Unsicherheitsgrösse zur
Peakerkennung

Für die Auswertung zu errechnende Konstanten: f Zeitspanne
erste Eichwertkarte - zugehöriger Peak; g gülti-
ger Eichbereich

Zeitpunkte: A Lesen erste Eichwertkarte; B Lesen letzte
Eichwertkarte; C Erscheinen des ersten Peaks.

Im Bereich der Identifizierungsdaten wird zuerst nach der Sondernummer des ersten Eichwertes (Punkt A der Abb. 3) gesucht, hierauf
die Kartenreihenfolge bis zum letzten Eichwert (Punkt B) überprüft
und im Zeitintervall (B + m - σ, B + m + σ) der höchste Eichpeak
gesucht. Dieser hat keinen grösseren Nachfolger und dahinter muss
bis zum nächsten erfassten "Peak" eine zeitliche Lücke wegen des
anschliessenden Leerwertes sein.

Als nächstes wird die Folge der Eichwerte auf strenge Monotonie und
richtige zeitliche Lage (d. h. die "Peakmaxima" müssen innerhalb
der schraffierten ε - Bereiche liegen) überprüft.
Erst jetzt wird die Eichkurve als gültig für die weitere Auswertung
angenommen und die genauere Zeitspanne f = C - A und der gültige
Eichbereich g ermittelt.

Eine Eichkurve behält ihre Gültigkeit bis sie durch eine neue überspeichert wird, längstens jedoch bis zum Abschluss der on-line Phase.
Die Berechnung eines Analysenwertes mit Hilfe der Eichkurve geschieht durch stückweise lineare Interpolation.
Wurde ein "Peak" ermittelt, der unterhalb des ersten Eichwertes
liegt, so wird als Ergebnis der um eine Einheit (bei Blutzucker
= 1 mg/100 ml) verminderte niedrigste Eichwert genommen. Dies liefert eine gute Information sowohl für die medizinisch-technische
Assistentin als auch für den Stationsarzt.
Bei "Peaks", die höher als der letzte Eichwert sind, druckt der
Rechner in die zugehörige Ergebnisspalte den Hinweis "zu gross" aus
und speichert keinen Wert.
Eine Extrapolation wäre zwar möglich, ist aber unter anderem wegen
der Nicht-Gültigkeit des Lambert-Beerschen Gesetzes in diesem Messbereich nicht vertretbar. Einfacher und sicherer ist es, die Probe
mit einer anderen Verdünnungsstufe nochmals durch das Gerät laufen
zu lassen.

Alle errechneten Ergebniswerte druckt der Computer mit den notwendigen Personaldaten der Patienten zur Kontrolle der medizinisch-technischen Assistentin und des Laborarztes auf der Laborschreibmaschine
aus und speichert sie zwischen.

Der Laborarzt kontrolliert alle ausgedruckten Werte auf Gültigkeit,
kann dann gezielt über eine Schreibmaschinentastatur IBM 1816 jeden
beliebigen Wert stornieren und den Rest zur permanenten Speicherung
freigeben.

Dieser Freigabevorgang soll vorwiegend helfen, erkannte gerätetech-
nische Fehler zu korrigieren und die Speicherung falscher Werte zu
verhindern.

Abschliessend kann gesagt werden, dass dieses Auswerte-Konzept bei
den beiden Zwei-Kanal- und dem Ein-Kanal-Auto-Analyzer sowie die
SMA 12-Programme seit längerer Zeit einwandfrei funktionieren.

Die medizinisch-technischen Assistentinnen stellten sich schnell auf
die "Zusammenarbeit mit dem Computer" um und möchten ihn heute nicht
mehr missen.

ON-LINE PROBENVERARBEITUNG
MIT VOLLMECHANISIERTEN ENZYMKINETIKMESSGERÄTEN
Teil 1. Organisationsablauf

I. Mieth

Bei Messungen mit dem Auto-Analyzer wird die Konzentration des interessierenden Stoffes durch Vergleich mit Standardlösungen bekannter Konzentration ermittelt. Im Gegensatz dazu sind Messungen der
Enzymkinetik Absolutmessungen. Es interessiert die Aktivität des
Enzyms, gemessen am Substratumsatz, der optisch registrierbar und
der Änderung der Extinktion pro Zeiteinheit proportional ist. Aus
diesem Grunde wird eine entsprechend vorbereitete Probe mehrmals in
definierten Zeitabständen gemessen.

Die Firma Eppendorf Gerätebau in Hamburg hat zur Messung von Enzymaktivitäten ein vollmechanisiertes Analysengerät entwickelt, das an
unserer Klinik seit einiger Zeit erprobt wird.

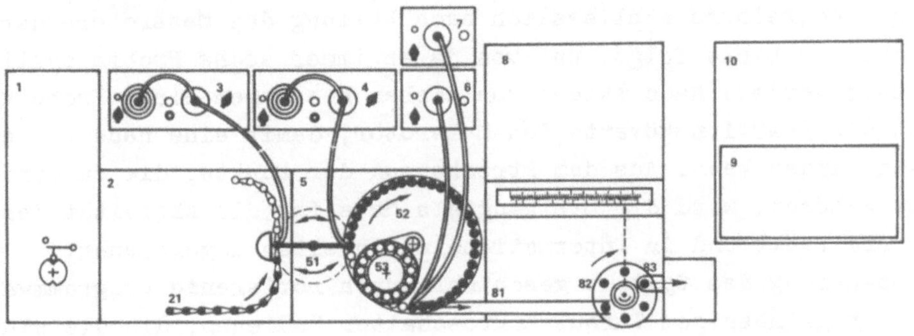

1	Programmer	5	Incubator	8	Photometer
2	Probentisch	51	Übertrager I	81	Übertrager II
21	Probenkette	52	Thermostat	82	Meßrotor
3	Probe-Reagenz Dosierer	53	Gefäßspeicher	83	Auswerfer
4	Probe-Reagenz Dosierer	54	Mischer	9	Transformationsstufe
		6	Reagenz-Dosierer	10	Analogdrucker
		7	Reagenz-Dosierer		

Abb. 1 Enzymkinetikmessgerät (Aufsicht)

Die Wirkungsweise dieses Gerätes wird kurz an Hand von - Abb. 1 -
erläutert: Der Aufbau ist so angeordnet, dass sich der vollmechanisierte Ablauf der Analysen von links nach rechts vollzieht. Der
Steuereinheit (Programmer (1)) mit den Bedienungstasten schliesst
sich ein Probentisch (2) an, auf dem die in einer Kette angeordneten
Seren (21) zur Entnahme an der Ansaugstelle vorbeifahren. Von der
Serumprobe wird zweimal eine bestimmte Menge für verschiedene Analysen durch die Probe-Reagenz Dosierer (3, 4) abgesaugt, mit entspre-
chendem Reagenz versetzt und vom Probenübertrager (51) in Reaktions-
küvetten gegeben, die aus einem Gefässpeicher (53) in einen Drehteller (Thermostat (52)) fallen. Die Probe fährt entsprechend der Inkubationszeit auf dem thermostatisierten Drehteller zu der Stelle, wo
das spezifische Reaktionssubstrat aus der entsprechenden Dosierein-
heit (6, 7) hinzugegeben wird. Anschliessend passiert sie den Mi-
scher (54) und wird durch eine Greifvorrichtung über eine kleine
Seilbahn (Übertrager II (81)) in den ebenfalls thermostatisierten
Messrotor (82) transportiert. Der Messrotor dreht sich mit den Re-
aktionsküvetten, so dass jede Probe mehrmals zur Messung im Strahlengang steht, bis sie den Messrotor verlässt, um einer anderen Probe
Platz zu machen. Auf dem Schreiberpapier des Analogdruckers (10)
erscheint für jede Messung ein Punkt, wie aus - Abb. 2 - ersichtlich
ist.
Bei Messbeginn befindet sich nur eine Küvette im Messrotor, nach und
nach werden die übrigen Positionen besetzt. Deshalb erscheinen auf
dem Schreiberbild zuerst die Messwerte der ersten Proben bis die Fe-
der des Schreibers schliesslich nach Füllung des Messrotors der ge-
strichelten Linie folgt, und von da ab immer sechs Proben zyklisch
gemessen werden. Nach Ablauf von sieben Messungen einer Probe verlässt die Reaktionsküvette den Messrotor, damit eine neue Probe gemessen werden kann. Aus dem Streckenzug der Punkte, die zu einer
Probe gehören, wird die Steigung als Mass für die Aktivität des Enzyms ermittelt und in internationale Einheiten umgerechnet.
Die Steuerung des Systems geschieht durch rotierende Programmwalzen,
die in regelmässigem Turnus Mikroschalter bedienen, die die einzelnen Funktionen auslösen. - Abb. 3 - zeigt nochmals eine Gesamt-
Ansicht eines Enzymkinetik-Automaten.

Im Labor unserer Klinik sind bereits drei solcher sogenannter "Enzymstrassen" installiert. Auf ihnen werden GOT und GPT, LDH und Al-
dolase, LAP und alkalische Phosphatase gemessen. Es ist im Hinblick
auf eine später geplante Zusammenfassung aller "Enzymstrassen" zu

einem Messplatz vorgesehen, dass von jedem Serum alle sechs Bestimmungen gemacht werden.

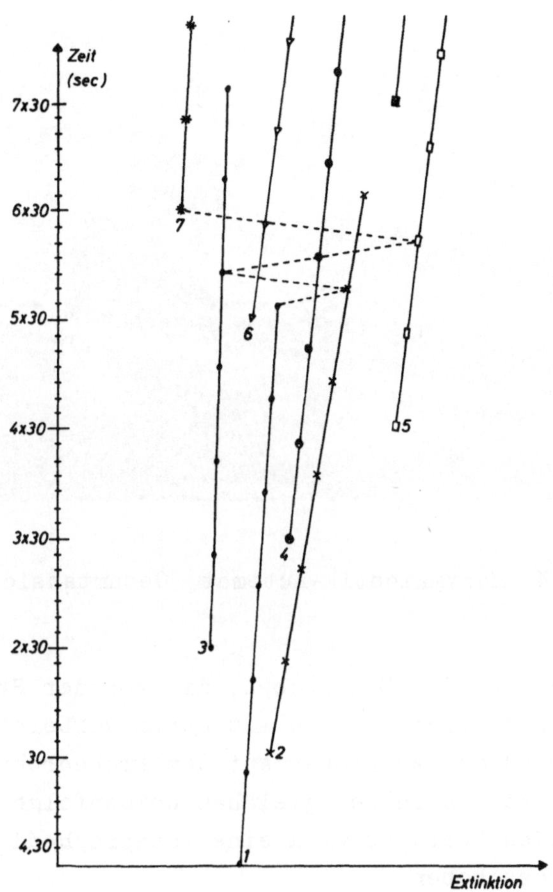

Abb. 2   Messpunktfolge bei der Enzymkinetikregistrierung

Die Assistentin findet jeden Morgen an ihrem Arbeitsplatz eine vom
Rechner vorbereitete Liste, die ihr mitteilt, welche Patientenseren
an diesem Tag gemessen werden sollen. Ferner erhält sie die Identi-
fizierungskarten für diese Patienten.
Es handelt sich dabei um einfache Lochkarten, die vom Rechner auf
Grund der Testanforderungen gestanzt worden sind. Mit Hilfe eines
Lochschriftübersetzers ist die Information in Klarschrift aufge-
druckt. Die Identifizierungskarten enthalten in den ersten 14 Spal-
ten die nötigen Daten für den Rechner, die aus Patientennummer,
Testnummer und Datum der Probenentnahme bestehen. In den übrigen
Spalten steht zur Information der Assistentin Patientenname, Testbe

zeichnung, Laborplatz und Station. Eine IBM 1082-Kartenleseeinheit
steht im Labor, um die Identifizierungskarten in den Rechner einzugeben.

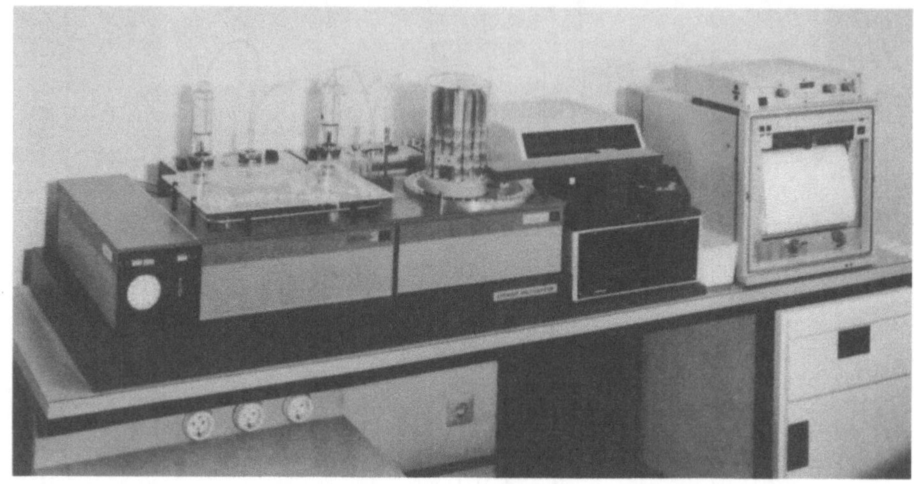

Abb. 3   Enzymkinetik-Automat (Gesamtansicht)

Nach dem Zentrifugieren der Blutproben, die von der Station kommen,
werden drei identische Probenketten mit Serum vorbereitet. Gleichzeitig werden an Hand der Aufkleber auf dem Probenröhrchen die zugehörigen Patientenkarten in der gleichen Reihenfolge wie die Seren
angeordnet. Für jeden Leerwert wird eine entsprechend gekennzeichnete Lochkarte eingeschoben.
Die einzelnen Proben kommen anschliessend zur Messung, während die
zugehörigen Karten seriell eingelesen werden. Eine Vorlaufkarte
- Abb. 4 - informiert den Rechner, dass die nachfolgenden Karten
für "Enzymstrassen" gelten.
Nach den Patientenkarten wird eine Aufrufkarte eingelesen, die das
Serienende mitteilt. Die Gültigkeit dieser Aufrufkarte, die ausserdem das Auswertprogramm aufruft, wird durch eine weitere besonders
gekennzeichnete Karte bestätigt.
Verdünnungen werden dadurch angezeigt, dass vor der entsprechenden
Patientenkarte eine Informationskarte mit dem dazugehörigen Verdün-
nungsfaktor eingelesen wird.

Nach Ablauf einer Analysenserie wird das entsprechende Auswertprogramm automatisch aufgerufen, da der Rechner keine Analogwerte von
dem Messgerät mehr erhält. Sind bis dahin noch keine Digitalwerte

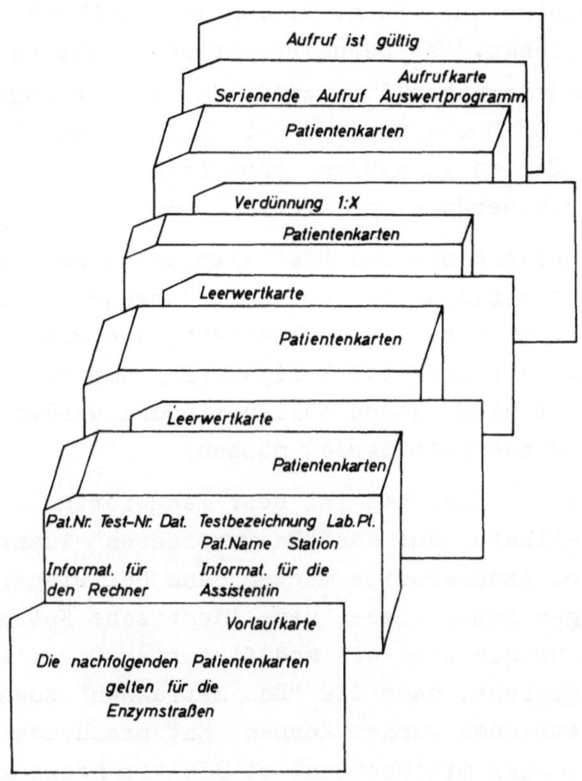

Abb. 4   Kartenfolge für Enzymkinetikmessungen

vorhanden, wird auf der Laborschreibmaschine ein Vermerk ausgedruckt, mit der Bitte, die Identifizierungskarten einzulesen. Sind
andererseits die Patientenkarten bereits eingelesen, bevor die Messung beendet ist, wartet der Rechner mit der Auswertung bis alle
zugehörigen Analogwerte einer "Enzymstrasse" eingetroffen sind.
Stimmt die Anzahl der Analogwerte einer "Enzymstrasse" mit der Anzahl der Digitalwerte überein, wird die gerade gemessene Serie ausgewertet und auf der Laborschreibmaschine ausgedruckt.
Nach Vergleich mit dem Schreiberbild und Kontrolle der Werte durch
den Arzt kann die Serie über eine IBM 1816-Schreibmaschine freigegeben werden. Analysenergebnisse, die nicht in Ordnung sind, werden
gelöscht und die übrigen Werte pauschal freigegeben.

Es ist nicht erforderlich, dass die einzelnen Messerien gleichzeitig
ablaufen. Wichtig ist, dass die gleiche Reihenfolge der Proben und
der Serien eingehalten wird, damit eine Zuordnung von Identifizie-
rungs- und Messwerten gesichert ist.

Bei eingesandten Blutseren, wie z. B. von der Blutbank, ist meistens nur GOT und GPT verlangt. Das Serum reicht oft nicht aus, um noch die übrigen vier Bestimmungen durchzuführen. Es ist möglich, nach Ablauf der gemeinsamen Messerien auf der "Enzymstrasse" für GOT und GPT einige weitere Serien zu messen, ohne dass entsprechende Analogwerte auf den anderen Geräten anfallen.

Stimmt die Anzahl der Analog- und Digitalwerte nicht überein, so ist vorgesehen, dass die Serie unter Vorbehalt ausgewertet und ausgedruckt wird. Es besteht dann die Möglichkeit, die Patientenkarten nochmals einzulesen oder über das Freigabeprogramm die ungültigen Werte zu löschen. Auf diese Weise soll vermieden werden, dass längere Serien komplett wiederholt werden müssen.

Das Einlesen der Patientenkarten ist sehr langwierig. Aus diesem Grunde ist es vorteilhaft, auf den "Enzymstrassen" identische Probenketten zu messen. Andererseits müssen dann bei Wiederholungen mit und ohne Verdünnungen immer wieder neue identische Ketten aufgebaut werden. Aus diesem Grunde wird ein modifizierter Organisationsablauf vorbereitet, der vorsieht, dass die "Enzymstrassen" sowohl gemeinsam als auch einzeln betrieben werden können. Entsprechende Aufrufkarten dienen dazu, dem Rechner mitzuteilen, ob die vorangegangenen Patientenkarten zu einer Analogserie aller "Enzymstrassen" gemeinsam oder zu der eines bestimmten Gerätes allein gehören.

Fällt eine "Enzymstrasse" stundenweise aus, so können auf ihr die Serien nachgeholt werden. Bei längerem Ausfall ermittelt die Assistentin die Werte auf dem Photometer mit Wechselautomatik, und die übrigen beiden "Enzymstrassen" laufen nach dem beschriebenen System.

Zusammenfassend ist Folgendes zu sagen:
In der Regel laufen alle "Enzymstrassen" gleichzeitig mit identischen Probenketten. Die zugehörigen Identifizierungskarten werden seriell in gleicher Reihenfolge wie die Proben eingelesen. In Ausnahmefällen ist vorgesehen, dass Messungen auf einzelnen Strassen durchgeführt werden können. Die Aufrufkarte der zugehörigen Identifizierungskartenserie enthält dann eine entsprechende Information.

Die geschilderten Organisationsabläufe sind aus der Notwendigkeit heraus entstanden, die Zeit bis zur Entwicklung einer exakten positiven Probenidentifizierung für die "Enzymstrassen" zu überbrücken. Trotzdem bedeutet das Verfahren gegenüber den bisher praktizierten Methoden eine ganz erhebliche Reduzierung der Fehlermöglichkeiten.

ON-LINE PROBENVERARBEITUNG
MIT VOLLMECHANISIERTEN ENZYMKINETIKMESSGERÄTEN
Teil 2.   Datenerfassung und -auswertung

F. Fiedler

Die Messung der Aktivität von Enzymen wird durch vollmechanisierte
Analysengeräte, die die zeitlich versetzten wiederholten Messungen
einer Probe automatisch steuern, wesentlich beschleunigt. Der vor-
liegende Beitrag zeigt, wie die Enzymkinetikmessgeräte der Firma
Eppendorf an ein Prozessdatenverarbeitungssystem angeschlossen werden können und wie das Prozessdatenverarbeitungssystem durch geeignete Programme die Auswertung der Ergebnisse dieser Analysengeräte
wesentlich erleichtern und beschleunigen kann.

Die vollmechanisierten Enzymkinetikmessgeräte der Firma Eppendorf,
sie werden im folgenden als "Enzymstrassen" bezeichnet, sind moderne Geräte. Bei ihrer Entwicklung hat man alle Anforderungen, die
ein on-line-Anschluss an einen Prozessrechner stellt, von vornherein berücksichtigt. So konnten alle nötigen Verbindungsteile zum
Rechner organisch in die Schreiber und Programmwerke der Enzymstrassen eingebaut werden.

Die Arbeitsweise der Enzymstrassen wird an anderer Stelle beschrieben (s. Beitrag MIETH "On-line Probenverarbeitung mit vollmechanisierten Enzymkinetikmessgeräten").
Sie sei nur ganz kurz wiederholt:
Die in Messküvetten pipettierten und mit Reaktionsgemischen ver-
sehenen Proben werden nach der Inkubationszeit nacheinander in einen Messteller eingesetzt, der die Proben einzeln in den Strahlengang eines Photometers bringt. Von jeder Probe werden 7 Extinktions-
messungen durchgeführt. Die Zeit zwischen je 2 Messungen ist konstant (sie beträgt bei den vorliegenden Enzymstrassen 180/7 sec).
Die zu einer Probe gehörenden Messungen werden nicht unmittelbar
hintereinander durchgeführt, sondern zwischen zwei Messungen einer
Probe liegen bis zu sechs Messungen anderer Proben. Die vom Photo-

meter ermittelten Extinktionswerte werden auf einem Punktschreiber
ausgegeben.

Die manuelle Auswertung der Aufzeichnungen des Punktschreibers ist
recht mühsam: Die zu einer Probe gehörenden 7 Messpunkte müssen zu-
sammengesucht und aus ihnen die mittlere Extinktionsänderung je Minute ermittelt werden. Besonders schwierig ist die Identifizierung
der Punktfolge: sie erfordert eine fortlaufende Numerierung der
Punktfolgen vom Beginn einer Probenserie an.

Trotz spezieller Auswertelineale ist die manuelle Auswertung eine
mühsame, Zeit und Konzentration erfordernde Arbeit. Ausserdem ist
sie recht fehleranfällig, weshalb häufig die Auswertung zweimal,
und von verschiedenen Assistentinnen, vorgenommen werden muss. Die
Auswertung der Enzymstrassen-Ergebnisse einem direkt angeschlossenen Prozessrechner zu übertragen, ist deshalb sehr vorteilhaft.

Bei der Erfassung und Auswertung der Messergebnisse von Enzymstrassen hat der Prozessrechner die Aufgabe, Messwerte, die von einem
Punktschreiber doppeldeutig angezeigt werden (je nach Grösse der
anliegenden Photometer-Ausgangsspannung entspricht die Schreibbreite
des Schreibers dem Extinktions-Bereich 0 ... 1 oder dem Extinktions-
Bereich 1 ... 2), zu übernehmen und auszuwerten.

- Abb. 1 - zeigt im Prinzip, wie im Schreiber der Enzymstrassen eine
eindeutige messwertproportionale Ausgangsspannung erzeugt wird. Im

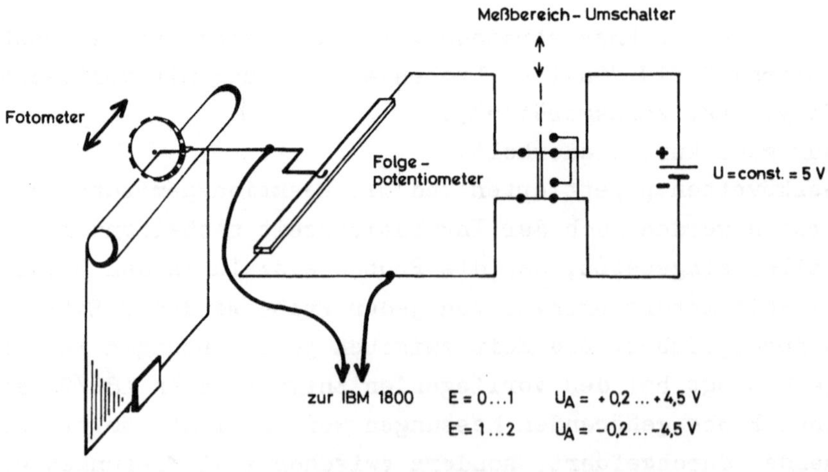

Abb. 1

Schreiber ist ein Folgepotentiometer eingebaut, das von einer Konstantspannungsquelle gespeist wird. Die Polarität der Spannungsquelle wird vom Messbereichs-Umschalter umgeschaltet. Liegt die Anzeige des Schreibers im Extinktions-Bereich 0...1, ist die Ausgangsspannung am Folgepotentiometer positiv, liegt die Extinktion im Bereich 1...2, ist die Ausgangsspannung negativ. Der Schleifer des Folgepotentiometers ist mit dem Druckrad verbunden; die Ausgangsspannung des Folgepotentiometers ist somit dem vom Punktschreiber angezeigten Wert proportional.

Das Folgepotentiometer (mit der Polaritätssteuerung der Spannungsquelle) allein genügt nicht: da bei einer Messung die Anzeige des Punktschreibers nur kurzzeitig ansteht, muss der Rechner im geeigneten Zeitpunkt von der Enzymstrasse zur Übernahme des Messwerts aufgefordert werden.

- Abb. 2 - zeigt den zeitlichen Verlauf der Anzeige des Schreibwerks des Punktschreibers (damit den Wert von U_A, der Ausgangsspannung am Folgepotentiometer): Nach Einlaufen einer Messküvette in den Strahlengang des Photometers schwingt das Schreibwerk auf dem der Probe entsprechenden Anzeige-Wert ein. Dieser Wert bleibt nach dem Einschwingen solange ungefähr konstant, als die Probe im Strahlengang

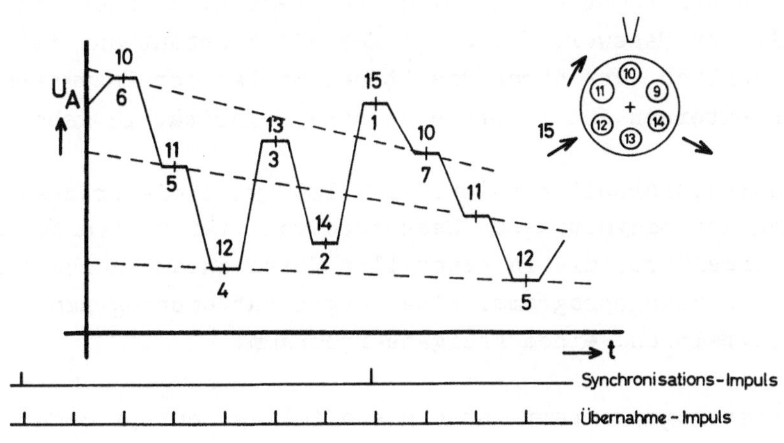

Abb. 2

des Photometers verweilt. Bei den vorliegenden Enzymstrassen dauert die konstante Anzeige ungefähr 1 Sekunde. Wenn durch Drehen des

Messtellers eine neue Probe in den Strahlengang gelangt, schwingt
das Schreibwerk auf den der neuen Probe entsprechenden Anzeige-Wert
ein. Die Übernahme in den Prozessrechner muss erfolgen, während das
Schreibwerk in seiner eingeschwungenen Stellung verharrt. Die Messwert-Übernahme muss von der Enzymstrasse gesteuert werden.

Zur Steuerung der Messwert-Übernahme gibt die Enzymstrasse 2 Syn-
chronisations-Signale (durch Schliessen von je 1 Kontakt) an den
Rechner. Das erste Signal, der Übernahme-Impuls, zeigt an, dass das
Schreibwerk und sein Folgepotentiometer auf einen Messwert einge-
schwungen ist. Es veranlasst den Rechner, den anstehenden Messwert
auszulesen. Das 2. Signal, der Synchronisations-Impuls, zeigt an,
dass eine Messküvette zur 1. Messung in den Strahlengang des Photometers gedreht wurde. Er startet die Messwert-Übernahme beim Eintreffen der 1. Messküvette einer Proben-Serie und ermöglicht eine
Synchronisierung der Messwert-Übernahme für den Fall, dass ein Übernahme-Impuls ausgeblieben ist oder nicht übernommen werden konnte.

Die Steuerimpulse der Enzymstrasse werden am Prozessdatenverarbeitungssystem IBM 1800 an Eingänge für externe Interrupts gelegt. Sie
bewirken bei ihrem Erscheinen eine Unterbrechung des gerade ablaufenden Programms und das Starten von speziellen, ihnen zugeordneten
Unterprogrammen. Da die zeitlichen Anforderungen bei der Bedienung
der Enzymstrassen recht gering sind (so steht z. B. nach einem Übernahme-Impuls der Messwert für ca. 1 Sekunde konstant an, ist es
nicht erforderlich, den durch die Steuerimpulse der Enzymstrassen
ausgelösten externen Interrupts eine hohe Priorität zu geben.

Im Prozessdatenverarbeitungssystem IBM 1800 wird die Erfassung und
Verarbeitung der Enzymstrassen-Messwerte von vier getrennten Programmen durchgeführt, die in sinnvoller Weise zusammenarbeiten: von
einem Datenerfassungsprogramm, einem Organisationsprogramm, einem
Auswerte-Programm und einem Freigabe-Programm.

Das Datenerfassungsprogramm ist ein spezielles, entsprechend den
Anforderungen der Messwert-Übernahme bei Enzymstrassen erstelltes
Unterprogramm des Programmsystems für Labordatenerfassung, über das
an anderer Stelle berichtet wird (s. Beitrag MEISTER "Einsatz von
manuellen Photometern mit Wechselautomatik"). Es ist in ASSEMBLER
geschrieben und steht dauernd im Kernspeicher des Systems IBM 1800.

Das Datenerfassungsprogramm führt folgende Funktionen aus:
- Beim Eintreffen eines Synchronisations-Impulses legt es einen
  Puffer mit Platz für 7 Messwerte an. Dabei prüft es, ob das Fül-
  len der bereits angelegten Puffer noch synchron mit den Messun-
  gen der Enzymstrasse verläuft. Falls nicht, ist seit dem letzten
  Synchronisations-Impuls ein Übernahme-Impuls ausgeblieben. In
  diesem Fall synchronisiert das Erfassungsprogramm erneut die
  Messwert-Übernahme.

- Bei Eintreffen eines Übernahme-Impulses einer Enzymstrasse wählt
  es den dieser Enzymstrasse zugeordneten MPX-Punkt an, löst damit
  die Übernahme und Digitalisierung des analogen Messwertes der
  Enzymstrasse aus und speichert den erfassten Messwert in den
  richtigen Puffer an die richtige Stelle.

- Nach Eintreffen des 7. Messwerts der Probe speichert es den Puffer auf den Plattenspeicher weg.

- Es stellt das Ende einer Proben-Serie fest (Kennzeichen für Serienende: Ausbleiben von 5 Synchronisations-Impulsen) und setzt
  bei Serienende einen Anzeiger , der vom Organisationsprogramm
  abgefragt werden kann.

- Es speichert die Informationen (Patientennummer, Datum, Verdün-
  nungskennzeichen) aus den Lochkarten, die über den der Enzymstrasse zugeordneten Kartenleser IBM 1082 eingelesen werden, in
  eine Datei auf den Plattenspeicher.

- Es prüft jede Karte, ob sie die Aufrufkarte für das Auswerte-
  Programm ist. Wenn eine Aufruf-Karte festgestellt wird, ruft es
  das Organisationsprogramm auf.

-Abb. 3- zeigt die Pufferverwaltung durch das Datenerfassungsprogramm für den in -Abb.2- dargestellten Zeitbereich. Zur Zeit t = 0
wurde gerade der 7. Messwert der Probe Nr. 9 übernommen und die
7 Messwerte dieser Probe auf den Plattenspeicher weggespeichert.
Damit ist der Pufferbereich frei zur Aufnahme der Messwerte einer
neuen Probe. Der erste Übernahme-Impuls für t > 0 veranlasst die
Übernahme des Messwerts AAAA. Das Datenerfassungsprogramm weiss auf
Grund der Lage dieses Übernahme-Impulses zum letzten Synchronisations-Impuls und der Zahl der eingetroffenen Synchronisations-Impulse,
dass es der 6. Messwert der Probe Nr. 10 ist, und bringt ihn an den
6. Platz des 4. Pufferbereichs. Der nächste Messwert (BBBB) ist der
5. Messwert der Probe Nr. 11. So wird Messwert für Messwert weggespeichert. Der 1. Synchronisations-Impuls für t > 0 ist der 15.

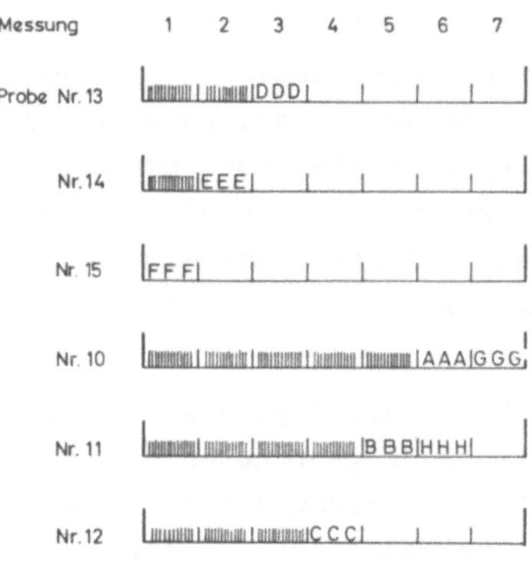

Abb. 3

Synchronisations-Impuls seit Serienbeginn. Deshalb weiss das Programm, dass der nächste Messwert (FFFF) der 1. Messwert der Probe Nr. 15 ist, und speichert ihn auf den 1. Platz des freien 4. Puffers. Der nächste Messwert (GGGG) ist der 7. Messwert der Probe Nr. 10. Er wird in dem Puffer gespeichert und anschliessend der ganze 5. Pufferbereich auf die Platte weggespeichert. In der beschriebenen Weise füllt das Datenerfassungsprogramm zyklisch die 5 Pufferbereiche und speichert sie auf den Plattenspeicher, bis 5 Synchronisations-Impulse ausbleiben und damit das Ende einer Proben-Serie anzeigen.

Das Organisationsprogramm ist ein in FORTRAN geschriebenes Prozess-Hauptprogramm, das sich auf dem Plattenspeicher befindet und nur zur Ausführung in den Kernspeicher geholt wird, und zwar in den variablen Kernspeicher-Bereich. Es wird vom Datenerfassungsprogramm aufgerufen. Der Aufruf erfolgt durch Einreihen des Organisationsprogramms mit mittlerer Priorität in die Warteschlange der Prozess-Hauptprogramme.
Das Organisationsprogramm führt folgende Funktionen aus:
- Es prüft, ob die zur aufrufenden Karten-Serie gehörende Messwert-Serie abgeschlossen ist. Wenn nicht, teilt es dies dem Datenerfassungsprogramm mit und gibt die Kontrolle an das Betriebssystem zurück. Das Organisationsprogramm wird dann vom Datenerfassungsprogramm erneut aufgerufen, sobald die Messwert-Serie abgeschlossen ist.

- Wenn Karten-Serie und zugehörende Messwert-Serie abgeschlossen

sind, prüft es, ob die Zahl der Patienten-Karten mit der Zahl
der Messwerte übereinstimmt; wenn nicht, schreibt es einen Feh-
lerhinweis auf dem neben der Enzymstrasse aufgestellten Ausgabe-
Drucker IBM 1053 heraus.

- Anschliessend ruft es das Auswerte-Programm auf.

Das Auswerte-Programm ist ein in FORTRAN geschriebenes Prozess-
Hauptprogramm, das sich auf der Platte befindet und nur zur Ausführung in den variablen Bereich des Kernspeichers geholt wird. Es
wird vom Organisationsprogramm aufgerufen durch Einreihen des Aus-
werte-Programms mit einer mittleren Priorität in die Warteschlange
der Prozess-Hauptprogramme.

Das Auswerte-Programm führt folgende Funktionen aus:

- Es wandelt die von der Enzymstrasse mit negativen Vorzeichen und
  einem Betrag $0 \leq B \leq 1$ gelieferten Messwerte in positive Extinktionswerte $1 \leq E \leq 2$ um.

- Es kennzeichnet Proben als unzulässig, für die ein oder mehrere
  Messwerte mit $E > 2$ ermittelt wurden. Bei diesen Messwerten
  könnte das Schreibwerk am oberen Anschlag gelegen haben, so dass
  völlig falsche Messwerte an das Prozessdatenverarbeitungssystem
  übertragen wurden.

- Es ermittelt für jede Probe die mittlere Extinktionsänderung je
  Zeiteinheit. Dazu legt es in einer zweistufigen Ausgleichsrechnung eine Ausgleichsgerade nach dem Kriterium der kleinsten Fehlerquadrate durch die 7 Messwerte einer Probe. Die Steigung dieser Ausgleichsgeraden ist die gesuchte mittlere Extinktionsänderung.

- Es berechnet aus der Steigung der Ausgleichsgeraden die Enzym-
  Aktivität in IE.

- Es führt eine Plausibilitätsprüfung durch Berechnung der Summe
  der relativen Fehlerquadrate der im 2. Ausgleichsschritt verwendeten Messwerte durch und kennzeichnet Werte als fehlerhaft, bei
  denen diese Summe einen im praktischen Versuch ermittelten Grenz-
  wert überschreitet.

- Es ordnet den Messergebnissen die aus den Lochkarten übernomme-
  nen Informationen zu.

- Es erstellt auf dem im Labor aufgestellten Ausgabe-Drucker
  IBM 1053 eine Ergebnis-Liste mit den Karten-Informationen, den
  Messergebnissen (pathologische Werte werden rot ausgedruckt),

den Summen der relativen Fehlerquadrate, einer fortlaufenden Ergebnis-Nummer und Fehler-Hinweisen.

- Es speichert die Ergebnisse zusammen mit den Karten-Informationen und der fortlaufenden Ergebnis-Nummer in eine Ergebnis-Datei auf die Platte.

Die Berechnung der Ausgleichsgeraden durch das Auswerte-Programm erfolgt in zwei Stufen. In der ersten Stufe wird die Ausgleichsgerade unter Verwendung aller sieben Messpunkte bestimmt. -Abb.4-

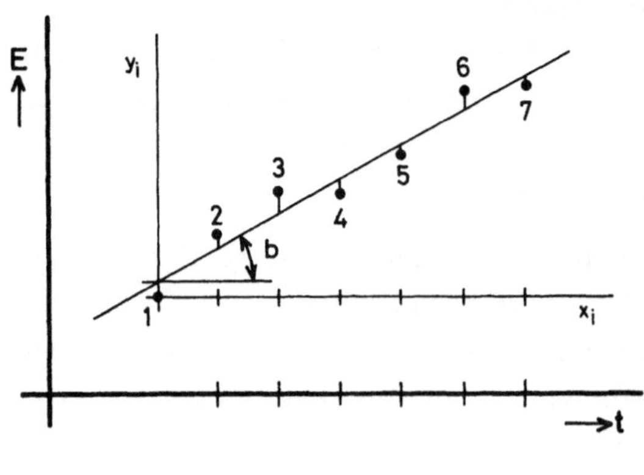

Abb. 4

Da die zeitlichen Abstände zwischen den Messpunkten mit ausreichender Genauigkeit konstant sind, vereinfachen sich die Formeln für die Ausgleichsgerade bedeutend, zumal man den ersten Messpunkt in den Ursprung eines Hilfs-Koordinatensystems legen kann. Die Formeln sind in Abb. 5 gezeigt. In der zweiten Stufe wird derjenige Messpunkt ermittelt, der von der errechneten Ausgleichsgeraden den grössten Abstand hat. Ohne diesen Punkt wird eine neue Ausgleichsgerade errechnet, wobei diesmal die vereinfachte Formel nicht angewendet werden kann, da jetzt die Voraussetzung der äquidistanten Messpunkte nicht mehr gegeben ist. Die Steigung dieser Ausgleichsgeraden wird als mittlere Extinktionsänderung je Zeiteinheit genommen.

Die zweistufige Ausgleichsrechnung erwies sich als notwendig, da das Herausfallen von einem Messpunkt in der Praxis häufig vorkommt, bedingt durch Störungen an der Enzymstrasse und der Messwert- und Steuersignal-Übernahme.

Das Freigabe-Programm erlaubt den Laborärzten, die vom Rechner ermittelten Messergebnisse zu korrigieren. Anhand der vom Ausgabe-
Drucker im Labor ausgedruckten Ergebnis-Liste, in der jedes Ergebnis durch eine Ergebnis-Nummer gekennzeichnet ist, kann der Arzt

Ausgleichsgerade:

$$\sum_{1}^{\nu} y_i = a\nu + b\sum_{1}^{\nu} x_i$$

$$\sum_{1}^{\nu} x_i y_i = a\sum_{1}^{\nu} x_i + b\sum_{1}^{\nu} x_i^2$$

Sonderfall: Äquidistante Abszissen, 7 Punkte, 1.Punkt im Ursprung

$$|b| = \frac{3\sum_{1}^{7} y_i - \sum_{1}^{7} x_i y_i}{28}$$

Umrechnung auf die gewünschte Dimension
[IE] = [Extinktionsänderung / min] :

$$b \ [IE] = |b| \cdot \alpha \cdot \beta$$

worin: α = Zeitfaktor
β = Methodenfaktor .

Beispiel: Für die Bestimmung der Aktivität von GOT gilt an der Medizinischen Klinik der Universität Tübingen:
entsprechend der eingesetzten Enzymstraße

$$\alpha = \frac{7}{180} \cdot 60$$

entsprechend der angewandten Methode

$$\beta = 1033 \ .$$

Somit

$$GOT \ [IE] = 86,1 \cdot \left(3\sum_{1}^{7} y_i - \sum_{1}^{7} x_i y_i\right)$$

Abb. 5

jedes einzelne Ergebnis auf Plausibilität überprüfen, wobei ihm die
ausgedruckte Summe der relativen Fehlerquadrate ein wertvolles
Hilfsmittel ist. Über eine im Datenverarbeitungslabor aufgestellte

Schreibmaschine kann der Arzt die ihm unwahrscheinlichen Ergebnisse
löschen und von der Weiterverarbeitung ausschliessen. Die nicht be-
anstandeten Messergebnisse werden vom Arzt über die Schreibmaschine
freigegeben und vom Freigabe-Programm in die Patienten-Datei zur
Weiterverarbeitung eingespeichert.

Die Praxis zeigt, dass durch den im vorliegenden Beitrag beschriebenen Anschluss eines Prozessdatenverarbeitungssystems an die vollmechanisierten Enzymkinetikmessgeräte der Firma Eppendorf das Arbeiten mit diesen Analysengeräten wesentlich erleichtert und beschleunigt werden kann. Das Prozessdatenverarbeitungssystem übernimmt die gesamte Auswertung der vom Analysengerät gelieferten Messwerte, erstellt übersichtliche Ergebnis-Listen, in denen die Messergebnisse durch Informationen über Patient und Testart (über Lochkarten dem Prozessdatenverarbeitungssystem mitgeteilt) ergänzt sind
und stellt die Messergebnisse nach Prüfung und Freigabe durch den
Laborarzt dem Diagnostik-Informationssystem zur Weiterverarbeitung
zur Verfügung. Die medizinisch-technischen Assistentinnen am Analysengerät sind von Auswerte- und Schreibarbeiten weitgehend entlastet.

ELEKTROPHORESE
Teil 1: Elektrophoretische Trennmethoden für Serumeiweiss

F. W. Aly

Bei den elektrophoretischen Trennmethoden sind 2 grundsätzliche
Prinzipien zu unterscheiden, die Fronten- oder boundery-Elektropho-
rese und die Zonenelektrophorese - Abb. 1 -.

Der Prototyp der Frontenelektrophorese ist die freie Elektrophorese
nach TISELIUS. Nach Auftrennung eines Proteingemisches in einer U-
förmigen Analysenzelle werden die Dichtegradienten der verschiedenen Protein- und Elektrolytkonzentrationen gemessen. Nach optischer
oder zeichnerischer Umformung lassen sich die elektrophoretische
Wanderungsgeschwindigkeit und die Proteinkonzentration der aufgetrennten Eiweissfraktionen errechnen. Für die Automatisation bietet
diese Technik den Vorteil, dass Auftrennung und Auswertung der Ergebnisse ohne Zwischenschaltung eines Färbevorganges in einem Funktionsablauf möglich sind. Die Durchführung der Vollautomatisierung
einer TISELIUS-Elektrophorese dürfte wegen der komplizierten Pro-
benzu- und -abfuhr und des gegen physikalische Einflüsse sehr em-
pfindlichen boundery-Systems auf erhebliche technische Probleme
stossen.

Bei der Zonenelektrophorese lassen sich durch verschiedene Träger-
medien die elektrophoretisch aufgetrennten Fraktionen einfacher
stabilisieren. Die Auftrennung erfolgt nicht in Fronten, sondern
wegen der geringen, zur Analyse benötigten Serummengen in Fraktionen - Abb. 1 -.

Für die Automatisation der Zonenelektrophoresetechnik sind 3 mechanisch von einander getrennte Funktionsabläufe zu berücksichtigen:
Auftrennung, Färbung und Photometrie.

Ansätze zur Vollautomatisation der Elektrophorese finden sich bei
2 Modifikationen der zonenelektrophoretischen Technik. Es handelt
sich um die Säulenelektrophorese nach dem Prinzip von FLODIN und

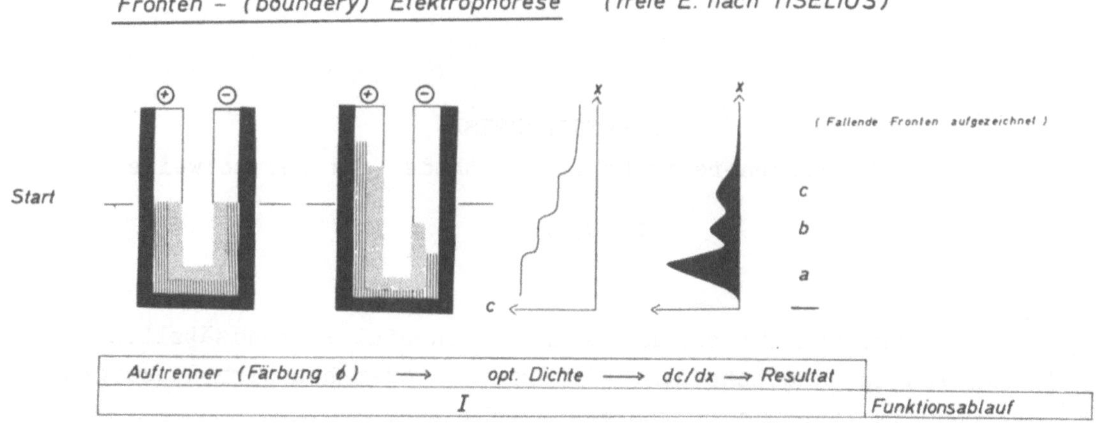

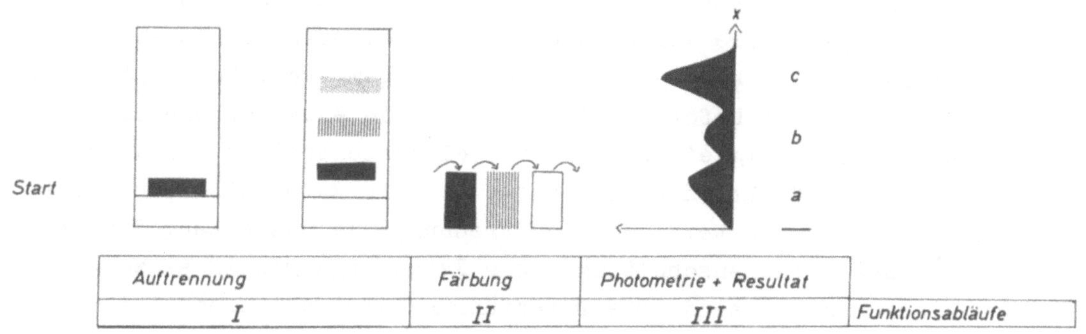

Abb. 1

PORATH und die Vorhangelektrophorese, wie sie von SVENSON und
BRATTSTEN und GRASSMANN und HANNIG entwickelt wurden. Hier erfolgt
die Auswertung nicht über eine Anfärbung der getrennten Proteinfraktionen sondern durch kontinuierliche oder fraktionierte Messung
der UV-Absorption der elektrophoretisch getrennten Proteine.

STRAUCH gibt eine automatisierte Apparatur für eine präparative
Disk-Elektrophorese in Polyacrylamid-Gel an, die eine Fortentwick-
lung des säulenelektrophoretischen Prinzips ist. Die Serumproteine
werden in eine mit Polyacrylamid und Puffer gefüllte Trennsäule
eingebracht und wandern im elektrophoretischen Trennfeld in eine
Elutionskammer - Abb. 2 -.
Durch einen kontinuierlich fliessenden Elutionspuffer gelangen die
aufgetrennten Proteine in ein Durchflussphotometer und dann in ei-

nen Fraktionsammler. Die gemessenen Extinktionen stehen dann der
Datenverarbeitung zur Verfügung - Abb. 3 -. *

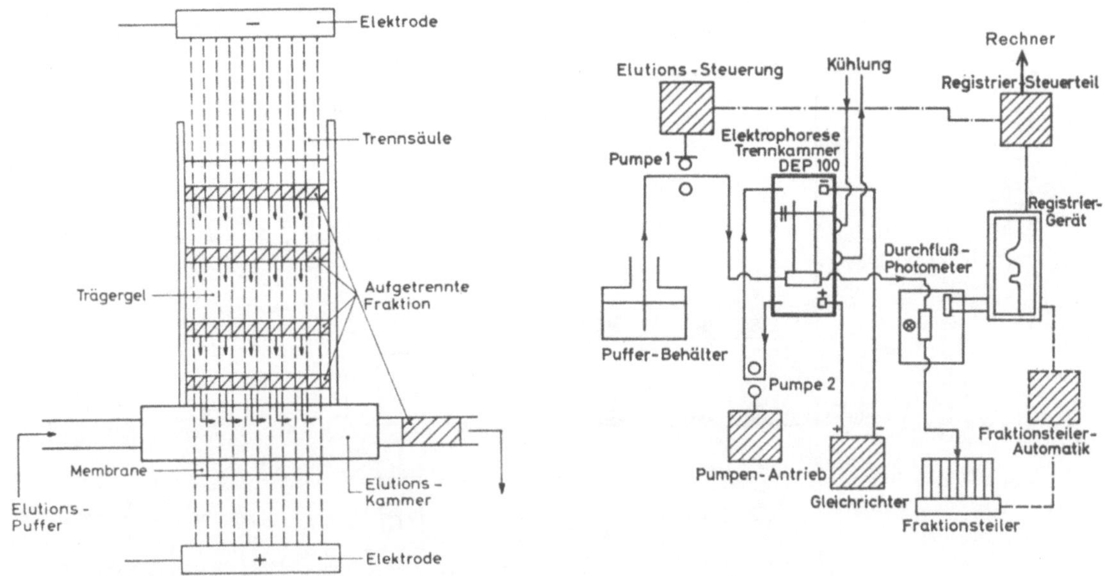

Abb. 2Abb. 3

Abb. 2   Schemabild über die Wirkungsweise der DISK-Elektrophorese-
         Trennkammer DEP 100 nach Dr. L. Strauch, Max-Planck-Institut
         für Eiweiss- und Lederforschung (Abt. Priv.-Doz. Dr. K. Han-
         nig), 8 München 15, Schillerstr. Nr. 46.

Abb. 3   Schematische Gesamtanordnung der präparativ-analytischen
         Elektrophorese-Automatik, deren zentrale Funktion die DISK-
         Elektrophorese-Trennkammer DEP 100 erfüllt (nach Dr. L.
         Strauch).

Bei der präparativen Vorhangelektrophorese ist durch die Kombination eines waagerecht angelegten elektrischen Gleichstromfeldes mit
einer senkrechten, laminaren Pufferströmung eine kontinuierliche
Serumproteinauftrennung möglich.
Die Proteinfraktionen werden getrennt gesammelt und die Eiweisskon-
zentration im UV-Absorptionsphotometer bestimmt-Abb. 4, B -. Ein
sehr elegantes und sicher zukunftsweisendes Verfahren für die auto-

---

* Wissenschaftlich technische Werkstätten GmbH
  8120 Weilheim in Oberbayern.

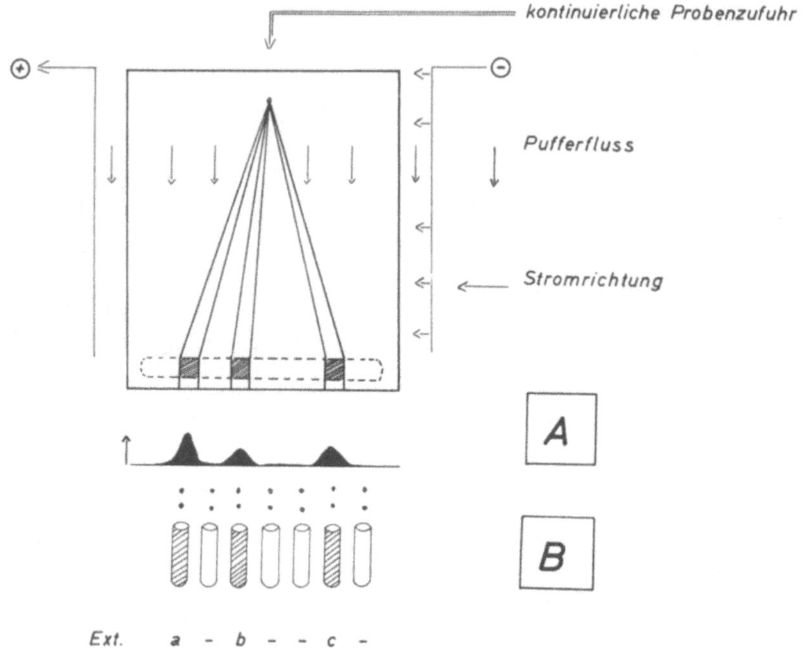

	Auswertung		
A	Vidikon - Kamera (Hannig u. Wirth 1968) (kontinuierliche Serumanalyse möglich)		
B	Photometrie der Einzeleluate (Praeparative Serumanalyse)		

Abb. 4

matisierte Elektrophorese, das auf dem Prinzip der Vorhangelektrophorese beruht, entwickelten HANNIG und WIRTH. In eine verkleinerte,
gut zu kühlende laminare Trennkammer aus Quarz werden verschiedene
Serumproben fortlaufend nacheinander eingeführt und kontinuierlich
aufgetrennt. Das am unteren Ende der Trennkammer erscheinende Pro-
teinpherogramm kann mit monochromatischem Licht auf eine Fernseh-
kameraröhre (System Vidikon) abgebildet und in der üblichen Weise
zeilenförmig abgetastet werden. Mit Hilfe einer integrierten Schaltung - Abb. 5 - ist es möglich, die elektronischen Signale zu lo-
garithmieren und zu integrieren. Ohne an Auflösungsvermögen zu ver-

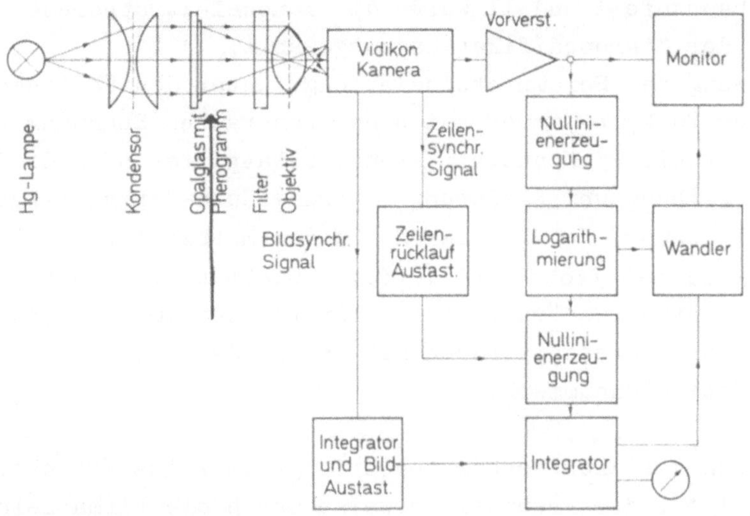

Abb. 5 Blockschaltbild des elektronischen Densitometers nach
K. Hannig und H. Wirth, Zeitschrift für Analytische Chemie
243, 522 - 526 (1968)

lieren, läuft die Photometrie in 20 msec sehr schnell ab. Bei kon-
tinuierlicher Probenzufuhr ist mit dem elektrischen Densitometer
nach HANNIG und WIRTH alle 2 Minuten die Durchführung einer elektrophoretischen Analyse möglich. Diese Auswerttechnik umgeht die
Nachteile der Photometerkonstruktionen, die über eine Spaltblende
das zu untersuchende Objekt durchleuchten und photometrisch messen.
Die Vorteile dieser Technik in einem Funktionsablauf sind überzeu-
gend.

In Abhängigkeit von vorhandenen technischen Entwicklungen wird versucht, die Elektrophoresemethode in das Automatisationsprogramm der
Medizinischen Universitätsklinik Tübingen mit einzubeziehen.

Für die Automatisation der Elektrophorese sind 3 Ausbaustufen geplant. Die Ausbaustufe I ist eine Projektstudie mit Hilfe der Zonenelektrophorese auf Acetatfolie. In der Ausbaustufe II soll die Automatisierung mit Hilfe eines Photometers zur kontinuierlichen Auswertung von 8 Elektrophoresestreifen verbessert werden. Für die
Ausbaustufe III ist der Anschluss der Vorhangelektrophorese mit dem
Densitometer von HANNIG und WIRTH vorgesehen. Die automatische Probenzufuhr und Probenidentifikation ist durch einen Technicon-Proben-
wechsler über einen IBM-Kartenleser 1894 vorgesehen.

Für die Ausbaustufe I und II wurde die Zonenelektrophorese auf Acetatfolie in der Mikromodifikation ausgewählt.
Die Auftrennung der Serumproteine erfolgt unter den üblichen Bedingungen in der Boskamp-Kammer bei einer konstanten Spannung von
200 Volt, Laufzeit 25 Minuten. Veronalacetatpuffer pH 8,6, Ionen-
stärke 0,1, Färbung und Fixierung in Essigsäure-Methanol-Amido-
schwarz 10 B-Lösung, Entfärbung in 10%igem Methanol-Eisessig, Trans-
parenzlösung **Dioxan-Isobutanol** (7:3), 7 Minuten. Trocknung der auf
Objektträger aufgebrachten Folie 10 Minuten bei 80° C. Protokollierung der Elektrophoreseplättchen mit den in den Arbeitslisten ausgedruckten Patientennummern.

Die Auswertung der Elektrophoresen erfolgt im Zeiss-Extinktionsschreiber III * , der freundlicherweise durch die Firma Zeiss (Oberkochen) mit einem hochempfindlichen Potentiometer ausgerüstet und
durch einen Adapter an den Rechner angeschlossen wurde. Die Poten-
tiometerabgriffe können vom Rechner kontinuierlich abgefragt werden.
Im nachfolgenden Vortrag geht Herr Meister auf das Prinzip der Berechnung der Elektrophoreseergebnisse aus den vom Potentiometer
übermittelten Analogwerten der gemessenen Extinktionen ein.

Die Arbeitsgänge bei der Durchführung der Zonenelektrophorese auf
Acetatfolie sind in Tab. 1 zusammengestellt.
Zu unterscheiden sind die Vorbereitungen zur Elektrophorese mit
Puffer- und Folienpräparation, Serumanlieferung und Protokollierung
sowie die Serumtrennung mit Serumentnahme, Serumauftrag und elektro-
phoretischer Auftrennung. Die Färbung umfasst die Folienabnahme,
das Fixieren, Färben und Transparentmachen der Folie. Zur Auswertung gehört die Photometereingabe, die Photometrie, Datenerfassung
und Ergebnisberechnung. Als letzter Arbeitsgang kommt dann der Ausdruck der Elektrophoresewerte und Zuordnung der Gesamteiweisswerte
auf den Befundzettel mit der für das ärztliche Urteil wichtigen
Elektrophoresekurve.

Bei den Vorbereitungen zur Elektrophorese stellt die von der Serum-
verteilung mit Arbeitslisten koordinierte Serumanlieferung eine er-

---

* Herrn Dr. Höfert, Firma Zeiss, Oberkochen, danken wir für die
  Unterstützung bei der elektrischen Umrüstung des Photometers
  sehr herzlich.

Tabelle 1

Arbeitsgänge bei der Zonenelektrophorese auf Acetatfolie		Automatisationshilfen	
		I Ausbaustufe	II Ausbaustufe
Vorbereitungen :	Puffer- u. Folienpraeparation	∅	∅
	Serumanlieferung	Arbeitslisten	dsgl
	Protokollierung		
Serumtrennung :	Serumentnahme u. Auftrag	∅	∅
	Elektrophorese (25')	—	— ← 24 Min.
Färbung :	Folienabnahme	∅	∅
	Fixieren, Färben (20')	Färbeautomat	dsgl.
	Folienpraeparation	∅	∅
Auswertung :	Photometereingabe	∅	1 mal
	Photometrie (3')	on line System	für acht
	Datenerfassung	I.B.M. - 1800	Diagramme
	Ergebnisberechnung	für ein	
	Zuordnung d. Ges. Eiweiss	Diagramm	Zeitgewinn von 8 x 3' = 24'
Befundausgabe :	Datenausdruck		
	Diagramm + Datenetikette	∅	∅

hebliche Vereinfachung dar. Zu jedem Serumgläschen gehört eine Lochkarte zur Identifizierung der Serumprobe durch den Rechner. Die Kennummer auf der Lochkarte und dem Serumröhrchen **ist** identisch. Auf die Elektrophoresefolie wird die gleiche Identifizierungsnummer aufgetragen. Die Serumauftrennung und Folienabnahme erfolgt konventionell. Anschliessend Fixieren und Färben, sowie Entfärben im Färbeautomat. Folienpräparation wieder konventionell. Die Photometrie der Elektrophoresen erfolgt durch den vom Rechner gesteuerten Zeiss-Extinktionsschreiber III. Der Arbeitsgang ist folgender: Herstellung der Verbindung zwischen Rechner und Extinktionsschreiber durch einen Schalter am Adapter, Einschalten der Photometereinrichtung am Extinktionsschreiber. An einem sogenannten Beistellkasten zeigt das Aufleuchten einer roten Lampe an, dass das System arbeitsbereit ist. Nun wird das Elektrophoreseplättchen in den Extinktionsschreiber und unter den Schreiber ein Elektrophoresebefundformular mit Durchschlag gelegt - Abb. 6 -. Die Assistentin steckt in den IBM-Kartenleser 1082 die zum Serum gehörige Lochkarte und gibt die Elektro-

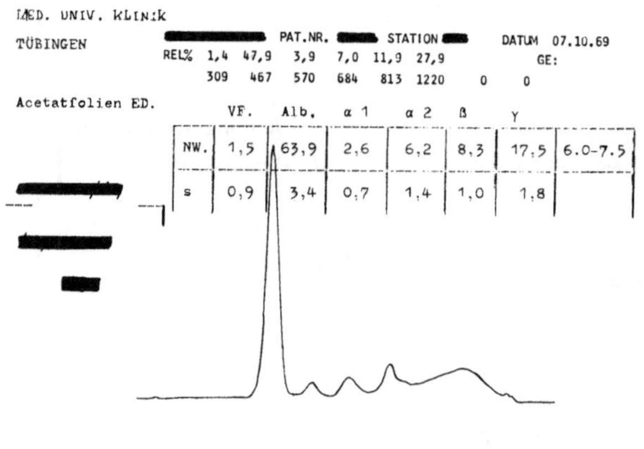

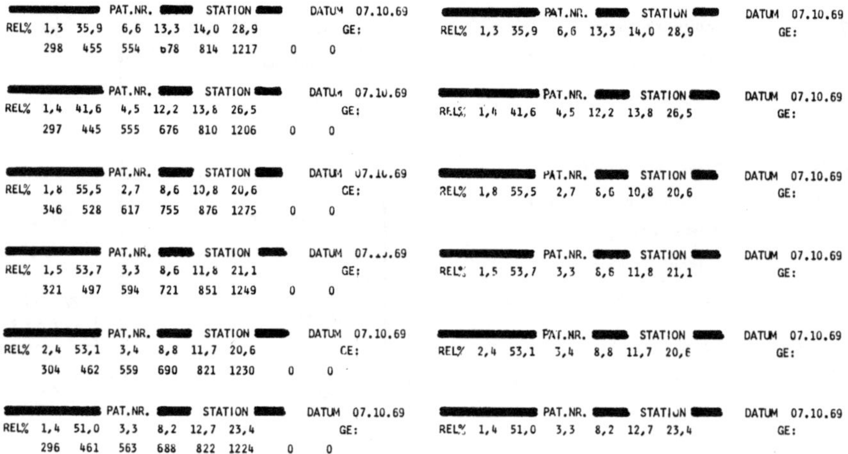

Abb. 6   Elektrophoreseprotokoll und Ausdruck der Elektrophoreseergebnisse in doppelter Ausführung auf selbstklebende
Etiketten. Links sind zusätzlich die Extinktionsminima
ausgedruckt.

phorese durch Druck auf einen dafür vorgesehenen Knopf am Beistellkasten zur Auswertung frei. Damit übernimmt der Rechner die Ein-
schaltung des Streifentransportes und die Auswertung der Elektrophorese. Nach Eingabe einer Abrufkarte erscheinen die Elektrophoreseergebnisse in doppelter Ausführung sofort auf einer IBM-Schreib-
maschine 1053.
Auf dem Ausdruck I sind neben den Relativprozenten, dem Gesamteiweiss in g%, Datum, Kontrollnummer und Patientennamen, zusätzlich
die Minima, an denen die Abtrennung der Elektrophoresefraktionen
durch den Rechner erfolgt, angegeben - Abb. 6 -. Es besteht also

die Möglichkeit, die Abtrennung der Elektrophoresefraktionen zu
überprüfen. Falsche Daten können am selben Tag durch Wiederholung
der Auswertung überspeichert werden. Die richtigen Ergebnisse laufen in den Plattenspeicher des Rechners und stehen für den Kurven-
ausdruck zur Verfügung. Das Programm ist so geschrieben, dass sowohl das Praealbumin wie $beta_1$- und $beta_2$-Globulin berücksichtigt
werden. Der mit der Datenetikette und dem Elektrophoresediagramm
versehene Elektrophoresebefundzettel kann durch die Rohrpost noch
am Tage der Serumabnahme auf die Station geschickt werden.

Einen wesentlichen Zeitgewinn wird die II. Ausbaustufe bringen.
Hier kann eine Folie mit 8 elektrophoretischen Auftrennungen in das
Auswertgerät eingebracht und hintereinander ausgewertet werden. Der
vollautomatische Arbeitsgang dauert etwa 20 - 30 Minuten, eine Zeit,
in der die Assistentin die übrigen anfallenden Arbeiten erledigen
kann.

In Tab. 2 ist ein Auswertvergleich aufgeführt. Gegenübergestellt
werden die mit dem Planimeter, dem Integralschreiber und dem IBM-
Rechner gewonnen Mittelwerte von jeweils 10 Auswertungen eines
Elektrophoresediagrammes.

Tabelle 2

Auswertvergleich (n = 10)

	PA	Alb	1	2		
Planimetrie	2,0	51,0	5,1	9,1	9,5	23,3
Integralschreiber	2,6	49,1	5,0	9,1	10,0	24,2
IBM-Rechner	1,7	52,0	4,8	9,4	10,5	21,5

Variationskoeffizient ($c = 100 \times S/\bar{x}$)

Planimetrie	39,0	2,4	4,3	4,4	4,8	7,2
Integralschreiber	20,0	2,8	0,0	3,6	4,7	4,7
IBM-Rechner	22,3	3,1	2,5	1,3	1,1	5,8

Für jede Messung wird die Elektrophorese neu aufgelegt. Die Mittelwerte weichen nur geringfügig von einander ab. Der Vergleich der
Variationskoeffizienten zeigt eine gute Übereinstimmung der drei
verschiedenen Auswertmethoden. Der grosse Variationskoeffizient

der vor dem Albumin liegenden Fraktion weist darauf hin, dass diese
Fraktion im vorliegenden System für eine genaue Auswertung zu klein
ist. In Tab. 3 sind die Mittelwerte von 61 gesunden männlichen und
weiblichen Probanden, die unserem Normalwertkollektiv entsprechen,
aufgeführt. Die Auswertung erfolgt sowohl über den Rechner wie über
den am gleichen Extinktionsschreiber belassenen Integralschreiber.
Die Mittelwerte unterscheiden sich statistisch nicht und die Streu-
ungen (s) sind bis auf die vor dem Albumin liegende Fraktion und
das $alpha_1$-Globulin bei der Auswertung über den Rechner kleiner.

**Tabelle 3 Normalwerte von 61 gesunden männlichen und weiblichen Pro-
banden (Acetatfolienelektrophorese, Boskampkammer, Zeiss-Extinktions-
und Integralschreiber III, Amidoschwarzfärbung)**

	V.F.	Alb.	$alpha_1$-	$alpha_2$-	beta-	gamma-Globulin
IBM Auswertung	1,55	63,87	2,58	6,20	8,34	17,47
s	0,85	3,41	0,72	1,37	0,97	1,82
Hand-Auswertung	1,0	64,12	3,31	6,34	8,38	16,90
s	0,82	3,77	0,52	1,45	1,08	2,02

Bis auf Seren mit ausgeprägter Hypogammaglobulinämie und beta-gam-
ma-Globulinverschmelzungen lassen sich mit dem hier vorgeführten
Auswertverfahren alle Elektrophoresekurven auswerten.

Literatur

Flodin, P., J. Porath   Biochem. et Biophysica Acta 1954

Svenson, H., I. Brattsten   Ark. Kemi, Stockh. 1, 401, 1949

Grassmann, W., K. Hannig   a) Tagung der Physiologischen Chemi-
ker in Göttingen August 1948
b) Angew. Chem. 170, 62, 1950

Strauch, L.   Protides Biol. Fluids
                               Elsevier Publ. Comp. Amsterdam Vol.
                               15, 1957

Hannig, K., H. Wirth   Analytische Chemie 243, 522, 1968

ELEKTROPHORESE
Teil 2. Datenerfassung mit Auswertung

E. Meister

Zur Bestimmung der Anteile der verschiedenen Serumproteine wird Serumeiweiss auf Zellulose-Azetatfolie aufgetragen, im elektrischen Feld getrennt und anschliessend gefärbt. Die so vorbereiteten Elektrophoresestreifen werden auf einer Glasplatte fixiert und mit dem Extinktionsschreiber photoelektrisch abgetastet.

Die Probe wird auf den Objektträger gelegt und sorgfältig ausgerichtet. Nach dieser Vorbereitung wird über eine Taste dem Rechner signalisiert, dass eine Probe für die Abtastung bereit liegt. Der Rechner reagiert, indem er den Vorschub am Extinktionsschreiber in Gang setzt und die Messpannung am Ausgang des Schreibers abzutasten beginnt. Während der Messung muss über einen danebenstehenden Kartenleser eine Lochkarte für die Identifizierung der Probe eingelesen werden.

Am Extinktionsschreiber erscheint als Ergebnis ein Kurvenzug, aus dem die Verteilung der einzelnen Fraktionen bestimmt werden muss - Abb. 1 -. Bevor eine Fläche bestimmt werden kann, muss dieser Kurvenzug durch die noch einzuzeichnende Basislinie zu einer allseitig begrenzten Fläche ergänzt werden. Die Gesamtfläche ist zu ermitteln, anschliessend die einzelnen Fraktionen darzustellen und zur Gesamtfläche in Beziehung zu setzen - Abb. 2 -.

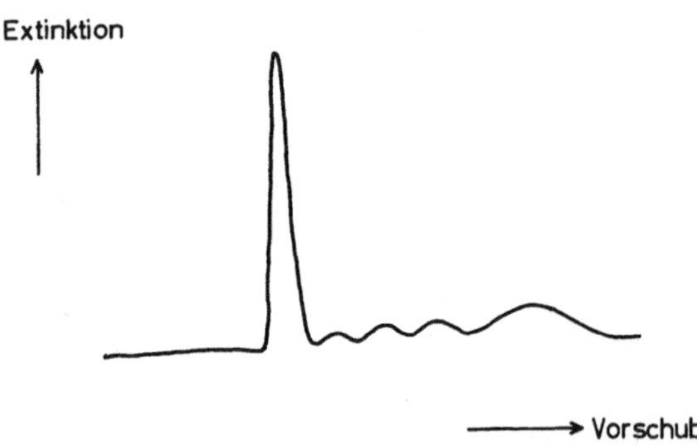

Abb. 1 Verlauf der Extinktion entlang eines Elektrophoresestreifens

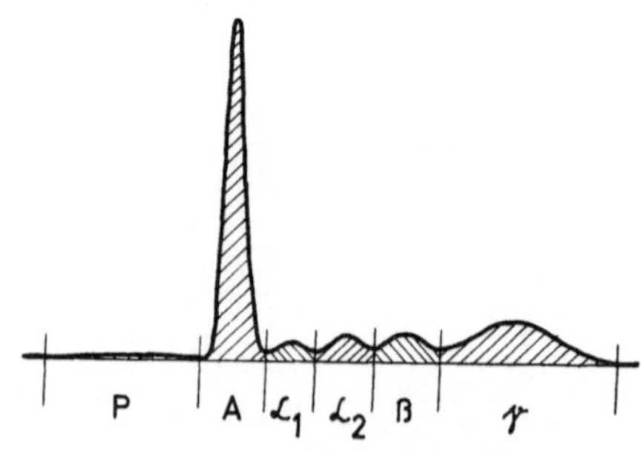

Abb. 2 Verteilung der Fraktionen entlang eines Elektrophoresestreifens

Der Rechner misst in konstanten kurzen Zeitabständen die Ausgangsspannung des Schreibers, die der Extinktion proportional ist. Die
Kurve wird als Folge von Punkten dargestellt, deren geglättete Ver-
bindungslinie die Abbildung der auf dem Papier geschriebenen Kurve
ist. - Abb. 3 stellt einen 1,6 mm langen Ausschnitt der Kurve dar.
Nun wäre naheliegend, die Kurve in einer begrenzten Anzahl von Punkten darzustellen, z. B. 500 Punkte je Kurvenzug, um z. B. erst die
Basislinie zu ermitteln und dann diese Teilflächen zu integrieren.
Dies würde einen nicht vertretbaren Anteil des vorhandenen Speicher-
raumes im Rechner und den angeschlossenen Plattenspeichern verschlin-
gen, ohne dass das Ergebnis verbessert werden könnte. Das Gegenteil
wäre eher der Fall, da die Gefahr bestünde, dass die Basislinie am
Schluss nicht immer sicher erreicht würde. Es könnte nur ein Kurvenstück konstanter Länge abgetastet werden.

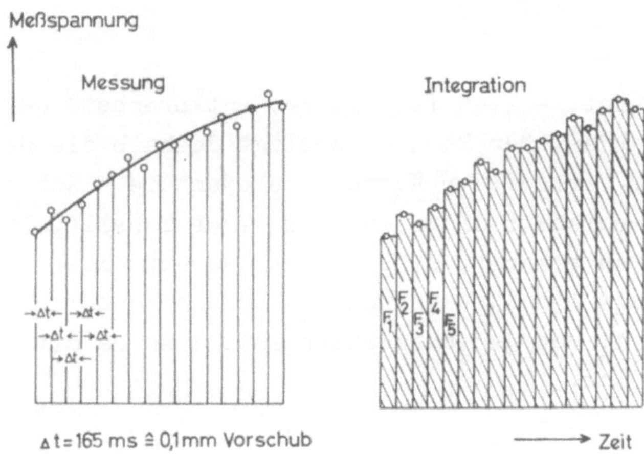

Abb. 3 Messung der Ausgangsspannung am Extinktionsschreiber und
        Integration über der Abtastzeit

Da es nicht auf absolute Flächeninhalte ankommt, sondern nur auf die
Relationen der Teilflächen zur Gesamtfläche, sind beliebige Faktoren
zulässig. Die Integration der Flächen ist in diesem Falle sehr einfach. Da der Rechner die Extinktion in konstanten kleinen Zeitabständen abtastet, kann die Integration durch einfaches Addieren der
Ordinaten durchgeführt werden - Abb. 3 -. Da der Rechner aus oben
erwähnten Gründen nicht alle Punkte speichern soll, ist gleichzeitig
mit der Messung eine Integration durchzuführen. Die Lage der Basislinie kann erst nach Ende der Messungen bestimmt werden, sodass zunächst über eine Ersatzlinie entsprechend OV Messpannung integriert
werden muss - Abb. 4 -.

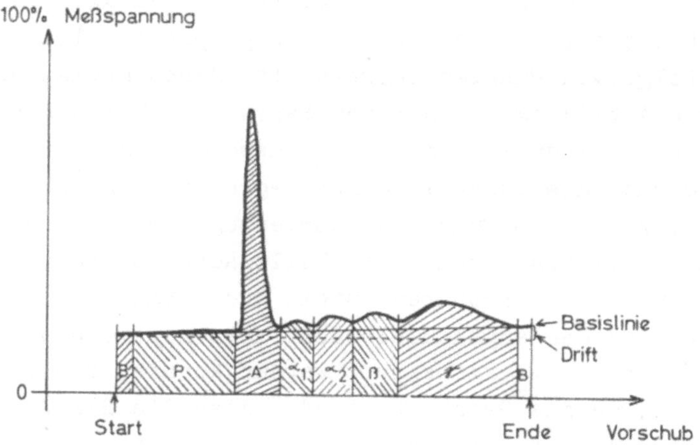

Abb. 4   Integration der Flächen über Messpannung O Volt und
        Bestimmung der Basislinie

Wie bereits erwähnt, sollen Teilflächen entsprechend der Teilfrakti-
onen bestimmt werden. Der Rechner zerlegt deshalb die Gesamtfläche
entsprechend dem Verlauf der Kurve in elementare Flächenstücke
- Abb. 5 - und speichert diese in Form einer Tabelle. Das Ende der
Kurve wird dadurch erkannt, dass nach Abtastung einer bestimmten
Mindestkurvenlänge ein Kurvenstück mit annähernd horizontalem Verlauf gesucht wird, von dem anzunehmen ist, dass es mit der Basislinie identisch ist.

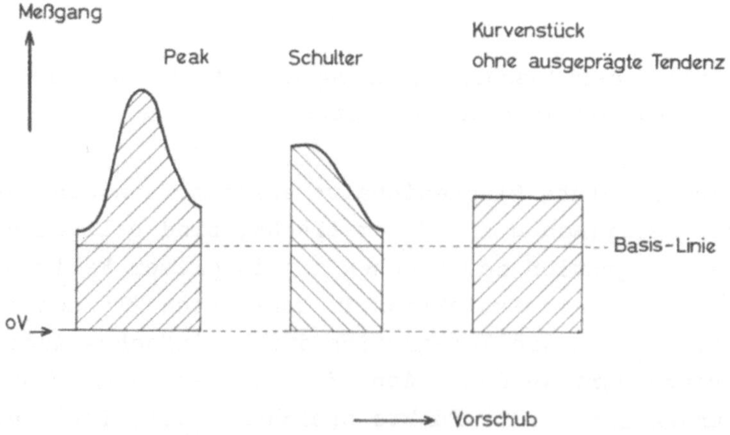

Abb. 5   Zerlegung der Gesamtfläche in elementare Flächenstücke
        beim Abtasten der Messpannung

Daraufhin wird der Extinktionsschreiber stillgesetzt und kann für
die nächste Untersuchung vorbereitet werden.

Im Rechner folgen nun mehrere Arbeitsgänge um das Ergebnis zu bestimmen. Zunächst werden von den bisherigen Teilflächen die unter
der Basislinie liegenden Teilflächen abgeschnitten. Die Lage der
Basislinie wird dabei durch lineare Interpolation bestimmt - Abb.
4 u. 5 -.

Als nächster Arbeitsgang,der intern schon zum Ergebnis führt, ist
das Zusammenfassen der elementaren Teilflächen zu nennen. Da bekannt
ist, dass der Albuminpeak der erste markante Peak ist, werden alle
davor liegenden Teilflächen als Praealbumine zusammengefasst. Die
übrigen Peaks ergeben sich durch Zusammenfügen der Teilflächen nach
bestimmten Regeln - Abb. 6 -.

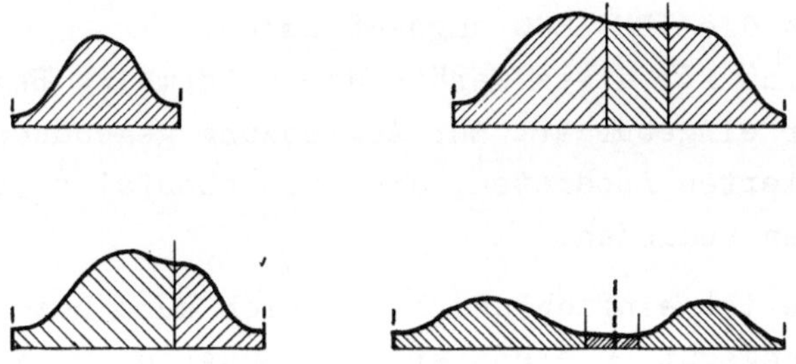

Abb. 6   Zusammensetzen der elementaren Flächenstücke zu den
         Teilfraktionen

Nach Abschluss einer Probenserie wird der Rechner über eine bestimmte Lochkarte aufgefordert, die ermittelten Ergebnisse über den
Drucker im Labor auf Aufkleber auszugeben. Es erscheint dann das Ergebnis in % - Abb. 2 -. Ausserdem wird in einer 2. Zeile die Lage
der Trennstellen ausgegeben in 1/10 mm Abstand vom Anfang der Kurve.
Es ist bei starker Abweichung von der Standardkurve und ungünstiger
Lage der Trennlinie eine Korrektur anzubringen. Es wird sich in diesen wenigen Fällen darum handeln, 2 benachbarte Fraktionen anders
aufzutrennen, während das Ergebnis für die übrigen Fraktionen nicht
berührt wird.

Die Ergebnisse dieser Auswertemethode sind leicht reproduzierbar,
indem die Messung ohne Verschieben des Probenträgers auf der Auflage
mit gleichem Startpunkt wiederholt wird.

ON-LINE PROBENVERARBEITUNG BEI "MANUELLER ANALYSENTECHNIK"
Teil 1. Einfach- und Serienmessung

I. Mieth

Die am weitesten verbreiteten Messgeräte in der Klinischen Chemie
sind Photometer. Sie sind vielseitig einsetzbar, einfach in der
Handhabung und unverwüstlich.

In unserem Labor sind z. Zt. drei Photometer von Eppendorf, ein Fil-
terphotometer ELKO und ein Spektralphotometer PMQ II, beide von
Zeiss, on-line an die IBM 1800 angeschlossen.
Es hat sich bei uns für diese Geräte der allgemeine Begriff "manu-
elles" Photometer eingebürgert zur Abgrenzung gegenüber den voll-
und teilmechanisierten Apparaten, die sich ebenfalls photometri-
scher Messmethoden bedienen.

Die Wirkungsweise ist einfach und lässt sich kurz beschreiben: Mit
der im Untersuchungsgut interessierenden Substanz wird durch entsprechende Reagenzien eine Farbreaktion ausgelöst. Die so vorbereitete Probe wird in einer Küvette mit planparallelen Wänden in den
Strahlengang einer Lichtquelle gebracht. Das monochromatische Licht
fällt durch die Messküvette auf einen Photomultiplier oder eine
Photozelle, wo die auftreffende Lichtenergie in elektrische Energie
umgewandelt wird. Die Anzeige eines angeschlossenen Galvanometers
ist proportional der Konzentration des zu messenden Stoffes. Der
Wert der Konzentration wird über den Extinktionskoeffizienten oder
durch Vergleich mit Lösungen bekannter Konzentrationen ermittelt.

Die Messwertübertragung zum Rechner geschieht über einen angeschlossenen Schreiber. Die Registrierfeder ist mit dem Schleifkontakt eines Folgepotentiometers gekoppelt, an dem 5 Volt liegen. Von dieser
Spannung wird dem Messwert proportional ein Teil abgegriffen und
dem Analog-Digital-Wandler des Rechners zugeführt.

Zur Messwertübernahme dient ein speziell konstruiertes sogenanntes
Beistellgerät, das von der Assistentin bedient wird. Dieses Gerät
hat eine Taste zur Übernahme des Messwertes und eine Doppeltaste,
um im Bedarfsfall den vorangegangenen Messwert zu löschen. Zwei An-

zeigelampen erleichtern die Kontrolle während des Messvorganges.
Mit einem Schalter, der fünf Einstellmöglichkeiten hat, kann die
Assistentin dem Rechner die erforderliche Verdünnungsstufe anzeigen.

Ebenfalls in Nähe des Photometers befindet sich eine IBM 1082-Kar-
tenleseeinheit zur Aufnahme der Patientenidentifizierungskarten.
Diese Lochkarten, die die Assistentin jeden Morgen zusammen mit den
Arbeitslisten an ihrem Platz findet, enthalten die nötigen Informationen für den Rechner und die Assistentin. - Abb. 1 - zeigt einen Arbeitsplatz mit Photometer, dem daraufstehenden Beistellgerät
und dem 1082-Kartenleser im Vordergrund.

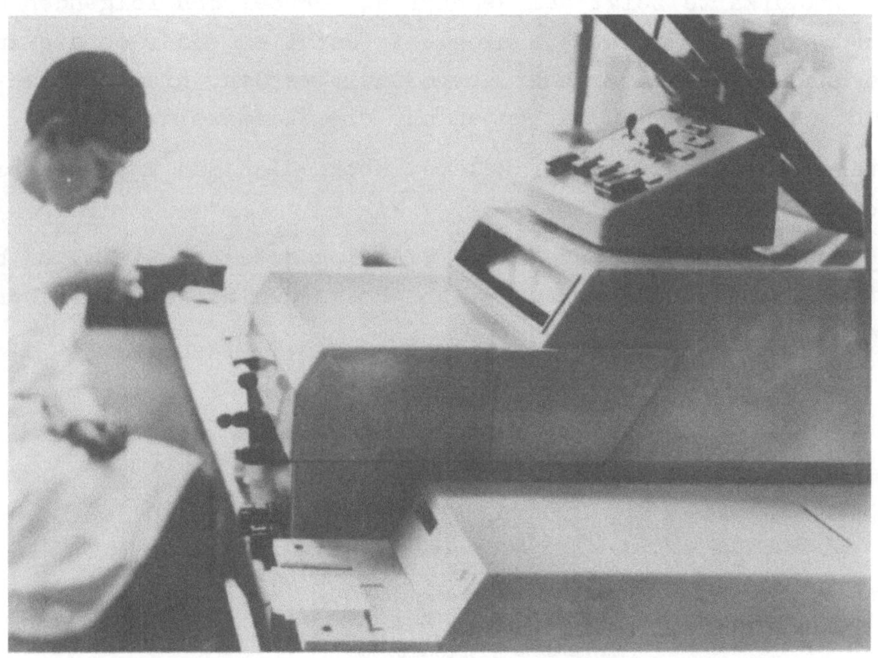

Abb. 1 Arbeitsplatz mit Photometer, Beistellgerät und Kartenleser

Der einfache ursprünglich geplante Messvorgang würde folgendermassen aussehen: die Assistentin bringt die zu messende Probe in den
Strahlengang des Photometers und schiebt die zugehörige Identifizierungskarte in den Kartenleser. Sie wartet die Einstellung des
Photometers und des Schreibers ab und drückt die Taste zur Übernahme des Messwertes.

Diese Handhabung wird den vielfältigen Messvorgängen am Photometer
nicht gerecht, denn

1.) können von einem Patienten für eine Analyse mehrere Messungen
anfallen. In diesem Fall müssten mehrere Lochkarten eingelesen
werden.

2.) gibt es Messvorgänge, bei denen zwei Serien derselben Patienten-
proben anfallen. In der ersten Serie werden z.B. alle Leerwerte
der Patientenseren bestimmt, während in der zweiten Serie von
den gleichen Proben in der gleichen Reihenfolge die Messwerte
erstellt werden. Die Identifizierungskarten müssen dann nochmals eingelesen werden.

Zur Anpassung an die verschiedenen Messvorgänge wird nun folgender
Weg beschritten:

Eine Vorlaufkarte zeigt dem Rechner an, ob bei den folgenden Messungen pro Karte 1, 2 oder 3 Analogwerte anfallen, oder ob die Analogwerte ohne Karte dem Rechner übermittelt werden. Die Assistentin
braucht dann für jeden Patienten nur eine Karte einzulesen.

Die Variationsbreite dieser Methode möchte ich nun an 2 Beispielen
erläutern:

<u>1. Beispiel</u>: Pro Patient fallen 3 Analogwerte an, wie z. B. bei der
Bromthaleinuntersuchung. Auf - Abb. 2 - sehen Sie das vorzuberei-
tende Kartendeck.

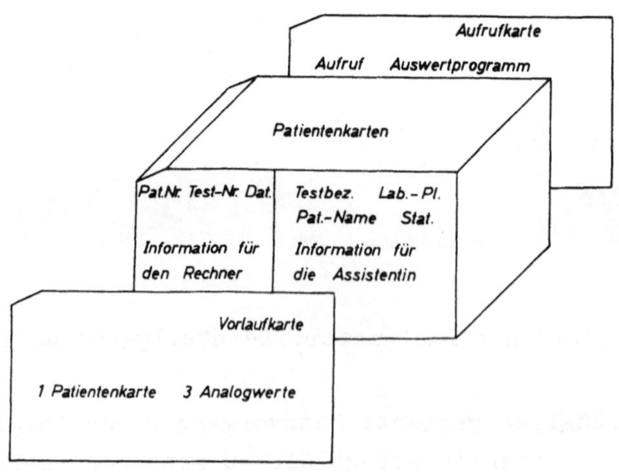

Abb. 2 Kartenfolge für Bromsulfthalein-Test

Als erstes kommt die Vorlaufkarte mit dem Hinweis, dass bei den folgenden Messungen pro Karte 3 Analogwerte anfallen. Dahinter liegen
die Patientenkarten, zum Schluss kommt die Karte zum Aufruf des Aus-

wertprogramms. Informationskarten können beliebig eingeschoben werden. Sie dienen z. B. dazu, dem Auswertprogramm anzuzeigen, dass ein
Messwert verloren gegangen ist und daher nicht ausgewertet werden
kann.
Ist die Vorlaufkarte eingelesen, kann mit der Messung begonnen werden. Nach Einstellung jedes Messwertes wird die Übernahme-Taste bedient. Die rote Kontrollampe am Beistellgerät leuchtet bei dem Messvorgang so lange auf, bis für einen Patienten sowohl eine Karte als
auch drei Analogwerte übernommen sind. Fehlt eine der vier zur Messung gehörenden Funktionen, bleibt der Rechner für weitere Karten
bzw. Analogwerte von dieser Einheit gesperrt.

<u>2. Beispiel</u>: Es werden 2 Messerien der gleichen Patientenproben
durchgeführt. Die Kartenfolge zeigt - Abb. 3 -.

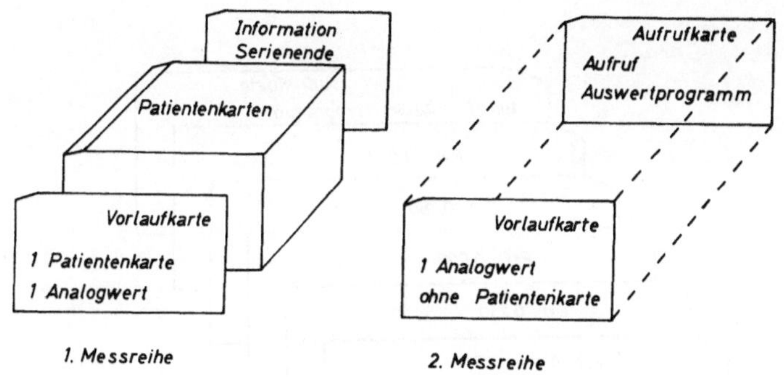

Abb. 3   Kartenfolge für Serienmessungen

Als erstes kommt eine Vorlaufkarte, die angibt, wieviel Analogwerte
pro Identifizierungskarte anfallen. Hinter den Patientenkarten
folgt eine Informationskarte, um das Serienende zu kennzeichnen.
Auch in diesem Fall können Informationskarten beliebig eingeschoben
werden.
Zu Beginn der zweiten Messerie erscheint eine zweite Vorlaufkarte
mit der Anzeige, wieviel Analogwerte pro Patient übernommen werden
sollen, ohne dass eine Karte gelesen wird. Während dieser Serie
sperrt der Rechner das Einlesen von Patientenkarten an dieser Ein-

heit. Nur Informationskarten und die Karte zum Aufruf des Auswert-
programmes werden übernommen.
Mit Hilfe der verschiedenen Vorlaufkarten können die Messprobleme
am Photometer individuell je nach Methode gelöst werden.

Die am Rechner ankommenden Messwerte und Patientendaten werden als
Rohdaten gespeichert und dann ausgewertet, wenn das Programm durch
die Aufrufkarte aufgerufen ist. Die Ergebnisse erscheinen auf der
Laborschreibmaschine, wobei pathologische Werte rot ausgedruckt
sind. Nach Kontrolle des Ausdrucks durch den Arzt geschieht die
Freigabe über eine 1816-Schreibmaschine, wobei gleichzeitig ungül-
tige Werte gelöscht werden.

Zur Umrechnung der Rohdaten in die zugehörigen Messergebnisse benötigt der Rechner Eichwerte. Hierzu werden bei der jeden Morgen
durchgeführten Justierung des Photometers und des Schreibers die
Einstellungen der Eichwerte dem Auswertprogramm mitgeteilt. Die zugehörige Kartenfolge sehen Sie auf - Abb. 4 -.

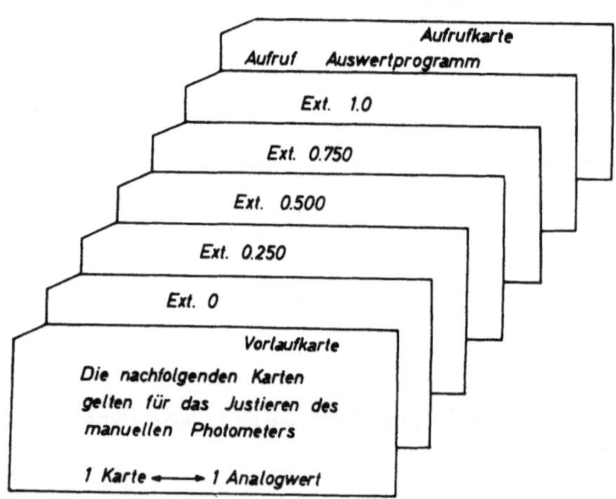

Abb. 4 Justieren des manuellen Photometers

Zum Abschluss des Justiervorganges wird das Auswertprogramm aufgerufen, das die Eichwerte kontrolliert und für den Tag zugriffbereit
speichert.

Die Messwerte können in zwei Extinktionsbereichen anfallen: entweder im Bereich von 0.0 bis 1.0 oder von 1.0 bis 2.0 . Da für das
Auswertprogramm bisher keine Möglichkeit besteht, die beiden Berei-

che zu unterscheiden, werden die Schreiber der Photometer dahin-
gehend umgebaut, dass bei Bereichsumschaltung die Spannung am Folgepotentiometer umgepolt wird. Auf diese Weise werden die Werte, die
im Extinktionsbereich von 1.0 bis 2.0 liegen, negativ und können
von den Werten, die zwischen 0.0 und 1.0 liegen, unterschieden werden.

Die Datenerfassungsprogramme für die manuellen Photometer sind identisch. Es ist vorgesehen, die Auswertprogramme auch so zu organisie-
ren, dass bei Ausfall eines Photometers die Messung auf einem anderen vorgenommen werden kann. Da zudem nicht alle Photometer gleich
gut ausgelastet sind, besteht dann die Möglichkeit, bei Überlastung
eines Arbeitsplatzes auf einen anderen auszuweichen.

Die Zuordnung zwischen Patientenprobe und zugehöriger Identitäts-
karte liegt in Händen der Assistentin. Hier liegt noch eine Fehlermöglichkeit, die wir vermeiden können, wenn die Entwicklung einer
positiven Identifizierung abgeschlossen ist.

ON-LINE PROBENVERARBEITUNG BEI "MANUELLER ANALYSENTECHNIK"
Teil 2. Einsatz von manuellen Photometern mit Wechselautomatik

E. Meister

Die Untersuchung von Enzymaktivitäten erfordert eine mehrfache Messung der Extinktion in definierten Zeitabständen.

Bei der Benützung eines manuellen Photometers in Standardausrüstung müssen sämtliche Probenküvetten einer Serie nacheinander von Hand in den Küvettenhalter eingesetzt und die Küvette mit Handbedienung in die Messtrahlung gebracht werden. Danach müssen diese Küvetten wieder herausgenommen und möglichst in thermostatisierte Küvettenträger zurückgesetzt werden. Ausserdem ist es nicht immer möglich, den vorgegebenen Zeitabstand exakt einzuhalten.

Eine starke Reduzierung der manuellen Bedienungsarbeit bei gleichzeitig exakter Vorgabe der Zeitabstände zwischen 2 Messungen bringt der Einbau der Wechselautomatik in das manuelle Photometer. Anstelle des 3-fach Küvettenhalters für Handverschiebung wird das Gerät mit einem Verschiebeschlitten mit 6-fach Küvettenhalter ausgerüstet - Abb. 1 -. In festgelegter Schrittfolge werden diese 6 Küvetten von einem Antriebsmechanismus in den Strahlengang des Photometers gebracht.

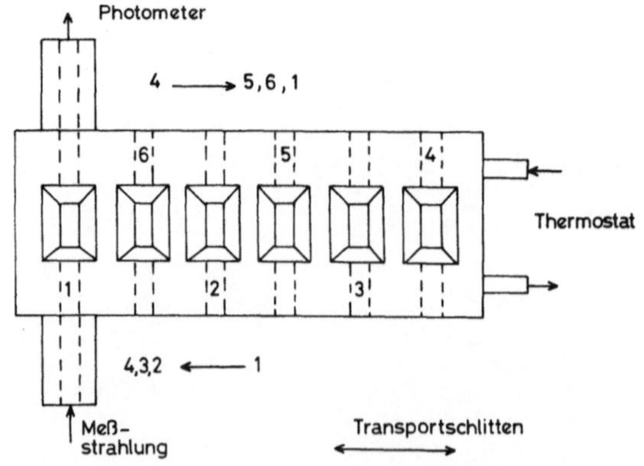

Abb. 1 Wechselschlitten mit 6-fach Küvettenhalter

Diese Schrittsteuerung wird von einer Steuereinheit vorgenommen,
die in vorwählbaren Zeitabständen den nächsten Schritt auslöst und
damit die nächste Küvette in den Messtrahl bringt. Die Steuereinheit befindet sich im angeschlossenen Kompensationsschreiber.

Durch geeignete Auswahl von Registrierlänge und Papiervorschub wird
die Verweilzeit einer Küvette in Messposition bestimmt - Abb. 2 -.

Papier- vorschub	Impulsfolge = Verweilzeit/ Küvette. Registrierlänge		Gesamtdurchlaufzeit des Küvettenhalters. Registrierlänge	
	0,1 cm	0,5 cm	0,1 cm	0,5 cm
(cm/min)	(sec)	(sec)	(min)	(min)
0,01	600	3000	60	300
0,02	300	1500	30	150
0,05	120	600	12	60
0,1	60	300	6	30
0,2	30	150	3	15
0,5	12	60	1,2	6
1,0	6	30	0,6	3
2,0	3	15	0,3	1,5
5,0	--^{x}	6	--	0,6
10,0	--^{x}	3	--	0,3

Abb. 2   Tabelle der Verweilzeiten in Abhängigkeit von
Papiervorschub und Registrierlänge

Bei vorgegebener Untersuchungszeit ist damit auch die Gesamtzahl
der Wechsel festgelegt. Diese Zahl wird an einem ebenfalls im Kompensationsschreiber untergebrachten Zähler vorgewählt. Bei 2 Durchläufen wird die Zahl 12, bei 3 Durchläufen die Zahl 18 eingestellt,
usw. Nach Ablauf dieser Zahl von Schritten wird der Messvorgang automatisch abgebrochen und das Gerät stillgesetzt.
Bei gleichem Papiervorschub ändert sich die Steigung der Verbin-
dungslinie zwischen den einzelnen einer Probe vorgeordneten Teilstük-
ken nicht - Abb. 3 -. Bei kleiner Registrierlänge ist die Zahl der
nötigen Wechsel grösser und ergibt für die Bestimmung der Extinktionsänderung eine grössere Anzahl dafür aber kürzere Teilstücke.

Bei den Messungen kann es vorkommen, dass ein Messbereich nicht aus-
reicht. Hier bringt die im Kompensationsschreiber eingebaute automa-

tische Messbereichsumschaltung zwischen den Messbereichen E = 0 - 1
und E = 1 - 2 Hilfe. Man kann dies auf dem Registrierstreifen daran
erkennen, dass die geschriebene Kurve die Linie E = 0 unterschreitet,
bzw. E = 1 überschreitet - Abb. 4 -.

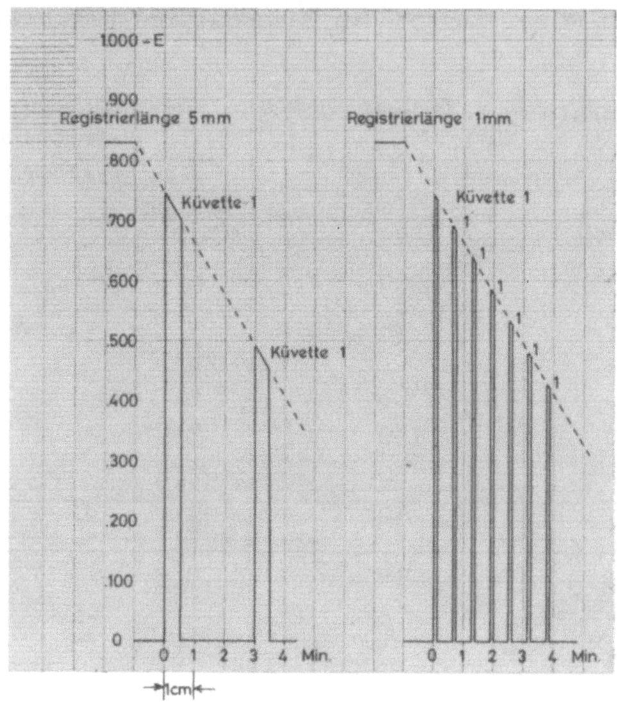

Abb. 3   Schematisiertes Registrierprotokoll für eine
Küvette bei verschiedener Registrierlänge

Wie bei den meisten anderen Analysengeräten enthält auch hier der
Kompensationsschreiber ein Folgepotentiometer, an dem der Rechner
den momentanen Ausschlag des Schreibers abgreifen kann. Das linke
Skalenende des Schreibers entspricht dabei 0 V Messpannung, das rechte Skalenende 5 V Messpannung. Den Messbereich erkennt der Rechner
an der Polung der Spannung. Bei Messbereich E = 0 - 1 ist der Ausschlag des Schreibers proportional 0 - + 5 V bei E = 1 - 2 ist der
Ausschlag proportional 0 - - 5 V. Die automatische Messbereichsumschaltung polt gleichzeitig auch die Speisespannung für das Folgepotentiometer um, sodass bezüglich Messbereich eine eindeutige Zuordnung besteht.

Etwas kritischer ist der Zeitpunkt der Messwertübernahme. Da die Kü-
vettenverweilzeit in Messposition in weiten Grenzen variiert werden

kann, vom Rechner aus aber aus Kostengründen diese vorgewählten Werte nicht ausgelesen werden können, muss von der kürzesten angewendeten Verweildauer ausgegangen werden - Abb. 5 -.

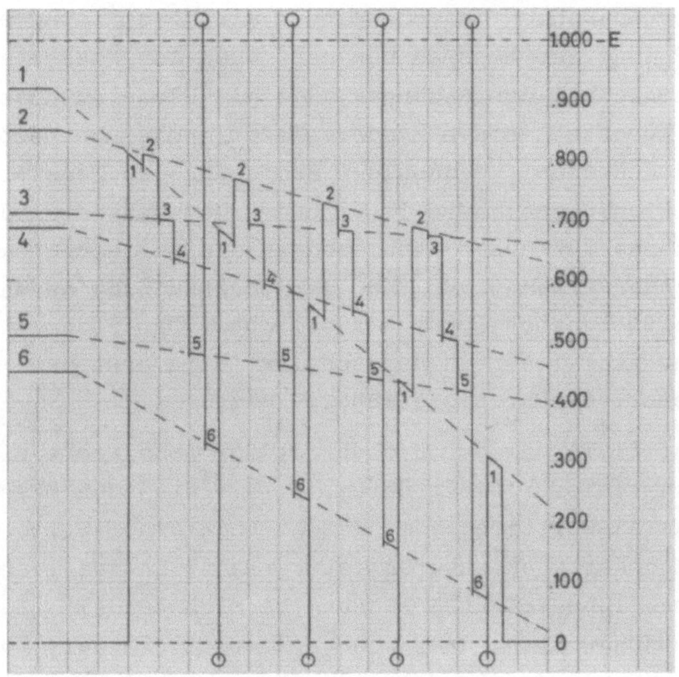

Abb. 4 Schematisiertes Registrierprotokoll, das bei Benutzung des 6-fach Küvettenwechselautomaten entsteht

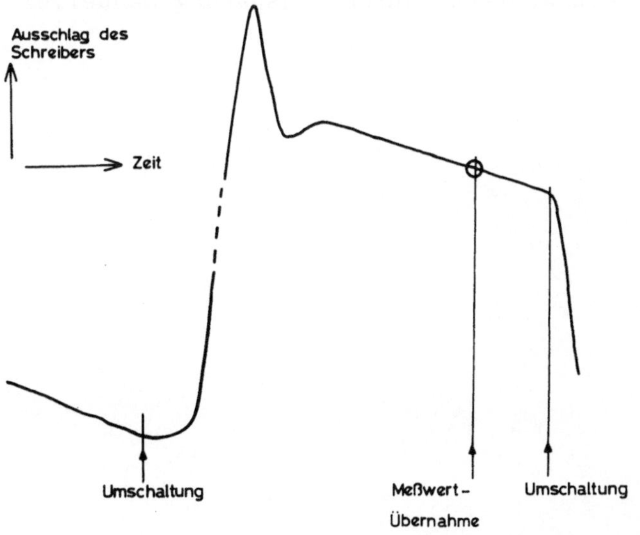

Abb. 5 Küvettenwechsel und Messwertübernahme

Der Rechner bekommt von der Steuereinheit den Startimpuls übermittelt
und startet seinerseits einen Zeitgeber, der die Zeit des Küvetten-
wechsels und die Einstellzeit des Kompensationsschreibers eventuell
mit Messbereichsumschaltung überdeckt. Sobald diese Zeit abgelaufen
ist, wird der Ausschlag des Schreibers als Messpannung eingelesen.
Aus der Polung der Messpannung geht auch der Messbereich hervor.
Zur Synchronisierung des Rechners gibt die Steuerautomatik bei Ein-
stellen der Küvette 1 einen Synchronisierimpuls über eine besondere
Leitung an den Rechner, sodass die Zuordnung der Messwerte zu den
Küvettenpositionen gesichert ist. Zu den Messwerten wird jeweils
auch die interne Uhr ausgelesen, sodass die Zeitachse exakt fixiert
ist. Der Rechner erkennt das Ende der Untersuchung daran, dass die
Folge-Messwertübernahme-Impulse ausbleiben. Der Rechner stellt daraufhin seine Aktivität ein und schaltet sich erst dann wieder ein,
sobald der erste Synchronisierimpuls kommt.

Für die Identifizierung der Proben ist für jede Probe eine Lochkarte
in den Lochkartenleser einzuführen, d. h. für jeden Messzyklus
6 Karten. Das Auswerteprogramm, das am Ende einer Serie mit einer
speziellen Lochkarte aufzurufen ist, erkennt an der Testnummer in
der Karte um welche Art Untersuchung es sich handelt. Bei nötig wer-
denden Verdünnungen kann dem Rechner über eine andere Lochkarte mitgeteilt werden, wie er die folgenden Messergebnisse zu interpretieren hat.

Zusammenfassend lässt sich sagen, dass das manuelle Photometer mit
Wechselautomatik für die Messung von Enzymaktivitäten einen recht
hohen Rationalisierungseffekt durch Einsparung manueller Bedienungsarbeit erbringt.

MARKIERUNGSBOGEN IN DOPPELTER FUNKTION ALS LABORARBEITSLISTE
UND ZUR EINGABE VON OFF-LINE-ERGEBNISSEN
AUS DEM SOGENANNTEN KLINISCHEN LABORATORIUM

A. Porth und W. Schostak

Mit vollmechanisierten Analysengeräten und teilmechanisierten photo-
metrischen Messverfahren erstellte Testergebnisse gelangen direkt
("on-line") in den Rechner. Ein kleinerer Teil von Untersuchungsmethoden bleibt übrig, deren Resultate auf "konventionelle" Weise
"off-line" in den Computer eingegeben werden müssen. Es handelt
sich um qualitative klinisch-chemische Methoden mit 2 - 5 Resultatangaben, um einfache chemische, visuell beurteilte und um mikroskopische Untersuchungen, aber auch um einige quantitative Tests.(Hierzu gehören polarimetrische Urinzuckerbestimmungen, die Urin-Dia-
stase und seltenere, z. B. auch photometrische Untersuchungen, bei
denen sich der Aufwand einer Prozessprogrammierung nicht lohnt.)
Hier stellt sich die Aufgabe, die Laborergebnisse in das Gesamtkon-
zept aufzunehmen, damit sie mit den anderen Resultaten im Computer-
ausdruck der Fieberkurve erscheinen und (abrufbar) gespeichert werden können.

1. Ist- und Sollzustand der Befunderstellung und -übermittlung im
   klinischen Laboratorium

   Zielsetzung und Vorüberlegungen

Bisher wurden Anforderungen für qualitative Urin-, Sputum- und
Stuhluntersuchungen in sogenannte "Laborbücher" auf der Station eingetragen und diese mit dem Untersuchungsmaterial dem Laboratorium
übergeben. Hier wurden Anforderungen und Ergebnisse auf einem Ar-
beitszettel notiert, dann in das Buch und von der Schwester in die
Fieberkurve - also zweimal handschriftlich - übertragen. Diese Arbeitsgänge müssen rationalisiert, mögliche Fehlerquellen bei der
Befundanforderung und der Übermittlung der Ergebnisse eliminiert
werden.

Um die Ergebnisse des sogenannten klinischen Laboratoriums auf Lochkarten zu übertragen und sie wie alle anderen off-line Resultate in
den Rechner einzugeben, fallen folgende Arbeitsgänge an: qualitative
und z. T. auch quantitative Testergebnisse sind zu codieren und in
Ablochbelege einzutragen, anschliessend müssen Locherinnen die entsprechenden Daten auf Lochkarten übertragen und prüfen. Da dem Rechner das Testresultat mittels Patientennummer, Testnummer, Datum und
Testergebnis (d. h. nur in Form von Zahlen) eingegeben wird, besteht
eine grössere Fehlermöglichkeit beim Schreiben und Lochen unpersön-
licher Ziffern als die bisher üblichen 1 % (reine Übertragungsfeh-
ler). Diese Überlegungen und der Mangel an Locherinnen zwingen zu
einer anderen Lösung. Es gilt die Zahl der Testergebnisse, die auf
die eben beschriebene Art in den Computer gelangen, so klein wie
möglich zu halten, zumal auf die off-line Eingabe bei Störung des
on-line Datenflusses ausgewichen werden muss. (Hierzu und zur Eingabe von off-line Ergebnissen mittels vorbereiteter Lochkarten siehe
die Beiträge von ALLNER und KNODEL, PORTH, REUSCH.)

Unsere Lösung:

Da die meisten Testanforderungen am Abend vor der Analyse über den
Diagnostik-Verordnungsbogen dem Rechner eingegeben werden, bieten
sich vorbereitete, mit Patientendaten und Testbezeichnungen versehene Markierungsbögen - sortiert und gestapelt - an Stelle der Arbeitslisten für das klinische Laboratorium an. Ein grosser Teil der
off-line anfallenden Ergebnisse sind qualitative Tests, sie lassen
sich über einen Markierungsbogen dem Rechner eingeben. Da nur wenige
Markierungsstellen pro Test benötigt werden, können in übersichtlicher Form viele Tests auf einem Bogen untergebracht werden.
Der zu diesem Zweck entwickelte Markierungsbogen erfüllt eine dop-
pelte Funktion: Er ist

      1. Arbeitsliste und zugleich
      2. Ergebnisbogen.

Im "Kopf" erscheinen Name, Station und Patientennummer in Klarschrift, damit die medizinisch-technische Assistentin diese Angaben
mit denen auf dem Kleber der Untersuchungsproben vergleichen kann.
Ausserdem wird in einem dafür vorgesehenen Feld die Patientennummer
per Drucker vormarkiert - Abb. 1 -, diese Arbeit entfällt also nicht
auf das Laborpersonal. Mit einem Sternchen (*) kennzeichnet der
Rechner (in einer schwach getönten Spalte vor der Testbezeichnung),
welcher Test von der Station aus angefordert wird - Abb. 2 -. Pro

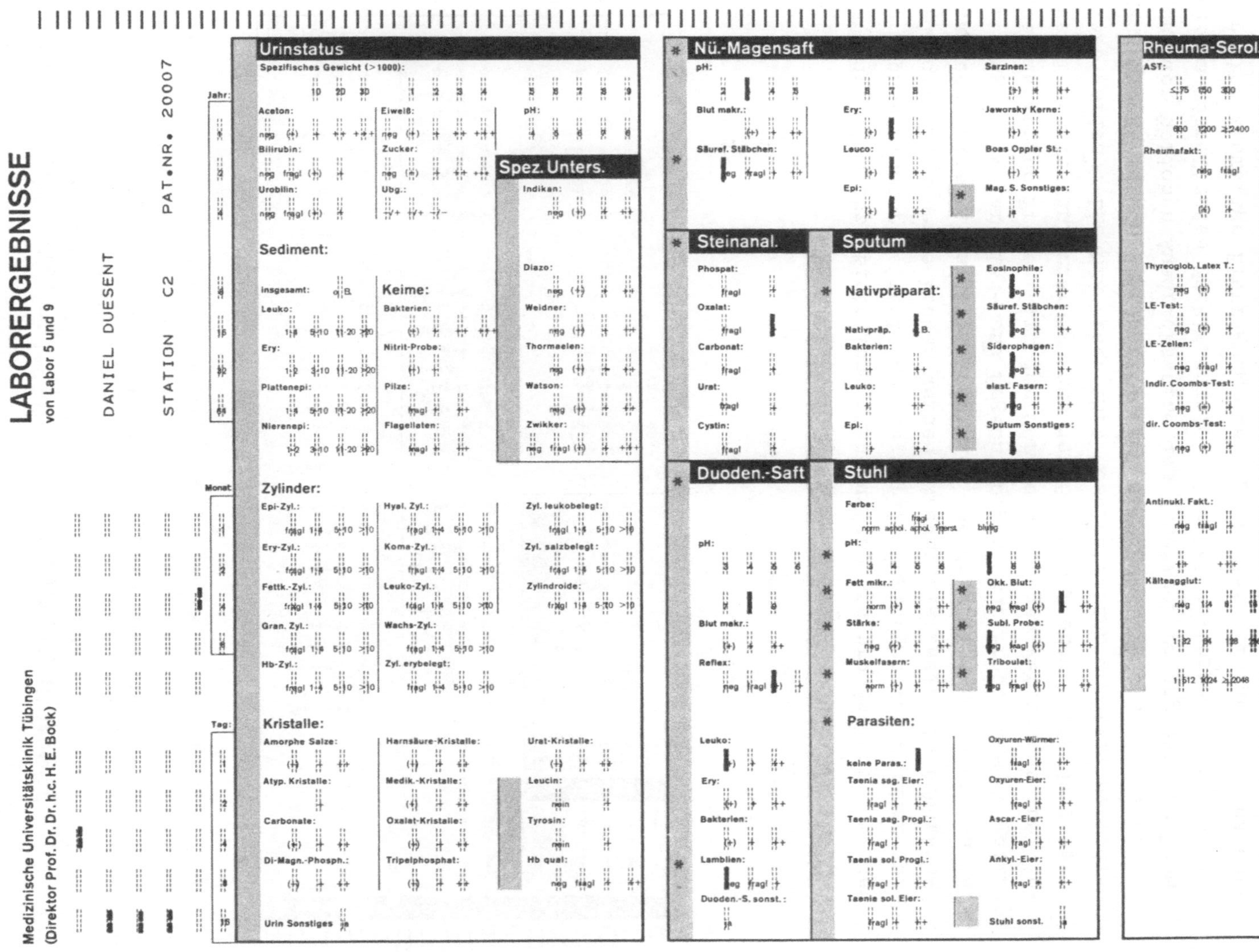

LABORERGEBNISSE
von Labor 5 und 9
DANIEL DUESENT
STATION C2   PAT.NR. 20007
Medizinische Universitätsklinik Tübingen
(Direktor Prof. Dr. Dr. h.c. H. E. Bock)
Urinstatus
Spezifisches Gewicht (>1000):
Aceton:
Bilirubin:
Urobilin:
Eiweiß:
Zucker:
Ubg.:
pH:
Sediment:
Insgesamt:
Leuko:
Ery:
Plattenepi:
Nierenepi:
Keime:
Bakterien:
Nitrit-Probe:
Pilze:
Flagellaten:
Spez. Unters.
Indikan:
Diazo:
Weidner:
Thormaelen:
Watson:
Zwikker:
Zylinder:
Epi-Zyl.:
Ery-Zyl.:
Fettk.-Zyl.:
Gran. Zyl.:
Hb-Zyl.:
Hyal. Zyl.:
Koma-Zyl.:
Leuko-Zyl.:
Wachs-Zyl.:
Zyl. erybelegt:
Zyl. leukobelegt:
Zyl. salzbelegt:
Zylindroide:
Kristalle:
Amorphe Salze:
Atyp. Kristalle:
Carbonate:
Di-Magn.-Phosph.:
Harnsäure-Kristalle:
Medik.-Kristalle:
Oxalat-Kristalle:
Tripelphosphat:
Urat-Kristalle:
Leucin:
Tyrosin:
Hb qual:
Urin Sonstiges
Nü.-Magensaft
pH:
Blut makr.:
Säuref. Stäbchen:
Ery:
Leuco:
Epi:
Sarzinen:
Jaworsky Kerne:
Boas Oppler St.:
Mag. S. Sonstiges:
Steinanal.
Phospat:
Oxalat:
Carbonat:
Urat:
Cystin:
Sputum
Nativpräparat:
Nativpräp.
Bakterien:
Leuko:
Epi:
Eosinophile:
Säuref. Stäbchen:
Siderophagen:
elast. Fasern:
Sputum Sonstiges:
Duoden.-Saft
pH:
Blut makr.:
Reflex:
Leuko:
Ery:
Bakterien:
Lamblien:
Duoden.-S. sonst.:
Stuhl
Farbe:
pH:
Fett mikr.:
Stärke:
Muskelfasern:
Okk. Blut:
Subl. Probe:
Triboulet:
Parasiten:
keine Paras.:
Taenia sag. Eier:
Taenia sag. Progl.:
Taenia sol. Progl.:
Taenia sol. Eier:
Oxyuren-Würmer:
Oxyuren-Eier:
Ascar.-Eier:
Ankyl.-Eier:
Stuhl sonst.
Rheuma-Serol.
AST:
Rheumafakt:
Thyreoglob. Latex T.:
LE-Test:
LE-Zellen:
Indir. Coombs-Test:
dir. Coombs-Test:
Antinukl. Fakt.:
Kälteagglut:
Jahr:
Monat:
Tag:

Abb. 1

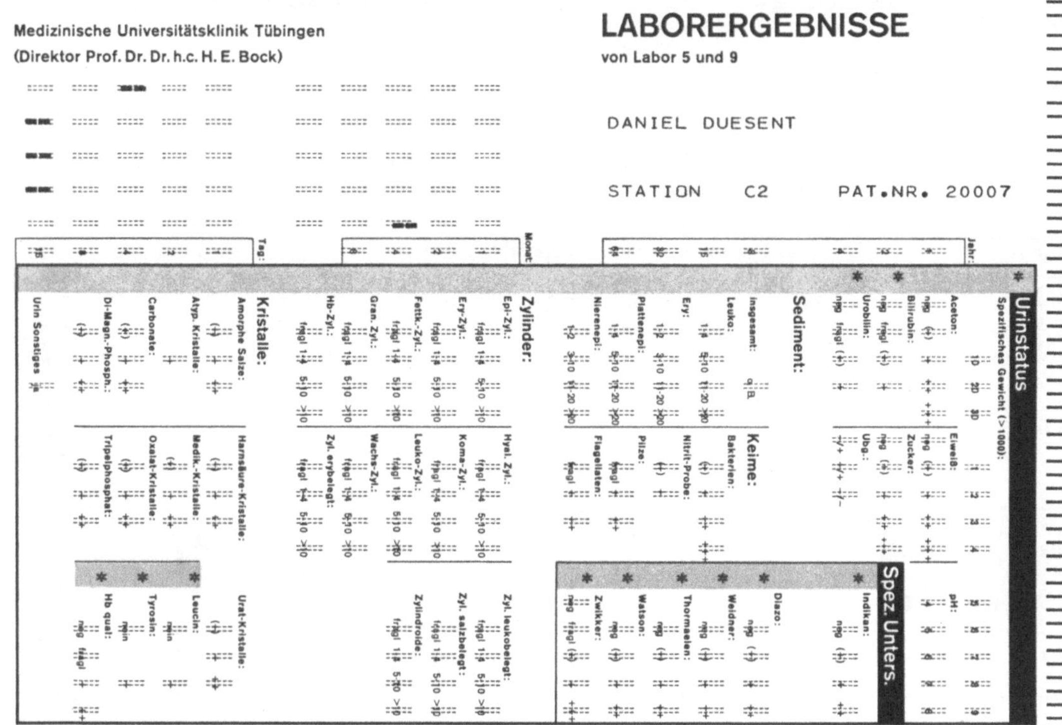

Abb. 2

Laborarbeitsplatz (Einteilung siehe unten) und pro Patient   werden
in alphabetischer Reihenfolge die Markierungsbögen vom Rechner ausgedruckt. Eingehende Proben werden zweckmässigerweise im Laboratorium ebenfalls alphabetisch geordnet, so dass die Zuordnung von Markierungsbeleg (Arbeits- und Ergebnisbogen) zur Probe mühelos gelingt
(bei fehlenden Proben wird der Markierungsbogen vernichtet, bei zusätzlicher Testanforderung kann der Bogenkopf ebenso von Hand markiert werden). Die MTA trägt ihre Resultate ohne zusätzliche Codie-
rung direkt auf dem Bogen ein. Die Testergebnisse sind in genorm-
ter, der üblichen Ausdrucksweise des Untersuchers angepasster Form
in dem betreffenden Markierungsfeld des Belegs vorgedruckt. Es ist
nur eine einmalige Eintragung des Ergebnisses erforderlich, es entfällt das handschriftliche Übertragen in Stations- und Laborbücher
und die Fieberkurve. Eine Locherin wird für diesen Arbeitsgang nicht
benötigt.

2. Aufbau des Markierungsbogens für das klinische Laboratorium

Der Anforderungs- und Ergebnisbogen wird im Querformat benutzt, um
a) im Schnelldrucker eine möglichst kurze Druckzeit für die Testanforderungen zu erzielen,

b) bei der Programmierung (für das Bedrucken) die Gegebenheiten am
   Computer optimal ausnutzen zu können,

c) im Laboratorium beim Eintragen der Ergebnisse durch Strichmarkierungen handlich arbeiten zu können.

Der Schnelldrucker muss ausser den 5 Zeilen des Kopfes nur maximal
3 Zeilen für die Sternchen-Markierung pro Arbeitsplatz anspringen.
Bei der Queranordnung der Testbezeichnung ist die senkrechte Strich-
führung beim Markieren für die Hand günstiger als eine waagrechte.
Es war möglich, alle Tests auf einem Bogen zusammenzufassen, so dass
mehrmaliges Umspannen des Papiers am Schnelldrucker entfällt. Sind
die Markierungsmöglichkeiten für die Resultatangaben im Querformat
angeordnet, so können bis zu 10 Markierungen pro "Wort" des Markierungsbogens anfallen. Bei Verwendung des IBM 1232-Markierungslesers
- gekoppelt mit dem IBM 534-Kartenlocher - ist deshalb eine ver-
stärkte Stanzeinheit nötig.

Für das Datum wurde aus Platzgründen eine binäre Verschlüsselung gewählt: die Zahl des jeweiligen Tages, Monats und Jahres ergibt sich
aus dem Anstreichen von Markierungspositionen der binären Basis,
also der geometrischen Folge 1, 2, 4, 8 ...., die addiert die jeweilige Zahl ergeben. Dieses Ergebnisdatum wird per Programm einer Prüfung auf Richtigkeit unterzogen, damit Falschmarkierungen rechtzeitig entdeckt werden und nicht zu fehlerhafter Speicherung führen.
Für Analysen, die an dem Tag ausgeführt werden, für den sie angefordert sind, ist eine Datumsmarkierung nicht notwendig. Hier setzt der
Computer das Tagesdatum ein. Die in Frage kommenden Tests werden
nach Laborarbeitsplätzen in 3 Gruppen zusammengefasst und graphisch
durch Umrahmung als zusammengehörig hervorgehoben:

1. qualitative, halbquantitative und mikroskopische Urinuntersuchungen,
2. qualitative und mikroskopische Untersuchungen des Sputums, Magen-
   und Duodenalsaftes, des Stuhles sowie von Konkrementen und

3. rheumaserologische Untersuchungen.

Am ersten Arbeitsplatz werden die qualitativen und halbquantitativen
Urinuntersuchungen, insbesondere der Urinstatus, durchgeführt. Auch
die quantitativen Angaben des spezifischen Gewichts und des pH-Wer-
tes lassen sich hier einfügen, da sie nur wenige Markierungsstellen
benötigen. Statt der beim Urinsediment bisher üblichen Angabe der
organisierten Sedimentbestandteile (Angabe der Zahl der Teilchen pro
Gesichtsfeld mit Schwankungsbereich) werden die Ergebnisse in Gruppen zusammengefasst und zwar

      (+) $\hat{=}$ fraglich oder schwach pathologisch

       + $\hat{=}$ pathologisch

     ++ $\hat{=}$ stark pathologisch.

Nicht angesprochene Sedimentbestandteile bedeuten, dass sie negativ
bzw. nicht nachweisbar sind. Damit konnten die Dateien kleiner gehalten werden; die Aussage ändert sich gegenüber bisherigen Gepflo-
genheiten nicht. Obwohl die Konzeption der Ergebnisausgabe eindeutig
gehalten ist, liegt für die Bewertung am Krankenbett auch ein Code
über die Bedeutung von z. B. (+), + , oder ++ bei jeder Probe vor.
Für die MTA ist der Text des Markierungsbogens in ihrer Sprache gehalten, der keine Erklärungen nötig macht (z. B. 1 - 4, 5 - 10,
11 - 20, 20 Leuko pro Gesichtsfeld, keine Markierung bei fehlenden
Leuko im Sediment).

Am zweiten Arbeitsplatz werden die qualitativen und mikroskopischen
Untersuchungen im Sputum, Magensaft, Duodenalsaft und Stuhl sowie
Steinanalyse zusammengefasst. Die Markierung "Sonstiges" (z. B.
Urin oder Sputum Sonstiges) gibt den Hinweis (der auch im Laborer-
gebnisbericht erscheint), dass weitere (ungewöhnliche) Ergebnisse
vorliegen, für die keine Testnummer vorhanden ist. Diese Befunde
werden handschriftlich übermittelt.

Am dritten Arbeitsplatz stehen rheumaserologische Untersuchungen an.
Auch Titerangaben, die nur relativ wenig Markierungsstellen nötig
machen, sind hier untergebracht.

3. Der Arbeitsablauf mit dem Markierungsbogen für das "klinische"Laboratorium

Das Bedrucken der Markierungsbögen geschieht am Abend während der
Vorbereitungsphase für den nächsten Laborarbeitstag - Abb. 3 -. Die
Bögen werden in der Reihenfolge der Laborarbeitsplätze mit Patientendaten und Anforderungssternchen versehen; für jeden Arbeitsplatz
sind sie alphabetisch nach Patientennamen geordnet.

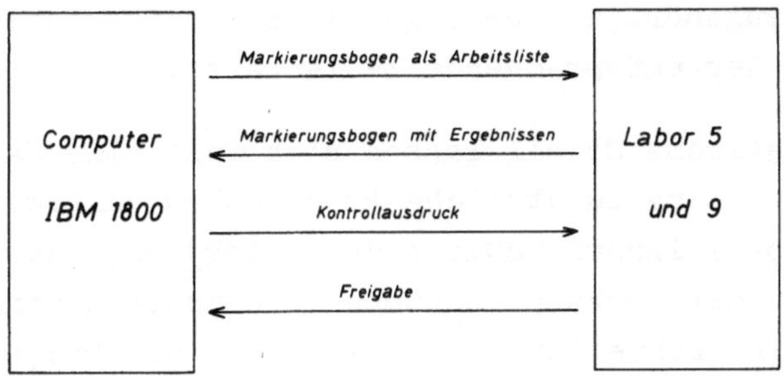

Abb. 3 Markierungsbogen als Laborarbeitsliste und Ergebnisbogen.
Informationsfluss und Arbeitsgang

Die medizinisch-technische Assistentin trägt die Untersuchungsergeb-
nisse und gegebenenfalls das Datum ein. Die ausgefüllten Markierungsbögen gelangen per Rohrpost in den Computerraum; dort werden
(mit der an den Markierungsleser angeschlossenen Stanzeinheit) Lochkarten erstellt und in den Rechner eingelesen. Da wegen der Queranordnung des Markierungsbogens eine formale Fehlersuche im Markierungsleser nicht möglich ist, hat dies beim Einlesen in den Rechner
zu geschehen. In einem "Kontrollzyklusverfahren" wird jede Markierung auf formelle Fehler und auf richtige Kombination mit anderen
Positionen überprüft: alle möglichen Ergebnismarkierungsstellen sind
durchnumeriert und zu logischen "Markierungsgruppen" zusammengefasst
(z. B. Bilirubin neg., fragl. (+), +) mit den Eigenschaften
A) eine"Markierungsgruppe" besteht aus einem oder mehreren Elemen-
ten (Markierungsstellen).
B) Alle Elemente einer Gruppe schliessen sich gegenseitig aus (d.h.
von jeder Markierungsgruppe darf höchstens ein Element angestri-
chen sein).
C) Alle nicht benutzten (und somit nicht erlaubten) Markierungsstellen bilden die "leere Markierungsgruppe".
D) Jede Markierungsstelle gehört zu genau einer Markierungsgruppe.

Zu jeder dieser Stellen gehören 4 Kenngrössen, die in einer Tabelle
zusammengefasst sind und logische Verknüpfungen steuern.

1. Länge der "Markierungsgruppe", zu der dieses Element gehört
(= Anzahl der Markierungsstellen),
2. Markierungsnummer des nächsten Gruppenelements (z. B. bei Bilirubin neg. steht die Nummer von Bilirubin fragl., beim
letzten Element steht die des ersten),
3. Testnummer (hier von Bilirubin im Urin),

4. Code des zugehörigen Testergebnisses (bei quantitativen Ergebnissen der entsprechende Zahlenwert).

In dieses mathematische Modell lassen sich fast alle Markierungsstellen einordnen. Eine zusätzliche Programmbehandlung ist nur bei wenigen (z. B. spezifisches Gewicht des Urins) erforderlich. Die Redundanzen, die in der Verknüpfungstabelle enthalten sind, werden ausgenutzt, um eine schnellere Bearbeitung in den Programmen zu gewährleisten.

Die gespeicherten Ergebnisse, die sich zunächst auf einem Zwischenspeicher befinden, sind an Hand eines Kontrollausdruckes zu überprüfen. Bei Falschmarkierungen unterbleibt die Speicherung des gesamten Bogens, die fehlerhaften Markierungen werden ausgedruckt und die eben gelesene Lochkarte steuert der Computer aus. Der betreffende Markierungsbogen wird zur Korrektur ins Labor zurückgeschickt. Nach Kontrolle der aufgelisteten Ergebnisse erfolgt über eine Schreibmaschinentastatur IBM 1816 die Freigabe der Untersuchungsresultate - den on-line Ergebnissen vergleichbar, d. h. sie werden vom Zwischenspeicher in die Tagestestergebnisdatei umgespeichert. Die Ergebnisse erscheinen dann - wie alle übrigen - in dem fieberkurvengerechten Laborergebnisausdruck.
Diese zusätzliche Sicherung durch Freigabe erscheint uns notwendig, um auch hierbei die Speicherung von falschen, aber formal richtigen Resultaten verhindern zu können.
Der Kontrollausdruck der Ergebnisse wird im Labor abgeheftet und kann - wie ein Laborbuch - zum Nachschlagen benutzt werden.

Die Umstellung von dem bisherigen System auf Markierungsbögen als kombinierte Arbeits- und Ergebnislisten liess sich rasch durchführen. Das jetzige Verfahren spart Zeit, eliminiert Fehler, befreit von Schreibarbeit und wird von den medizinisch-technischen Assistentinnen als echte Erleichterung empfunden und vorbehaltlos akzeptiert.

STATIONSBERICHT, FIEBERKURVE "TÜBINGEN"

W. Knodel, H. Ludwig und M. Eggstein

"Durch die Fieberkurve unterrichtet sich der Arzt rasch über Art u.
Verlauf des Fiebers und über die Notwendigkeit gewisser therapeuti-
scher Massnahmen". So kann es dem Brockhaus entnommen werden.

Dem Universitätsarchiv verdanken wir eine dieser Definition entsprechende Kurve. Sie stammt aus dem Jahr 1905 - Abb. 1 -. Heute ergeben die Registrierung diagnostischer Eingriffe, die Eintragung von
Laborergebnissen und anderen Messdaten sowie der Therapie häufig ein
nur mit Mühe überschaubares Bild - Abb. 2 -.

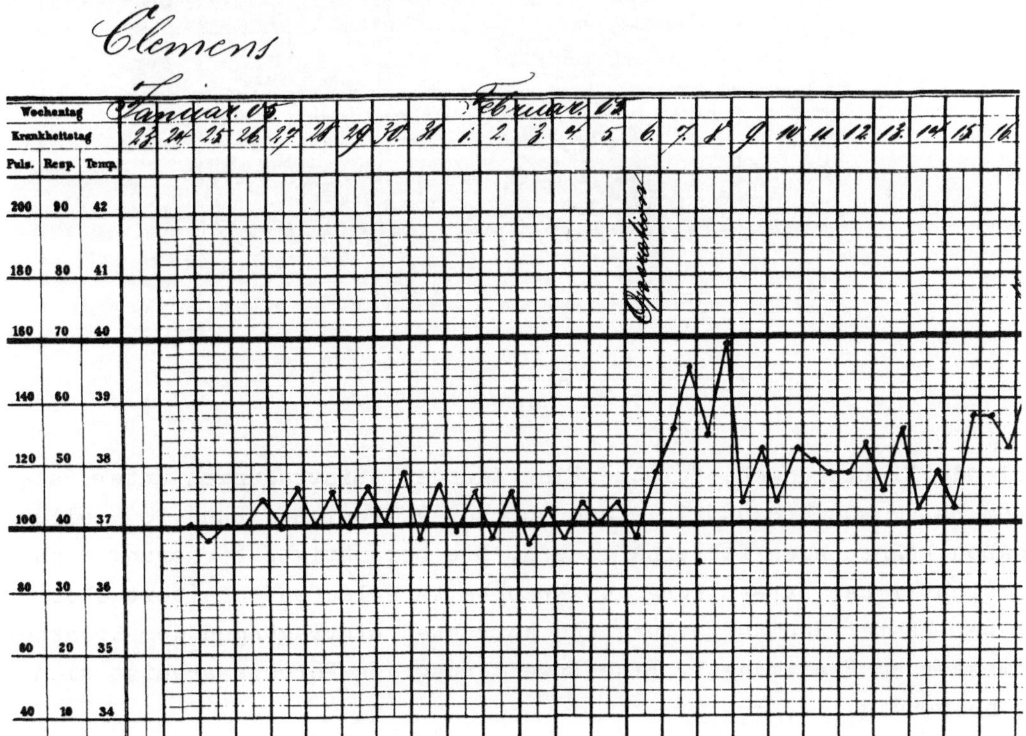

Abb. 1

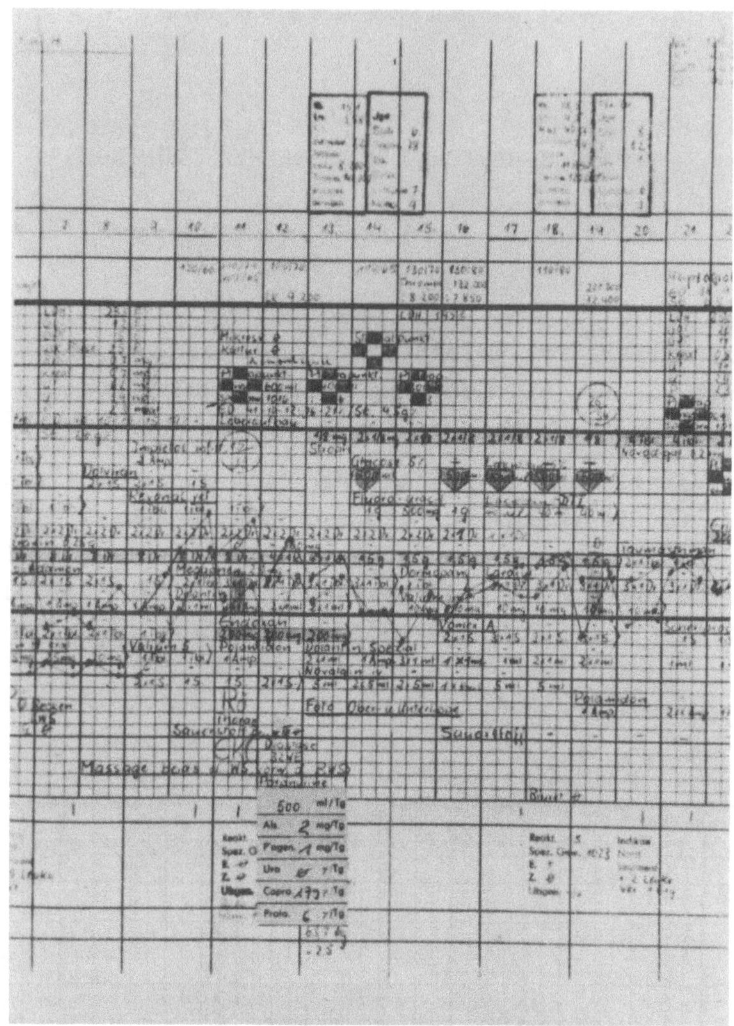

Abb. 2

Fehlende Eintragungen, falsche Eintragungen, Eintragungen unter fal-
schem Datum wundern uns in einem solchen Fall nicht. Rund 10 % aller
Angaben können hier fehlerhaft sein. Die berechtigte Forderung nach
übersichtlicher Darstellung von Krankheitsverläufen scheitert aber
oft bei bester Raumaufteilung und korrekten Eintragungen der Krankenschwester am Platzmangel. Eine Erweiterung des Formats erweist sich
als notwendig.

In Zusammenarbeit mit KENZELMANN entschlossen wir uns zu einer Zwei-
teilung und zu buchförmig geordneten Blättern mit Eintragungsmög -
lichkeiten für eine Woche.

Die obere Hälfte (DIN A 4) bleibt der Schwester vorbehalten für Eintragungen von Vitalwerten wie Puls, Temperatur, Atemfrequenz sowie der Therapie.
In der unteren Hälfte, ebenfalls DIN A 4, ist der über Schnelldrukker erstellte Laborbericht eingefügt. Die angefallenen Ergebnisse sind den Tagesspalten adaptiert, sodass sie sich schuppenförmig übereinanderlegen lassen - Abb. 3 -.

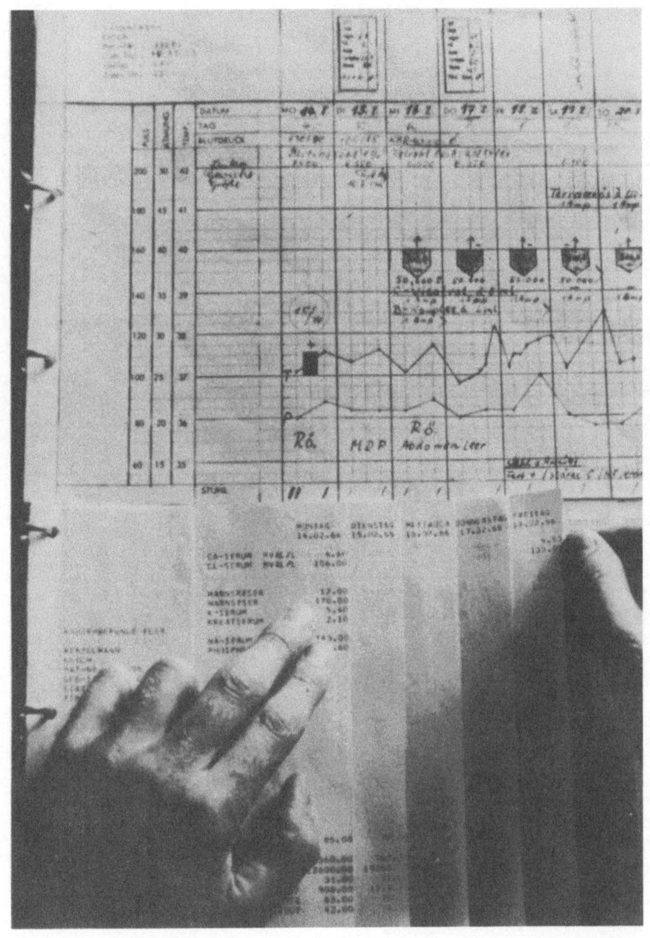

Abb. 3

Am Wochenende werden diese Schuppen durch einen zusammenfassenden Wochenbericht ersetzt und Fieberkurve wie Laborbericht auf die linke Seite geheftet. So lässt sich ein Verlauf von 14 Tagen übersehen.

Dieses Schuppensystem hat zwei Nachteile. Die Gliederung der Befunde wird von Tag zu Tag unübersichtlicher. Ergänzende Untersuchungen zu

- 148 -

bereits durchgeführten werden nachgeordnet. Sie lassen sich erst bei
der Erstellung des Wochenberichts in eine sinnvolle Reihenfolge
bringen. Ein weiterer Nachteil ist die Abhängigkeit des Papierfor-
mats vom Wochentag, der eine ständige Änderung an der Papierschnei-
demaschine notwendig macht und die saubere Einordnung in die Patien-

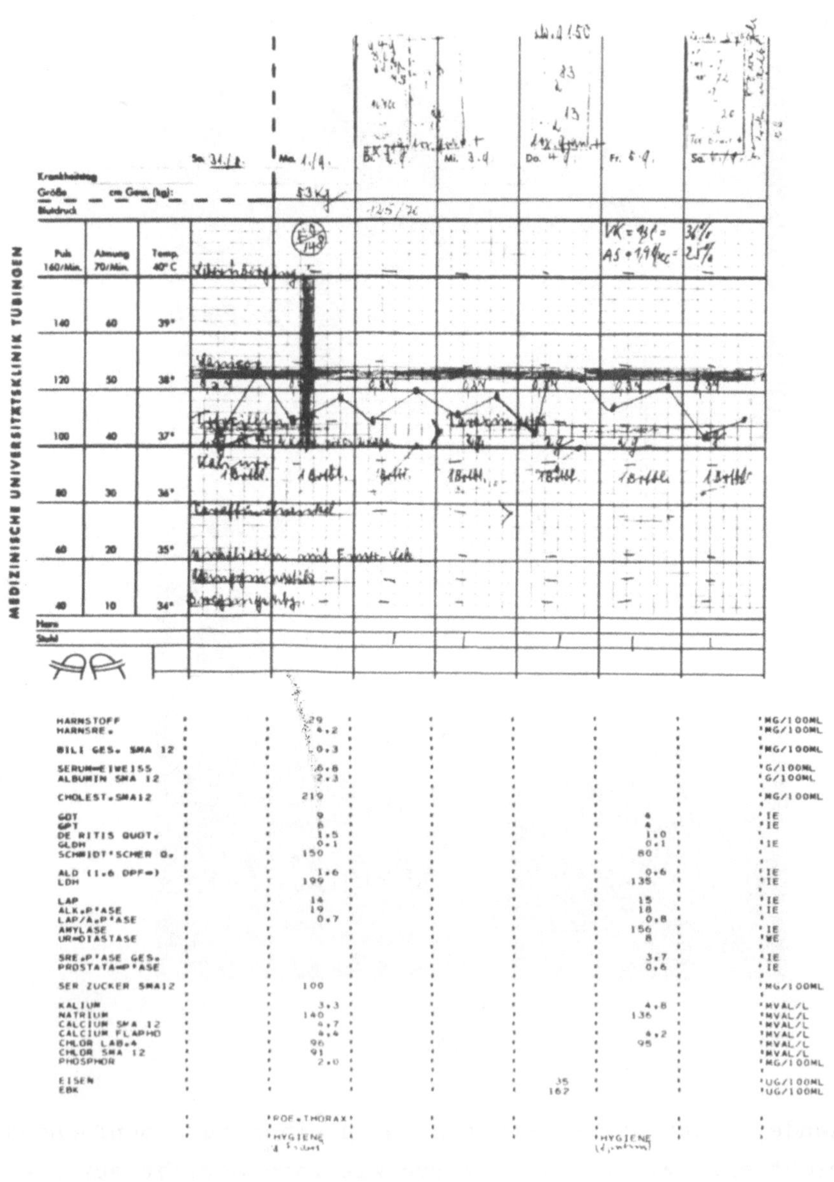

Abb. 4

tenmappe erschwert. Aus diesem Grund entschlossen wir uns, den alten
Laborbericht jeden Tag durch einen neuen zu ersetzen.
Er enthält nicht nur alle am Berichtstag angefallenen Befunde, son-
dern auch alle früher erhobenen. So lässt sich stets eine konstante
Sortierfolge einhalten - Abb. 4 -.

Die Sortierung trennt Untersuchungen mit qualitativem und quantita-
tivem Resultat von solchen, die einen gesonderten Befundbericht vom
Rechner verlangen wie etwa Röntgen oder EKG. Die letzteren Untersuchungen erfährt der Rechner über die Markierungen. Sie werden nur
mit dem Untersuchungsnamen im unteren Viertel des Laborberichts in
der entsprechenden Tagesspalte aufgeführt. Die Laborergebnisse sind
in Gruppen zusammengehörender Tests mit konstanter Gruppenfolge und
konstanter Reihenfolge innerhalb der Gruppe gegliedert. Jedes neue
Ergebnis besitzt eine Zuordnung. Auf diese Weise zeigt der Laborbericht ein optisch einheitlich zu überblickendes Bild.

Da der Laborbericht täglich erneuert wird und damit mögliche Eintragungen des Arztes in den Laborbericht, z. B. die Hervorhebung pathologischer Werte, wieder verschwinden, müssen solche Zusätze pro-
grammgesteuert vorweggenommen werden.
Hierin bestehen noch weitere Verpflichtungen zu einer Verbesserung.

EILDIENST

BEI BETRIEBSBEREITEM RECHNER

A. Porth

Das Zusammenspiel zwischen Rechner, Laboratorium und Station setzt voraus, dass - ausgelöst durch den Verordnungsbogen - die Stationen Hinweislisten, Klebeetiketten und 1084-Identifizierungskarten für jeden Patienten rechtzeitig bekommen und in den Laboratorien alle Arbeitslisten und erforderliches Identifizierungsmaterial bei Arbeitsbeginn vorliegen.

Ein Teil der Laboranforderungen lässt sich nicht auf diese Weise vorausplanen und vorbereiten. Diese ad hoc anfallenden Untersuchungen werden unter der Bezeichnung "Eildienst" zusammengefasst. Als Eildienst bei betriebsbereitem Rechner sind folgende Situationen zu verstehen:

1. Notfall:
   Bei einem in der Klinik befindlichen und dem Rechner bereits bekannten Patienten (mit Patientennummer) werden dringende Laboruntersuchungen erforderlich.

2. Notaufnahme:
   Zur ersten Diagnosestellung werden von einem Patienten - noch ohne Patientennummer - kurzfristig Analysenwerte während der "üblichen Arbeitszeit" verlangt.

3. Ambulante Patientenbetreuung.

4. Einsendungen von Untersuchungsmaterial.

Diese vier Bedarfssituationen lassen sich auf ähnliche Weise in die on-line Phase des Labordatenverarbeitungssystems einfügen.

Die mit handgeschriebenen Klebern versehene Untersuchungsprobe wird mit dem Diagnostik-Verordnungsbogen zur zentralen Annahmestelle des Laboratoriums gebracht. Auf diesem Verordnungsbogen sind die gewünschten Untersuchungen markiert sowie Name, Station, Datum, Uhrzeit und Kostenträger handschriftlich vermerkt. Das Untersuchungs-

gut eines Patienten erhält von der Annahmestelle eine Sondernummer,
wird entsprechend den Arbeitsplätzen aufgeteilt und mit Identifizierungsmaterial versehen.

Für Auto-Analyzer-Untersuchungen werden binär verschlüsselte Kurzkarten aus einem vorbereiteten Satz der Probe beigefügt. Infolge
dieser Verschlüsselung können die Kurzkarten nicht von Hand abgelocht, sondern müssen für die Sondernummern und für alle 1084/1894-
Probenleser der Auto-Analyzer auf Vorrat gestanzt werden. Für die
übrigen Analysensysteme sind Standard-Lochkarten (1082-Karten) zur
Identifizierung zu erstellen. Bei qualitativen Untersuchungen wird
ein entsprechendes Beglegleseformular zur Ergebnismarkierung vorbereitet (PORTH, SCHOSTAK). 1082-Karten und Beglegleseformular können
bei Notfällen mit der regulären Nummer versehen werden, da die Personaldaten bereits im Rechner gespeichert sind. Unter den Sondernummern anfallende Testergebnisse aus den Auto-Analyzern sind vor
Abschluss der on-line Phase über die Kartenleseeinheit den regulären Patientennummern zuzuordnen. Sie können im weiteren Ablauf wie
normal angefallene Ergebnisse abgearbeitet werden. Bei einer Notaufnahme erfolgt die Eingabe der Personalstammdaten noch während der
on-line Phase als Hintergrundarbeit im Time-Sharing-Verfahren. Ambulante Patienten und Einsendungen von ausserhalb behalten die Pati-
entensondernummer. Der Computer behandelt diese beiden Arten von
Eildienst zunächst als regulär aufgenommene Patienten und druckt
alle Resultate am Abend tabellarisch aus. Eine Archivierung im Rechner unterbleibt.

NOT- UND BEREITSCHAFTSDIENST

- ohne Rechnerunterstützung -

R. Allner

Computer und vollmechanisierte Laborgeräte werden heute zum Inventar der modernen Klinik. Die Nützlichkeit dieser Einrichtungen liegt auf der Hand.
Wie sollen aber Klinik und Labor ihre Leistungsfähigkeit erhalten, wenn diese technischen Hilfsmittel versagen, sei es durch das plötzliche Auftreten eines technischen Mangels, sei es durch den arbeitszeitbedingten Ausfall des Bedienungspersonals.
Wir müssen also neben der "Computerorganisation", dem Standardbetrieb, ein sofort einsatz- und volleistungsfähiges Ersatzsystem besitzen, nominiert als Not- und Bereitschaftsdienst.

N o t d i e n s t , das bedeutet Anwendung eines Ersatzsystems zu jedem Zeitpunkt eines teilweisen als auch vollständigen Systemausfalls.

B e r e i t s c h a f t s d i e n s t , das bedeutet Anwendung des Ersatzsystems während des arbeitszeitbedingten Ausfalls des Bedienungspersonals für die Erledigung von Not- oder Eilfällen und Eileinlieferungen. In diesem Fall ist nur eine beschränkte Methoden- und Analysenzahl zu bewältigen, die Zeit der Anwendung des Ersatzsystems ist genau festgelegt.

Wie weit können wir im Not- und Bereitschaftsdienst die vorhandenen Kommunikationsmittel und die Mittel der Probenidentifizierung und Datenerfassung verwenden?

- Abb. 1 - zeigt eine Gegenüberstellung des computergebundenen Organisationsablaufes und der Ersatzregelung. Die linke Seite der Abb. zeigt den normalen Organisationsablauf.

Die gewünschten Untersuchungen sind auf dem Diagnostik-Verordnungsformular angekreuzt, dieses wird in die EDV geschickt. Hier werden Aufkleber, Stationshinweislisten und Laborarbeitslisten erstellt.

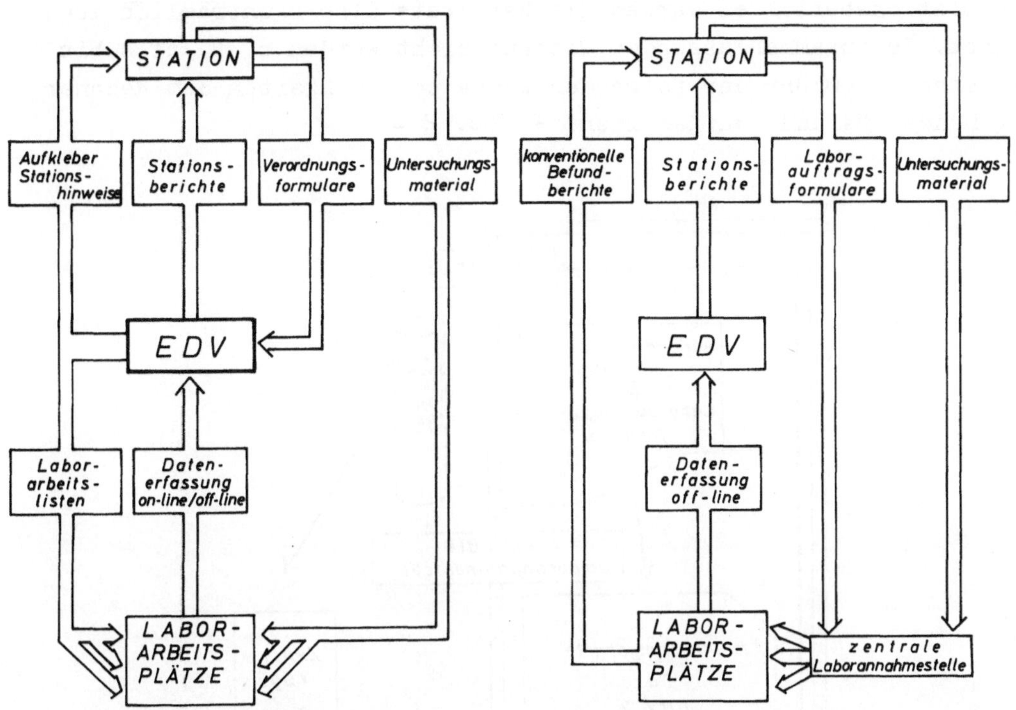

Abb. 1   EDV abhängiger und EDV unabhängiger Informationsfluss

Das Untersuchungsmaterial, durch Aufkleber und Identifizierungskarte für 1082 und 1084 identifiziert, kommt ins Labor. Die Analysen werden an den entsprechenden Arbeitsplätzen durchgeführt,
die ermittelten Daten gelangen on-line oder off-line in den Rechner, die Laboratoriumsergebnisse kommen schliesslich - zu Stationsberichten für jeden Patienten zusammengestellt - auf Station.
Auf der rechten Seite des Bildes wird die mögliche Ersatzregelung
gezeigt unter Verwendung der vorhandenen Kommunikationsmittel.
Das Diagnostikverordnungsformular wird mit dem Untersuchungsgut in
eine zentrale Laborannahmestelle bzw. zur nachtdienstleistenden
MTA geschickt. Von hier erhalten die Laborarbeitsplätze ihre Auf-
träge und das Untersuchungsmaterial.
Die ermittelten Ergebnisse werden in konventioneller Weise per Te-
lefon und schriftlichem Befund nach Registrierung im "Bereitschaftsdienstbuch" durch die Assistentin der Station übermittelt.
Zu gegebener Zeit können dann die Laborergebnisse off-line aus dem
Bereitschaftsdienstbuch von der wieder funktionstüchtigen EDV-An-
lage übernommen werden.

Den Stationsberichten werden die Resultate also nachträglich zugeordnet. Im zusammenfassenden Wochenbericht werden z. B. alle bis
Dienstag 15.00 Uhr der folgenden Woche per Lochkarten dem Rechner
zugehenden Befunde aufgenommen. - Abb. 2 -

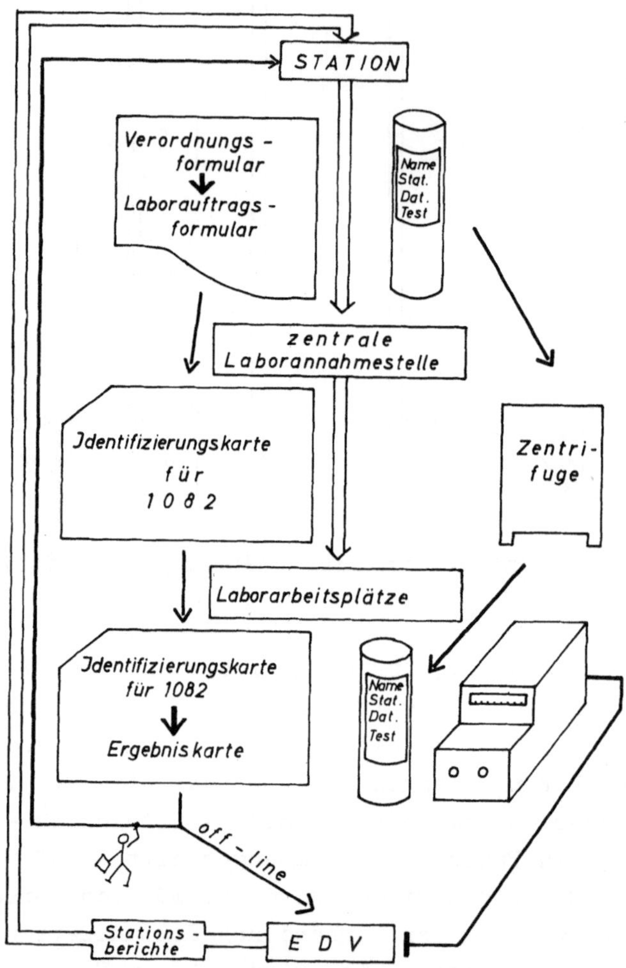

Abb. 2 Organisationsablauf im Not- und Bereitschaftsdienst

Unter diesen skizzierten Änderungen des Organisationsablaufes im
Not- und Bereitschaftsdienst wird das Diagnostikverordnungsformular
zum direkten Laborauftragsformular. Hier werden jetzt von der Station manuell Name des Patienten, Patientennummer, Datum der Probenentnahme und die Station als wichtige Patientenidentifizierungs- und
Verwaltungsdaten eingetragen. Der Arzt kreuzt die gewünschten Untersuchungen an. Dieses Laborauftragsformular und das Untersuchungsma-

terial, das durch handbeschriftete Kleber mit den notwendigen Daten
identifiziert ist, gelangen in die zentrale Laborannahmestelle bzw.
zur diensthabenden MTA. Sie übernimmt wesentliche Aufgaben der Kommunikation zwischen Krankenstationen und Labor. Da es keine Labor-

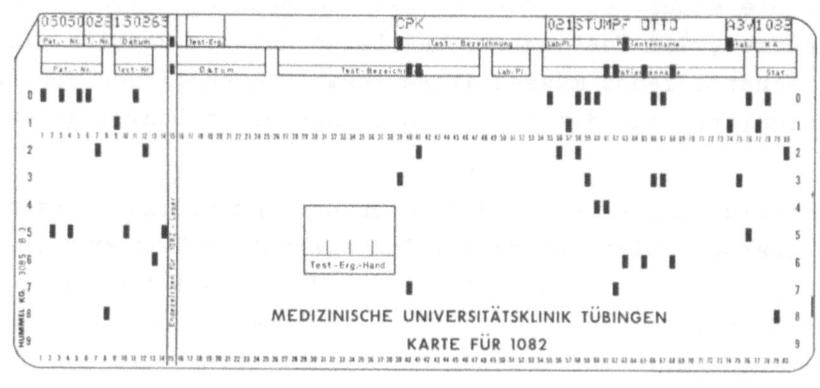

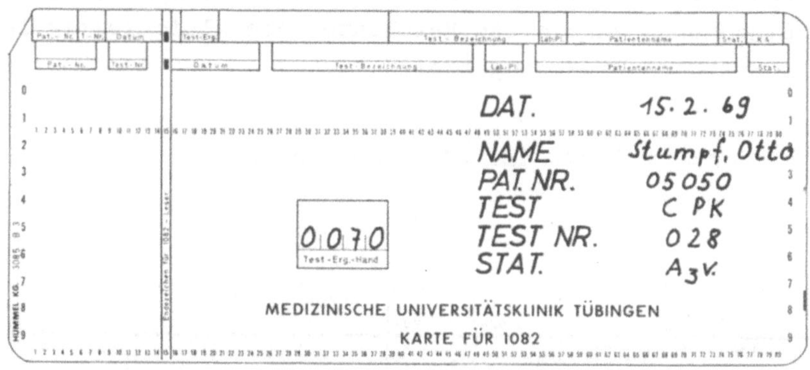

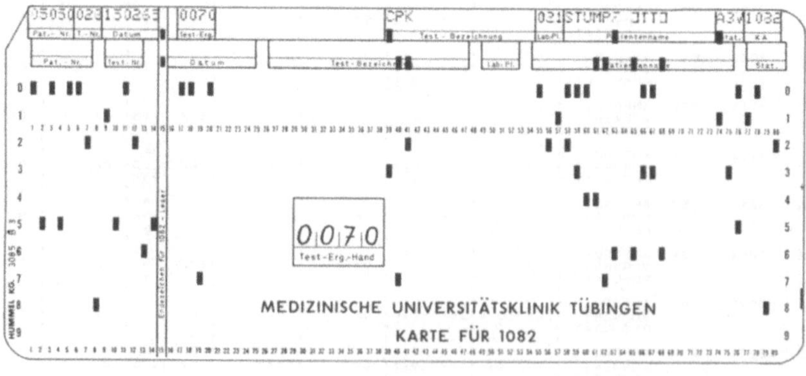

Abb. 3 Verwendungsmöglichkeiten der Probenidentifizierungskarten
        für IBM 1082

- 156 -

arbeitslisten gibt, wird mit einem Laborbuch für Bereitschaftsdienst-
untersuchungen und parallel mit Lochkarten gearbeitet. Hier sind
Name, Untersuchungsart und Datum vermerkt.

- Abb. 3 - Diese Lochkarten dienen im Standardbetrieb zur Identifizierung der Probe im Lesegerät IBM 1082 bei der on-line-Probenver-
arbeitung. Sie enthalten normalerweise vom Rechner ausgedruckt die
Patientennummer, die Testnummer, das Datum und die Station. Im Not-
und Bereitschaftsdienst müssen diese Angaben manuell von den Labor-
auftragsformularen auf die Identifizierungskarten übertragen werden.

Die Identifizierungskarte und das Untersuchungsmaterial werden jetzt
an den Laborarbeitsplatz gebracht. Das ermittelte Testergebnis wird
konventionell der Station mitgeteilt und das Resultat manuell in den
auf der Lochkarte vorgesehenen Platz eingetragen. Somit wird die
Identifizierungskarte zur Ergebniskarte. Die Karte wird nun abgelocht und zu gegebener Zeit während der off-line Arbeitsphase in den
Rechner eingelesen. Der nächste Fieberkurvenausdruck enthält dann in
richtiger Einordnung auch diese Resultate, die gleichzeitig in den
permanenten Speicher eingegangen sind.

```
ARBEITSLISTE   FUER  ENZYME MANUELL     LABORPLATZ    21                    BLATT    3
==================================================================

VERARBEITUNGS - DATUM    6.10.69
```

DEPOT-NR.	PATIENTENNAME	PAT.NR.	STAT.		DAT. CPK 024	DAT.GLDH 201	DAT. SRE P'ASE GES. 037	DAT.PR.-P'ASE 359	DAT.AMYL 203	DAT.HBDH 202	DAT.CHO-LIN-EST. 060	DAT.ICDH 204
1 D3	▮ ALBAN	3134	A3H	ANFORD.		*						
				VORWERT	0/	26/ 3,2	0/	0/	26/ 189	0/	0/	0/
				RESULTAT		3,0						
1 D4	▮ KARL	3221	B3H	ANFORD.			*	*	*			
				VORWERT	0/	0/	0/	0/	0/	0/	0/	0/
				RESULTAT			4,0	0,3	115			
1 D5	▮ FRANZ	3108	B4H	ANFORD.						*		
				VORWERT	0/	24/ 1,5	0/	0/	24/ 140	2/ 467	0/	0/
				RESULTAT						422		
1 D6	▮ MARIA	3030	B1V	ANFORD.		*						
				VORWERT	0/	24/ 0,1	0/	0/	24/ 172	0/	0/	0/
				RESULTAT		0,9						
1 E1	▮ GOTTLOB	3115	A3V	ANFORD.		*						
				VORWERT	0/	0/ 1,2	1/ 5,8	1/ 0,4	25/ 113	0/	0/	0/
				RESULTAT								
1 E2	▮ ANNA	3152	B1V	ANFORD.		*			*			
				VORWERT	0/	30/ 5,2	0/	0/	2/ 103	0/	0/	0/
				RESULTAT		3,5			125			
1 E3	▮ MARTHA	3211	A5V	ANFORD.	*				*			
				VORWERT	0/	3/ 0,1	0/	0/	3/ 62	0/	0/	0/
				RESULTAT	0,1				70			
1 E4	▮ GOTTFR	3082	A3V	ANFORD.		*						
				VORWERT	0/	1/ 0,9	0/	0/	23/ 99	0/	0/	0/
				RESULTAT		1,1						
1 E5	▮ ROSA	3099	A6H	ANFORD.	*							
				VORWERT	24/ 0,4	24/ 0,6	0/	0/	0/	0/	0/	0/
				RESULTAT	0,2							
1 E6	▮ JULI	3204	A3H	ANFORD.					*			
				VORWERT	2/ 0,1	2/ 0,1	0/	0/	3/ 375	0/	0/	0/
				RESULTAT					335			

Abb. 4

Nicht immer hat der Systemausfall den vollen Umfang der aufgezeigten
Organisationsänderung zur Folge. Hier spielt der tageszeitliche Beginn des Systemausfalls eine Rolle.
Tritt dieses "Unglück" zu einem Zeitpunkt ein, an dem das gesamte
Identifizierungsmaterial noch nicht erstellt ist, muss auf die ge-
schilderte Regelung ausgewichen werden.
Fällt nur die on-line Verbindung zwischen Laborgeräten und Rechner
aus, ist das Identifizierungsmaterial bereits erstellt und das Untersuchungsmaterial durch Kleber identifiziert, dann stehen der Assistentin auch die Laborarbeitslisten zur Verfügung. Damit kennt
sie die angeforderten Untersuchungen.
Die ermittelten Testergebnisse können zunächst von der Assistentin
in die Laborarbeitslisten eingetragen werden und stehen damit für
die spätere off-line-Eingabe zur Verfügung. Hierzu werden die ermittelten Testdaten in die Lochkarte für das Lesegerät 1082 an vorge-
zeichneter Stelle manuell eingetragen. Für Werte, die über das
1084 Identifizierungs- und beigegebene Analysensystem bearbeitet
werden, stehen Ablochformulare zur Verfügung, in die man Namen,
Testnummern und Testergebnisse einträgt und die dann abgelocht werden. - Abb. 4 -

SYSTEMORGANISATION UND -LOGIK

W. Knodel, A. Porth, I. Reusch

I. Betriebsablauf

Der Zeitplan für die Datenverarbeitung im Diagnostik-Informations-
system lässt zwei Phasen unterscheiden:
  1. Die Phase der on-line Datenübermittlung von Laboratoriumsanaly-
     sen (d. h. Datenerfassung, -auswertung und -speicherung).
  2. Die off-line Arbeitsphase.

Während dieser Betriebsphasen stehen jeweils 3 Magnetplatten im direkten Zugriff der Zentraleinheit. Die Plattenbelegung, wie sie den
Anforderungen am meisten gerecht wird, ist aus - Abb. 1 - ersichtlich.

**Platteneinteilung während der 2 Arbeitsphasen
des Diagnostik-Informations-Systems**   Stand: Juli 1969

Platten-Laufwerk	On-line	Off-line
2	Rohwerte- und Zwischenspeicher Erfassungs-, Auswerte-, Freigabe- und Kontrollprogramme	Testanforderungs-Datei Off-line-Programme / Archiv-Platte Archivierungs-Bereiche
0	Betriebsystem TSX Time-Sharing-Bereiche und -Programme Unterprogramme	Betriebsystem TSX Umspeicher- und Archivierungs-Programme Unterprogramme
1	Personalstammdaten Pathologica-Befunde Alle Labortestergebnisse Tagestestergebnis-Datei	Konstantenbereich Logik-Datenbereiche Bezeichnungs-Dateien
Charak-teristika	Skeleton: 24 448 Worte Var. Kernsp.: 8 320 Worte	Skeleton: 8 000 Worte Var. Kernsp.: 24 768 Worte

P/R

Abb. 1

1. On-line Betriebsphase

Um 7.45 Uhr - dem Beginn der Routinediagnostik in den Laboratorien - werden im Rechner die Tagestestergebnisdatei sowie Rohwerte- und Zwischenspeicher vom Vortag gelöscht. Damit sind alle Indikatoren und Zähler der während des Tages ablaufenden Programme auf den Anfangsstand gesetzt. Nach Eingabe von Tagesdatum und Uhrzeit steht der Computer den on-line angeschlossenen Analysengeräten des klinisch-chemischen Laboratoriums zur Verfügung. - Abb. 2 -

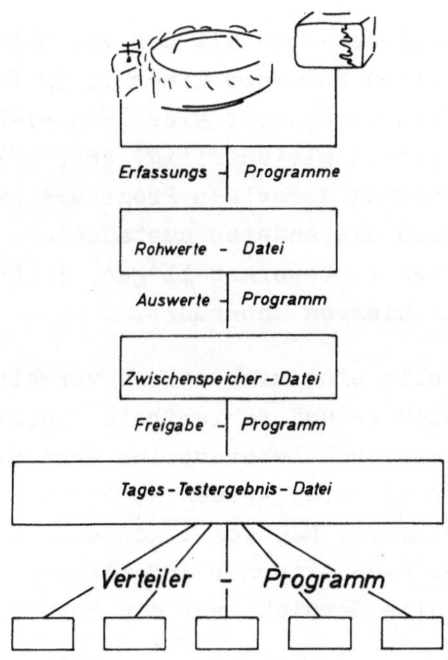

Abb. 2   Prinzip des Datenflusses aller on-line angeschlossenen Laboratoriumsgeräte

Mit dem Einschalten eines Analysengerätes werden die **E r f a s - s u n g s p r o g r a m m e** aktiviert; sie stellen eine Erweiterung des eingesetzten TSX-Betriebssystems dar und arbeiten auf 12 verschiedenen Prioritätsebenen quasi gleichzeitig. Die Erfassungsprogramme für die z. Zt. 15 on-line angeschlossenen Geräte behandeln über 50 verschiedene Messverfahren. Mit ihrer Hilfe werden die zur Probenidentifizierung erforderlichen digitalen Daten aus Kurz- und Langkarten ausgelesen und in verarbeitungsgünstigem Format auf einen dem entsprechenden Gerät zugeteilten Datenbereich gespeichert. Sie

übernehmen die Steuerung mancher Geräte (Auto-Analyzer und Extinktionsschreiber zur Elektrophoreseauswertung) und lesen die Analog-
signale aller Messkanäle in einer gerätespezifischen Weise aus, -
verdichten sie, wenn nötig - und speichern sie zusammen mit der Uhrzeit zwischen. Schwierigkeiten bereiteten Probleme wie Zeitverzöge-
rung zwischen Geräteimpulsen und Auslesevorgang, zyklische Programm-
aufrufe und programmierte Absicherung gegen prellende Relais. Denn
mit nur 2 verfügbaren Zeitgebern (Timer) lassen sich mehrere ver-
schiedenartige Analysengeräte nicht gleichzeitig steuern und bedienen.

Eine Lösung dieser Probleme wurde mit der von MEISTER programmierten
"Timer-Routine", die einen Hardware ·Timer in 32 Software Timer auf-
splittet, erreicht. Dies ermöglicht eine "Einzel-Geräte-Konzeption",
bei der alle Analysengeräte gleichzeitig, aber völlig unabhängig
voneinander unter Benutzung derselben Programme arbeiten können.
Will man ein Gerät durch ein anderes austauschen, so ist dies ohne
grössere Schwierigkeiten zu bewerkstelligen, insbesondere bleiben
alle anderen Programme hiervon unberührt.

Die Datenerfassung stellt eine sich selbst verwaltende Systemkompo-
nente dar, die eine sichere und fehlerfreie Übermittlung der Identi-
fizierungs- und Messwerte vom Laboratorium über Signaldrähte zum
Computer garantiert. Alle Daten werden zunächst in Pufferbereichen
des Kernspeichers gesammelt. Nachdem irgendein Puffer seinen Füll-
grad erreicht hat oder nach externer Anforderung, überträgt ein
"Interrupt-Programm" alle Bereiche auf die Rohwertedateien einer
Magnetplatte.
Das Ende einer Messerie - dem Computer durch eine Identifizierungskarte mit Sondernummer kenntlich gemacht - bewirkt den Aufruf des
entsprechenden Auswerteprogrammes.

Das A u s w e r t e p r o g r a m m rechnet die digitalisierten
Analogwerte in Testergebnisse um und ordnet sie den Identifizierungskarten zu. Es bekommt zusätzlich mitgeteilt, wie weit die Roh-
werte-Bereiche zu bearbeiten sind. Dabei entstehen für jedes Analysengerät eigene Probleme. Schon eine unregelmässige zeitliche Verschiebung zwischen Erfassen der Digital- und Analogwerte, die bei
den meisten Geräten (Auto-Analyzer, Enzymstrassen und Elektrolytstrasse) vorhanden ist, bedarf einer ausgefeilten Programmierung
(PORTH, On-line Probenverarbeitung und -identifizierung mit Ein- und
Mehrkanal-Auto-Analyzern, Teil 2: Datenerfassung und -auswertung).

Die errechneten Testergebnisse werden mit Patientenname und -nummer, Station, Geschlecht und Probenahmedatum auf der jeweiligen Labor- schreibmaschine zur Kontrolle durch Laborarzt und medizinisch-tech- nische Assistentin ausgedruckt - pathologische Werte rot, Ergebnis- se im Normbereich schwarz - und auf eine Zwischendatei gespeichert. Etwaige fehlerhafte Resultate können in der Zwischenspeicherdatei über die Tastatur einer Schreibmaschine storniert und die für rich- tig befundenen Ergebnisse gezielt zur Speicherung in die Tages- testergebnisdatei freigegeben werden.

Das F r e i g a b e p r o g r a m m von manchen Geräten berechnet und speichert noch zusätzlich gewisse Grössen, beim Tolbutamid-Test den prozentualen Abfall des Blutzuckergehaltes nach 20 und 30 Minu- ten, beim intravenösen Glukosebelastungstest die Eliminationskon- stante nach Conard und aus der Harnstoff-, Harnsäure-, Kreatinin-, Eiweiss- und Zuckerkonzentration über die Urinmenge die Ausschei- dung pro Tag. Ein automatisch nach jedem Freigabeprogramm aufgeru- fenes Kontrollprogramm sorgt dafür, dass in der Tagestestergebnis- datei bei mehrfach gespeicherten Resultaten immer das zuletzt ge- speicherte seine Gültigkeit behält. Auf diese Weise kann ein fal- scher Wert durch einen richtigen überspeichert werden. Ein in der Maschinensprache geschriebenes Unterprogramm übernimmt hierbei den Hauptteil des Durchsuchens und Vergleichens; es löst diese Aufgabe für 500 Tests in nur 4 Sekunden. Dagegen benötigte ein versuchsweise in FORTRAN geschriebenes Programm für diese Aufgabe mehrere Minu- ten! Der hierbei für täglich 5 000 und mehr Resultate benötigte Zeitaufwand ist nicht vertretbar.

Analysenergebnisse, die nicht über den direkten (on-line) Weg in den Computer gelangen, werden unter dem Sammelbegriff "off-line Re- sultate" zusammengefasst. Die hierunter fallenden qualitativen Er- gebnisse werden auf einem entsprechend angelegten Markierungsbogen (PORTH, SCHOSTAK) eingetragen, über den Belegleser IBM 1232 auf Lochkarten übertragen und in den Rechner eingelesen. Quantitative off-line Resultate müssen zunächst in Listen eingetragen und dann abgelocht werden. Gleiches gilt für Ergebnisse von on-line Geräten, die ausserhalb der normalen Betriebsphase erstellt oder infolge Störungen nicht unmittelbar dem Rechner zugeflossen sind. Der Com- puter speichert sie wie alle off-line Resultate in die Tagestester- gebnisdatei.

Die ständig arbeitsbereiten Erfassungsprogramme haben ihren festen Platz im "Skeleton" des Betriebssystems TSX. Dieser Kernspeicherbe-

reich belegt nahezu 24 K Worte, so dass für die Speicher-, Kontroll-, Auswertungs- und Freigabe-Programme nur ein "Variable Core" von ca. 8 K Worten zur Verfügung steht, in diesem können sie nur sequentiell, ohne sich gegenseitig zu unterbrechen, ausgeführt werden.
Der verfügbare Kernspeicherplatz reicht aus, um insgesamt 25 Analysengeräte on-line anschliessen zu können.

Stellt man einen zeitlichen Vergleich auf, so belasten die Erfassungsprogramme bei maximaler Anforderung durch die Laborgeräte den Rechner nur mit 8 %, während die Prozessprogramme im "Variable Core" (Auswerte-, Freigabe-Programme usw.) zusammen ca. 60 % der Computerzeit in Anspruch nehmen.
Der Rest wird für Hintergrundarbeiten im Time-Sharing-Betrieb genutzt. Derartige Hintergrundarbeiten erlauben die Eingabe von Patientenstammdaten bei Neuaufnahme oder Entlassung, das Ausdrucken der Patientendaten auf die Diagnostik-Verordnungs- oder Pathologicabögen für den nächsten Tag, die Erstellung von laborstatistischen Untersuchungen, Testläufe weiterer Programme sowie den Ablauf von Verwaltungs- und Prüfprogrammen.

2. Die off-line Betriebsphase

Die analytischen Arbeiten im Laboratorium sind gegen 15.00 Uhr abzuschliessen. Damit ist die on-line Phase beendet. Ein Verteilerprogramm schreibt dann die Analysenergebnisse auf die den einzelnen Patienten zugeordneten Ergebnis-Dateien. Parallel hierzu werden über den Markierungsleser IBM 1232 die inzwischen von den Stationen im Rechnerraum eingetroffenen Diagnostik-Verordnungsbögen für den nächsten Arbeitstag eingelesen und daraus Verordnungslochkarten gestanzt. Stationsweise erstellt der Computer die summarischen Laborergebnis- und Pathologicaausdrucke in fieberkurvengerechter Form
- die Befundberichte - über den Schnelldrucker (IBM 1443, maximale Leistung 240 Zeilen/min).
Dann werden die Verordnungskarten über die Kartenleseeinheit (IBM 1442) in den Rechner eingegeben und zu einer Testanforderungsdatei zusammengefasst. Diese wird nach Stationen und "quasi-alphabetisch" nach Patienten sortiert ("quasi-alphabetisch" heisst, dass eine Sortierung nur nach den beiden ersten Buchstaben des Familiennamens erfolgt; dies ist hinreichend für unsere Zwecke, da die "quasi-alphabetische" Reihenfolge nur der groben Orientierung dienen soll). Mehrere Programme arbeiten die Datei Schritt für

Schritt ab und erstellen dabei Aufkleber für Probenahmegefässe,
Identifizierungs-Kurzkarten (1084-Karten) und Stationshinweislisten. Diese Unterlagen gelangen per Rohrpost auf die Stationen.

Anschliessend wird die Testanforderungsdatei nach Laborarbeitsplätzen umsortiert, und es erfolgt das Stanzen von 1082-Identifizie-
rungskarten und Lochkarten zur Eingabe von off-line Ergebnissen,
das Ausdrucken der Laborarbeitslisten und der Anforderungen qualitativer Tests über spezielle Markierungsbögen, auf denen die medizinisch-technische Assistentin dann später die Resultate markiert.

Am Dienstag werden die Befundberichte für die vergangene Woche
nochmals ausgedruckt, damit auch Resultate, deren Erstellung mehrere Tage in Anspruch nimmt, über den Rechner zur Station gelangen.
Einmal pro Woche erfolgt die permanente Archivierung der Daten von
den Patienten, die schon länger als 10 Tage entlassen sind.

Diese off-line Phase spielt sich überwiegend abends und nachts ab.
Daher war auf einen zeitlich möglichst schnellen Ablauf aller Programme zu achten, weshalb ein grosser Kernspeicherplatz zur Verfügung stehen muss, in dem alle notwendigen Tabellen unterzubringen
sind.
Die Sortiervorgänge müssen mit optimaler Kernspeichergeschwindig-
keit durchgeführt werden, um mit erträglichem Zeitaufwand die Arbeit durchzuführen. Das wurde durch ein in Maschinensprache IBM-
1130/1800/Assembler geschriebenes Sortierprogramm erreicht.

II. Spezielle Organisationsprobleme

1. Patientennummer

Von der Auswahl des Patienten-Nummernkreises hängt ein sehr grosser
Teil der Daten- und Programmorganisation ab. Diese grundlegende
Konzeption ist nicht mehr zu ändern, wenn die Routineprogramme ge-
schrieben, ausgetestet und einsatzfähig sind.
Die folgenden Punkte stellen Forderungen an eine Nummer dar, die
der Patientenidentifikation bei allen Vorgängen auf der Station, im
Laboratorium, in der Verwaltung und im Archiv dient:
  1.) Eindeutigkeit (dies klingt zwar trivial, ist aber bei manchen
      Nummernkreisen (z. B. I-Zahl) nicht sicher gewährleistet).

2.) Einfache Merkbarkeit, um manuelle Datenübertragungsfehler
   möglichst klein zu halten.

3.) Die Nummer soll in einem Maschinenwort (bei der IBM 1800 in
   16 Bits) unterzubringen sein (einfachere Programmgestaltung,
   schnellere Sortierzeiten, grössere Speicherungsmöglichkeiten,
   gute Bearbeitung der Daten).

4.) Bei mehrfachen Aufnahmen desselben Patienten (auch Jahre später) müssen alle Daten gegenseitig zuzuordnen sein.

In Anlehnung an die bisher verwendete Verwaltungsnummer wurde beim
Diagnostik-Informationssystem folgende Lösung entwickelt, die allen
vier Forderungen genügt:
Die Patientenidentifikationsnummern - kurz Patientennummern genannt - beginnen am Anfang eines Jahres mit der Zahl 1. Sie sind
bei gegenwärtig 5000 bis 6000 jährlichen Aufnahmen höchstens 4 De-
zimalstellen gross.
Um bei steigender Belegungsfrequenz - bedingt durch Verkürzung der
Liegedauer - in keine Schwierigkeiten bei der Nummernvergabe zu
kommen, ist der Nummernkreis fünfstellig folgendermassen festgelegt:

       00001 - 24999   stationär aufgenommene Patienten,
       25000 - 29999   "Eildienst"-Patienten (Beitrag PORTH),
       30000 - 32767   Sondernummern für Kontroll- und Steuerfunktionen.

Ist eine Nummer zu vergeben, die noch vom vorherigen Jahr belegt
ist (z. B. bei der Liegedauer eines Patienten von mehr als 1 Jahr),
so wird die Nummer in diesem Jahr übergangen. Bei mehrfacher Aufnahme eines Patienten innerhalb eines Jahres erhält er jedesmal
eine neue Nummer.
Mit der Einspeicherung der Personaldaten in den Rechner wird die
Immich-Zahl jedes Patienten ermittelt und den Personalien hinzugefügt. Über diese zusätzliche Identifikationsnummer ist es möglich,
alle Daten eines Patienten (auch über einen grösseren Zeitraum hin-
weg) einander zuzuordnen.

2. Speicherung von Testergebnissen

Laboratoriumsergebnisse fallen als quantitative oder qualitative
Resultate an. Quantitativ können sie sich über die ganze Zahlenge-
rade verteilen; das verwendete Untersuchungsspektrum liefert keine
Ergebnisse, die mehr als 4 signifikante Dezimalziffern besitzen
(Zahlen, bei denen 1 Stelle nach dem Komma notwendig ist, sind nie

grösser als 999,9 und bei grösseren Werten als 10 000 kommt es auf
die Einerstelle nicht an). Aus diesem Grund werden nur die 4 signi-
fikanten Dezimalziffern als ganze Zahl in ein 16-Bit-Wort (d. h. im
Integer-Format) gespeichert.

Jeder Testnummer ist über eine Logik-Datei eine Ein- und Ausgabeformat-Nummer zugeordnet. Sie legt beispielsweise fest, ob unter
dem Speicherergebnis 143 der Wert 14,3 oder 14 300 oder 1 Minute
43 Sekunden zu verstehen ist.

Die Ausgabeprozedur von Testergebnissen ist denkbar einfach:
Ein Unterprogramm mit den Parametern Speicherwert, zugehörige Format-Nummer und ein 10-stelliges Ergebnisfeld setzt das auszugebende
Resultat stellengerecht als Klartext in das Ergebnisfeld. Diese
Klartextausgabe wurde gewählt, damit man auf die gleiche Weise auch
qualitative Werte ausgeben kann. Hinter dem vercodeten Ergebniswert,
der über eine eigene Ein- und Ausgabeformat-Nummer gesteuert wird,
verbirgt sich eine festgelegte Zeichenkombination (Codenummer 2
heisst "ja", 7 bedeutet ++, 11 $\hat{=}$ -/+ usw.). Auf diese Weise lassen
sich auch für einen nicht vorhandenen Wert Leerzeichen in das Ergebnisfeld setzen. Dies wäre mit den zulässigen Formaten von Basic-
FORTRAN IV nur unter nicht mehr vertretbarem Mehraufwand möglich.

Alle Testergebnisse werden als Testeinheiten gespeichert. Eine Testeinheit besteht aus einem Satz von vier 16-Bit-Worten: Patientennummer, Datum, Testnummer, Testergebnis.

Die erste Forderung an diesen Datensatz ist die Eindeutigkeit!

Für einen Patienten darf am selben Tag unter einer Testnummer nur
ein Ergebnis gespeichert werden. Dies ist dadurch zu erreichen,
dass bei der Verteilung der Testnummern zeitlich abhängige Laboruntersuchungen mit mehreren Testergebnissen pro Tag verschiedene
Nummern erhalten. Auch die Uhrzeit könnte in die Testeinheit aufgenommen werden, der dafür erforderliche Mehraufwand an Speicherplatz
scheint uns nicht gerechtfertigt.

Bei der Speicherung des Datums kommt man mit 16 Bits gerade aus,
wenn das Jahrhundert weggelassen wird. Da für manche Ergebnisserien
das Datum als Sortierbegriff benötigt wird, bietet sich folgende
Datum-Speicherung an:

In Bit 0 bis 6 die Jahreszahl, in Bit 7 bis 10 der Monat und in
Bit 11 bis 15 der Tag.

Dies stellt die Ergebnis-Speicherung für den Zeitraum vom 1.1.1964
bis zum 31.12.2063 sicher.

In diesem Intervall hat ein späteres Datum einen grösseren ver-
schlüsselten Zahlenwert als ein früheres.

Die Testeinheiten aus vier Worten gelten für alle Rohwertbereiche,
Zwischendateien und die Tagestestergebnisdatei. Speicherungen auf
Datenbereiche, die einem Patienten zugeordnet sind, erfolgen ohne
Wiederholung der Patientennummer. Eine weitere Blockung der Resultate desselben Tages ergibt zwar eine Platzersparnis, würde aber
alle Programme und Unterprogramme, die mit diesen Bereichen arbeiten, erheblich komplizierter und langsamer werden lassen. Die Test-
ergebnis-Speicherung für Patienten geschieht deshalb folgendermassen:

Jedem Patienten wird bei der Aufnahme ein Plattensektor (320 Worte)
zugewiesen. Die ersten 5 Worte enthalten eine interne Kontrollnummer, die Patientennummer, 2 Kettadressen und einen Zähler für die
Anzahl der in diesem Bereich gespeicherten Ergebnisse. Die restlichen 315 Worte reichen für 105 verkürzte Testeinheiten aus Datum,
Testnummer und Testergebnis. Fallen für einen Patienten mehr als
105 Teste an, so wird der nächste freie Sektor gesucht und für diesen Patienten "eröffnet". Hierbei wird die Sektoradresse des gerade
abgeschlossenen Bereichs im 3. Wort des neuen Sektors und die des
neuen Bereichs im 4. Wort des alten notiert. Steigt die Testanzahl
über 210, so wird ein dritter Bereich auf die gleiche Weise "eröffnet". Alle Testergebnissektoren eines Patienten sind in dieser Form
gegenseitig verkettet. Beim 1. Sektor ist die "Rückwärtsadresse"
(3. Wort) und beim letzten die "Vorwärtsadresse" (4. Wort) gleich
Null.

Bei dieser Speichertechnik ist die Anzahl der zu speichernden Testergebnisse nicht limitiert und jedes Testergebnis mit kurzer Zu-
griffzeit und geringem Programmieraufwand abholbar. Ein Sortier-
und Korrekturprogramm schützt alle Ergebnisbereiche vor Mehrfach-
speicherung und sortiert sie nach Datum und Testnummer.

3. Logische Verknüpfungen zur Steuerung von Abläufen

Eine Laboratoriumsuntersuchung kann über eine oder über mehrere
Markierungsmöglichkeiten des Diagnostik-Verordnungsbogens ausgelöst
werden. Je nach Analysenart wechseln die Bedingungen der Probenah-
me. Vom Untersuchungsgut (Serum, Urin usw.) werden definierte Pro-
benmengen an den verschiedenen Laborarbeitsplätzen gebraucht. Das
Testergebnis kann qualitativer oder quantitativer Art sein.
Zahlenwerten ist eine bestimmte Dimension und eine festgelegte Anzahl signifikanter Stellen zugeordnet. Sie lassen sich von den bio-

logisch möglichen Grössenbereichen ableiten. Schliesslich erscheint
das Endergebnis im Befundbericht zusammen mit anderen Werten innerhalb einer Kenngrössengruppe an einer bestimmten Position, d. h. in
einem für den beurteilenden Arzt sinnvollen Zusammenhang.

Diese Sachlogik ist Inhalt einer zentralen Datei und mehrerer Subdateien. Alle Rechnerprogramme können diesen Dateien die notwendigen Informationen entnehmen. Ergeben sich Änderungen im Arbeitsablauf oder in testabhängigen Zuordnungen, so lassen sich diese durch
reine Dateiänderungen im vorgegebenen Rahmen durchführen, ohne dass
Programmänderungen erforderlich werden.

Der Umfang dieser Datei ist festgelegt durch die im Diagnostik-Verordnungsbogen implizit enthaltenen Teste. Aus den Markierungen können einzelne oder mehrere Testanforderungen resultieren. Jeder
Testnummer ist durch eine bestimmte Zahlenkombination die Art des
Untersuchungsgutes, der ausführende Arbeitsplatz, das Ausgabeformat,
die Dimension, die Stationshinweisnummer, die Positionsnummer im
Ergebnisbericht und die Codenummer zur Kartenidentifizierung zugeordnet.
Mit Ausnahme der beiden zuletzt genannten Nummernkreise können über
die anderen verschiedene Subdateien angesprochen werden, die Klar-
texte wie beispielsweise Testnamen, Arbeitsplatznamen oder Stations-
hinweise enthalten.

Der vielfältig notwendige Zugriff auf die zentrale Logikdatei und
ihre Subdateien lässt sich am Beispiel des Bromsulfthaleintests
illustrieren. Diese Untersuchung erfordert 3 Venen-Blutentnahmen,
1 Probe vor, eine 3 Minuten nach und eine dritte 45 Minuten nach
der intravenösen Injektion von Bromsulfthalein. Im Laboratorium
wird aus diesen 3 Proben die prozentuale Bromsulfthaleinretention
im Organismus nach 45 Minuten und über den Extinktionskoeffizienten
die Konzentration der Substanz im Serum zu diesem Zeitpunkt bestimmt. Das Laboratorium liefert 2 Ergebnisse, die an 3 Blutproben
ermittelt wurden, an die Station zurück. Über die Markierung
"Bromsulfthaleintest" werden deshalb 5 Testnummern angesprochen,
wovon 3 Nummern eine Logik zugeordnet ist, die zur Zusammenstellung
des Textaufdruckes der Klebeetiketten für die 3 notwendigen Blutproben in der - Abb. 3 - dargestellten Weise führt. Über eine Sub-
datei, die mit der Arbeitsplatznummer angesprochen werden kann,
ist zu entscheiden, ob wie im Beispiel, jede am Arbeitsplatz einlaufende Probe ein Resultat liefert und separat etikettiert werden
muss, oder ob für mehrere Untersuchungen ein Probenröhrchen dann

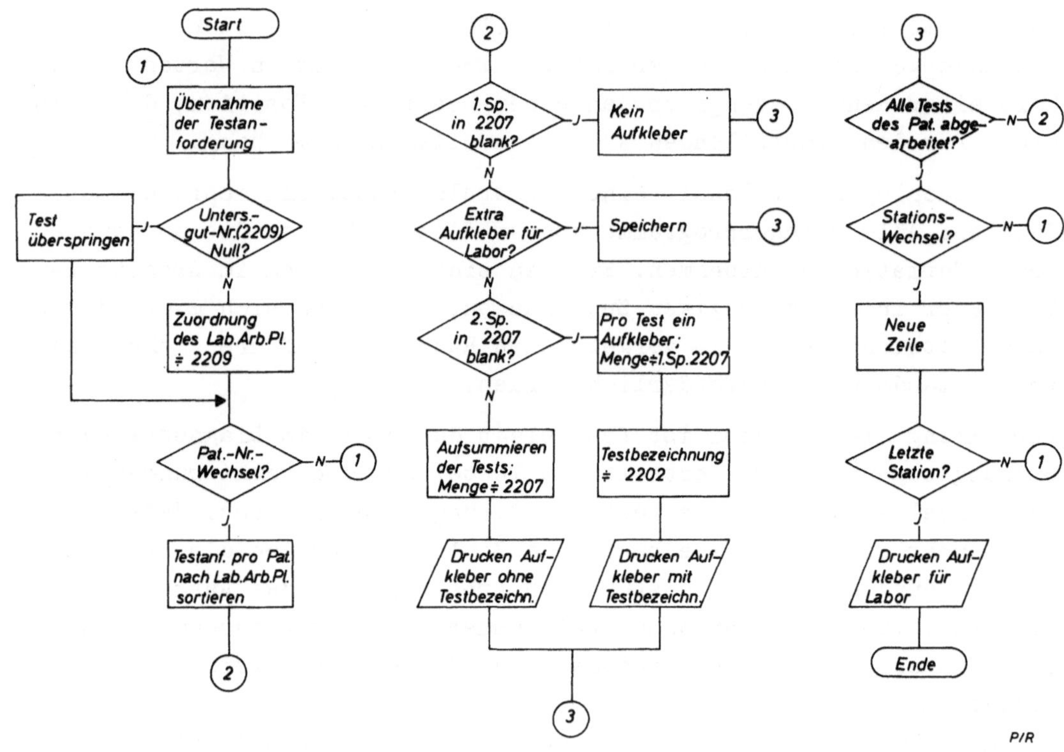

Abb. 3 Erstellung von Klebeetiketten über Datei 22
         Programmablauf

mit ausreichender Füllmenge notwendig wird. Entsprechend wird der
variable Textteil des Aufklebers zusammengestellt (siehe KNODEL,
BARISCH, REUSCH).

Die beiden Ergebnisgrössen enthalten in ihren Zahlenzeilen keine
Untersuchungsgutnummer, weshalb ein Ausdruck von Klebeetiketten unterbleibt. Dagegen enthält die Logik dieser Teste Positionsnummern,
die die Ergebnisse der Bromsulfthaleinretention und -konzentration
zwischen Bilirubin und einer weiteren Leberfunktionsprobe, der Ga-
laktoseprobe, im Befundbericht plazieren.

Über die der Testnummer in der erwähnten Weise zugeordnete Logik
wird ausserdem entschieden, welche Identifizierungskarten (1082
oder 1084) gestanzt werden müssen und welcher Text in der Stationshinweisliste ausgedruckt werden soll.

Änderungen im Rahmen dieser Dateien lassen sich rasch durchführen.
Die Flexibilität ist so weitgehend, dass beispielsweise eine abge-

änderte Neuauflage des Diagnostik- Verordnungsbogens nur durch Da-
teiänderung, ohne Eingriffe in bestehende Programme und ohne Testläufe durchführbar ist.

ERFAHRUNGSBERICHT ÜBER DIE ERSTE EINSATZPHASE
DES DIS

W. Gräser

I. Zeitliche Entwicklung der ersten Einsatzphase

1. Labor - Rechner (Laboratoriumsautomation)

Auf die Vorstellung des Diagnostik-Informationssystems (DIS) der Medizinischen Universitätsklinik Tübingen im Februar 1969 folgte ab März eine zweimonatige Testphase. In dieser wurde die klinikseigene Programmbibliothek auf weitere Analysengeräte im Laboratorium ausgedehnt, die schon bestehenden Programme vervollständigt und die Vorarbeiten zum "Rechneranschluss der Stationen" in Angriff genommen. Die Impulsschaltpläne der on-line angeschlossenen Geräte und die daraus notwendigen Neujustagen des betreffenden Interface wurden überprüft, um eine möglichst fehlerfreie on-line Messwertübernahme sicherzustellen.

Daran schloss sich von Mai bis Mitte Juni 1969 eine sechswöchige Testzeit an, in der die einzelnen Auswerte- und Freigabeprogramme in echten Testläufen geprüft wurden, wobei es sich aber um "simulierte", d. h. dem Rechner unbekannte, Patientendaten handelte. In dieser Phase entstand ein weiterer Teil der Freigabeprogramme, die neben einer Datenverdichtung (z. B. Quotientenberechnung aus mehreren Ergebnissen u. ä.) die Verbindung von Zwischenspeicherbereichen zur Tagestestergebnisdatei herstellen (KNODEL, PORTH, REUSCH).

2. Labor - Rechner - Krankenstation (Diagnostik-Informationssystem)

Parallel zur Automatisierung des klinischen Laboratoriums erfolgten die Vorarbeiten für den "Anschluss der Krankenstationen" an den Rechner, so dass am 23. Juni 1969 die erste Station (A 3 V) mit 16 Patienten in den Rechner aufgenommen werden konnte. Von diesem Zeitpunkt an lief nicht nur die on-line Betriebsphase (Labor - Rechner), sondern auch die off-line Betriebsphase (Rechner - Station) ab.

Daraus ergab sich eine neue, fünfwöchige Testspanne, in der haupt-
sächlich die Programme der off-line Phase (= Programme zum Ausdruck
von Befundlisten, Arbeitslisten und Aufklebern für die Krankenstationen, Programme zur Erstellung von 1082- und 1084-Identifizierungs-
karten) getestet, geändert und verbessert, die Auswerteprogramme
umfassender gestaltet und verfeinert wurden.

Nach dieser "harten, echten" Routine-Testphase erfolgte der schrittweise Anschluss der nächsten Krankenstationen. Die Anzahl der im
Rechner gespeicherten Patienten spiegelt diese Entwicklung wieder:

Zeitpunkt	Stationen	insgesamt gespeichert
23.6 1969	A 3 V	16 Patienten
31.7.1969	A 3 H	30 Patienten
25.8.1969	B 1 V, B 1 H, B 3 V, B 3 H	76 Patienten
8.9.1969	B 2 V, B 2 H, B 4 V, B 4 H, C 1	160 Patienten
22.9.1969	A 2 V, A 2 H, A 5 V, A 5 H, A 6 V, A 1 V	260 Patienten
15.10.1969	A 1 H	270 Patienten

Das entspricht einer 90 %-igen Belegung der zum damaligen Zeitpunkt
verfügbaren Betten (reduziert durch Neubauarbeiten).

3. Arbeitsumfang im DIS während der ersten Einsatzphase

Die - Abb. 1 - zeigt den Verlauf der Anzahl der an den einzelnen Wochentagen gespeicherten Testergebnisse von der 26. Woche (23.-28.6
1969) bis zur 48. Woche (24. - 29.11.1969).
Man erkennt, dass die ersten Wochen der Einführungs- und Einarbei-
tungszeit einen wechselhaften Verlauf hatten, während ab der 40. Woche (Oktober-November) eine Beruhigung eintrat. Der Montag hebt sich
als der Wochentag mit den meisten Laboratoriumstesten hervor; so er-
reichte auch die Anzahl der pro Tag gespeicherten Testergebnisse an
einem Montag das Maximum von 5 273 Testen. Die in Abb. 1 gewählte
Art der Darstellung lässt extreme Schwankungen erkennen, die zum
Teil durch teilweisen oder ganztägigen Rechnerausfall, Zusammen-

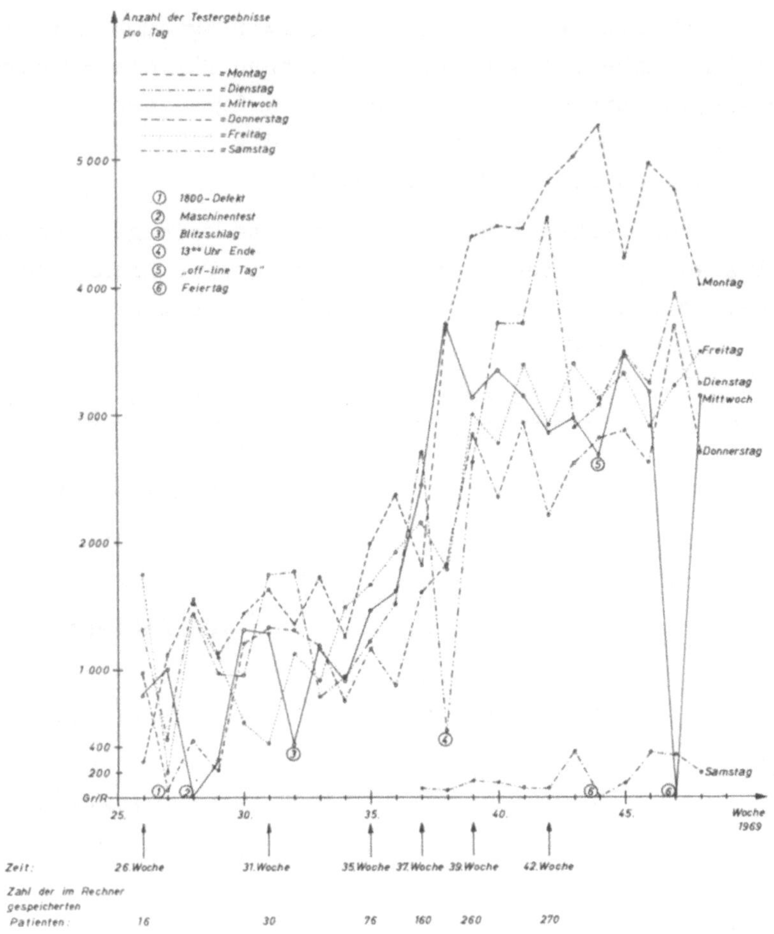

Abb. 1   Diese Darstellung zeigt den Verlauf der Anzahl der Testergebnisse, nach den einzelnen Wochentagen aufgeschlüsselt.

bruch des elektrischen Versorgungsnetzes, Feiertage u. ä. zu er-
klären sind.

In - Abb. 2 - ist der Verlauf der pro Woche erstellten Ergebnisse
aufgetragen. Hier tritt die in Abb. 1 angedeutete Grundtendenz kla-
rer hervor: Nach der wechselhaften Anfangsphase ein rapider Anstieg
auf Werte über 17 000 (erreichtes Maximum 17 760). Der Bedarf an
Laboratoriumsdaten pendelte sich dann auf 16 000 bis 17 000 pro Woche ein; die 47. Woche fällt - da nur vier Arbeitstage infolge Fei-
ertag - heraus.

Wird die Anzahl der pro Woche erstellten Ergebnisse auf die tat-
sächlichen Arbeitstage bezogen, so ergibt sich der in - Abb. 3 -

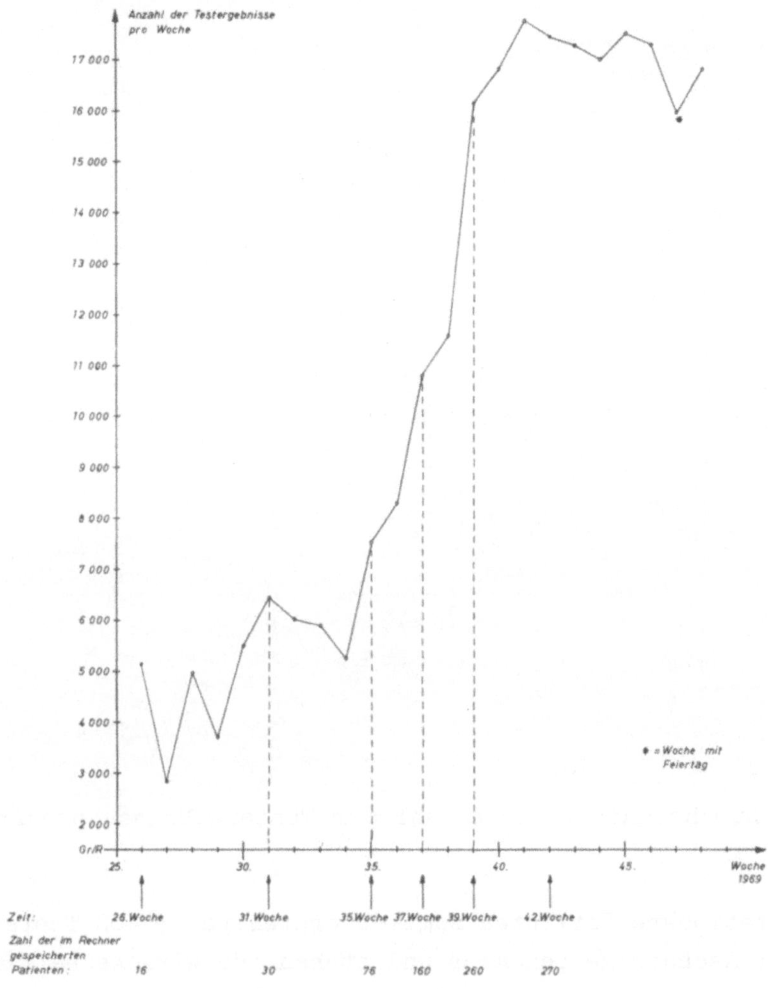

Abb. 2   Verlauf der pro Woche erstellten klinisch-chemischen
Analysen

dargestellte Verlauf. Daraus ist die Annäherung an den durchschnittlichen Mittelwert von ca. 3 400 Testergebnissen pro Arbeitstag ab-
zulesen. Diese Zahl bezieht sich a u s s c h l i e s s l i c h
auf die in der Klinik stationär behandelten Patienten. Hinzu kommt
für das Laboratorium noch der Arbeitsanfall durch Sprechstunden-
und ambulante Patienten und durch die Einsendungen von ausserhalb,
welcher ca. 10 % der Gesamtlaborarbeit ausmacht. Die vom Laboratorium z. Zt. durchgeführte Testanzahl beläuft sich deshalb pro Tag
durchschnittlich auf ca. 3 700 - 3 800 Untersuchungen.

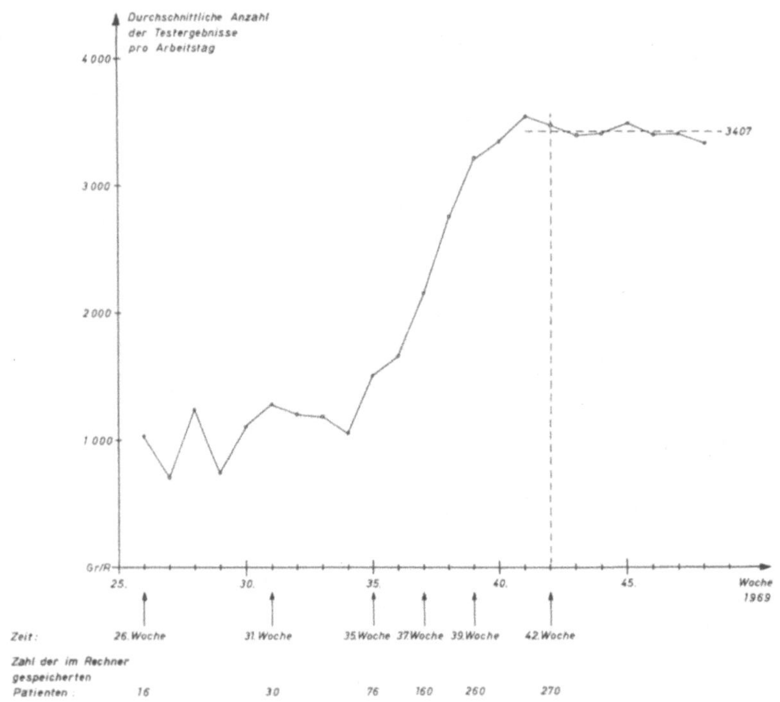

Abb. 3   Durchschnittliche Anzahl der Testergebnisse pro Arbeitstag

Die für stationäre Patienten täglich erstellten 3 400 Testergebnisse sind im Rechner gespeichert und stehen für wissenschaftliche und
statistische Auswertungen abrufbereit zur Verfügung. Die quantitativen klinisch-chemischen Analysen machen 60 % der Gesamtanzahl
aus. Um einen Vergleich mit früher veröffentlichten Zahlen anstel-
len zu können, die sich auf Zeiträume von drei bis vier Wochen bezogen, ist eine Umrechnung auf die Zeitspanne von einem Jahr vorzunehmen, um den Fehler, der durch die Anfangs- und Endbedingungen
entstand, zu vermeiden.

Im März 1966 wurden pro Arbeitstag 933 quantitative Laboratoriumsergebnisse ermittelt [1], das entspricht - bei einer mittleren Verweildauer eines Patienten von 23,0 Tagen im Jahre 1966 - einer Zahl
von 2,3 quantitativen klinisch-chemischen Analysenresultaten pro
Patient und Verweiltag. In der gleichen Veröffentlichung wurde für
Januar 1968 für denselben Laborbereich pro Arbeitstag 1 372 angegeben, was bei 4 471 Patienten im Jahr und 21,9 Tagen Verweildauer
3,1 quantitative Laborergebnisse pro Patient und Verweiltag ergibt.

Die weiteren Zahlenangaben sind in folgender Tabelle erläutert:

	März 1966	Januar 1968	Januar 1969	November 1969
Quantitative klinisch-chemische Laborergebnisse pro Tag	933	1372	2000	2040/2300 *
Mittlere Verweildauer (in Tagen)	23,0	21,9	21,0	21,0 **
Gesamtzahl der Patienten im Jahr	4548	4471	4220	4220 **
Literaturhinweis	[1]	[1]	Beitrag (EGGSTEIN)	-
Quantitative klinisch-chemische Analysen pro Patient und Verweiltag	2,3	3,1	5,9	6,0/6,8

Erläuterung zur Spalte "November 1969":

* Von den ermittelten 3 400 Laborergebnissen pro Tag entfallen
60 % auf die quantitativen klinisch-chemischen Analysen für stationäre Patienten; das sind 2 040 Analysen. In dieser Zahl sind
die für ambulante Patienten und an Einsendungen durchgeführten
Untersuchungen nicht enthalten. Das ist aber in den für die Jahre 1966, 1968 und Januar 1969 angegebenen Zahlen der Fall. Die
Anzahl - 2 040 Analysen - muss für den Vergleich um 10 - 12 %
höher angesetzt werden, d. h. es wurden im November 1969 in dem
zum Vergleich anstehenden Laborsektor pro Arbeitstag ca. 2 300
quantitative klinisch-chemische Analysen durchgeführt. In der
- Abb. 4 - sind beide Zahlen für den November 1969 angegeben,
wobei die Zahl 2 300 als Vergleichszahl zu den vorherigen anzu-
sehen ist.
** Die Zahlen der beiden nächsten Zeilen sind aus den bis zum
1. Dezember 1969 bekannten Daten extrapoliert.

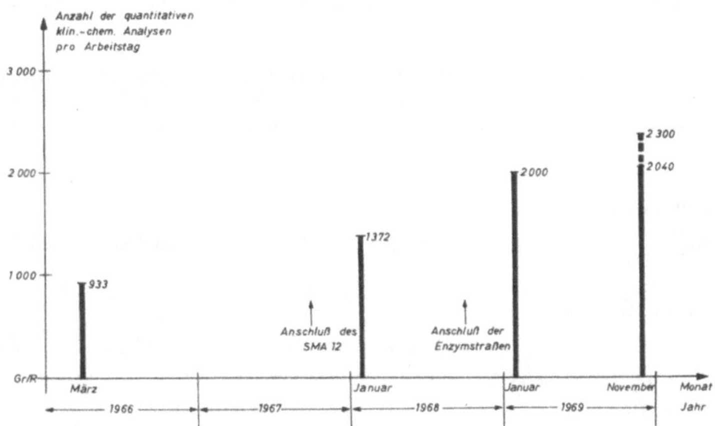

Abb. 4 Zuwachs der quantitativen klinisch-chemischen Analysen
pro Arbeitstag

II. Weitere Erfahrungen der ersten Einsatzphase

1. Laboratorium

In der unter I.1 beschriebenen Testphase wurden die medizinisch-
technischen Assistentinnen in die Bedienung der Rechner-Peripherie-
geräte (1082-, 1084-Leser), in die Zuordnung der Patienten-Identi-
fizierungskarten zu den Proben und in die Handhabung spezieller
Steuerkarten, die eine Befehlsgebung an den Rechner ermöglichen,
eingewiesen. Während dieser Zeit arbeiteten sich die Laborärzte in
die Freigabe und in die Kommunikation mit dem Rechner per "Keyboard" (Abruf von Vorwerten, klinischen Daten bzw. Fragestellungen)
ein.
Während dieser Phase bestand eine Doppelgleisigkeit der internen
Labororganisation mit stärkster Beanspruchung des Laborpersonals.
Mit dem Anschluss der ersten Krankenstation wurde das Laboratorium
einerseits mit Arbeitslisten und Identifizierungsmaterial über die
Patienten der angeschlossenen Stationen versorgt, andererseits
mussten aber noch für die "rechner-unbekannten" Patienten Laborbücher und Ergebniszettel geschrieben werden.

2. Krankenstation

Die Schwestern auf den Krankenstationen wurden in der Handhabung
der Verordnungsbogen und Aufkleber, über den Informationsgehalt der
Identifizierungskarten, der Aufkleber und der Befundlisten unterrichtet.

Für den Anschluss einer Krankenstation war folgendes günstig:

Montags - Erfassen der Personaldaten der neu anzuschliessenden
Stationen,

dienstags-Ansetzen der 1. Visite mit dem Diagnostik-Verordnungsbogen,

mittwochs-die ersten über den Rechner ausgelösten Untersuchungen
werden im Labor on-line durchgeführt. Am Mittwochabend
erfolgt der erste Befundausdruck durch den Computer.

Gleichzeitig waren für diese Patienten die Ergebnisse für Montag
und Dienstag off-line erfasst, aufgelistet und per Lochkarte in den
Rechner gebracht worden, so dass für die Anfangswoche ein vollständiger Befundbericht vorlag.

Als weiterer Vorteil wurde dabei der allgemein geringere Arbeitsanfall für das Laboratorium, der in der Wochenmitte liegt (s. Abb. 1)
ausgenutzt, da hier das Laborpersonal genügend Zeit hatte, die na-
türlicherweise auftretenden Verzögerungen und Unklarheiten zu be-
seitigen.

3. Rechnerstation

Auf der Rechnerstation machte sich der Mangel an Operator-Personal
stark bemerkbar. Die vorhandenen Kräfte wurden wöchentlich mehrere
Stunden in die Konsolbedienung, in die Bedienung der Peripherie-
Geräte der Rechnerstation und in die Grundzüge des DIS eingewiesen.
Die wichtigsten Steuerprogramme und Bedienungsabläufe wurden in
"Handzetteln" festgehalten und von den einzelnen Personen je nach
Dienstplan-Einteilung unter Aufsicht durchgeführt, so dass nach
einigen Wochen die Operateure selbständig arbeiten konnten.

III. Ausblick

Die Systemanalyse für das Diagnostik-Informationssystem - zunächst
nur für eine Laboratoriumsautomation - wurde in den Jahren 1964 und
1965 durchgeführt. Die damaligen Kalkulationen basierten auf Test-
ergebniszahlen pro Patient und Tag, die sich heute als zu gering
herausstellten und die bereits jetzt um das Dreifache überschrit-
ten sind. Hieraus erwachsen bereits heute - nach 6 Monaten DIS in
der Routine - Speicher- und Kapazitätsprobleme, zumal wenn man an

eine Verbreiterung des Untersuchungsspektrums und weitere Aufgaben,
die mit Rechnerhilfe erledigt werden sollen, denkt.

Literatur

[1] BOCK, H. E. und   Automationsprobleme in der Medizin;
     EGGSTEIN, M.:   Deutsche Med. Wschr., 93, Nr. 20,
                                 1968

INTEGRIERTE DATENVERARBEITUNG DER MEDIZINISCHEN FAKULTÄT TÜBINGEN

C. Th. Ehlers

Bei allem Umfang, den die elektronische Datenverarbeitung in einem
Laboratorium annehmen kann, muss man sich aber darüber im klaren
sein, dass in der Medizin allgemein und in einem Klinikum im besonderen die Erfassung, Bearbeitung sowie Auswertung von Laboratori-
umsergebnissen nur einen relativ kleinen Teil der anfallenden Arbeit darstellt. Dieses gilt bei allem Respekt und unter absoluter
Hochachtung vor den Leistungen des klinischen Chemikers. Wir kommen
aber an der Tatsache nicht vorbei, dass die Betreuung eines Patienten nicht nur durch die Diagnose geschieht und dass diese nicht nur
eine Laboratoriumsdiagnose ist. Dieser Sachverhalt ist von Klinik
zu Klinik unterschiedlich.

Von diesen Gegebenheiten muss man ausgehen, wenn man die Möglichkeiten der elektronischen Datenverarbeitung in einem Klinikum nutz-
bringend einsetzen will. Wenn aber die Computer als Hilfsmittel in
der Medizin benutzt werden sollen und die Dinge vom Standpunkt der
Gesamtplanung in einem Klinikum betrachtet werden, so wird deutlich,
was von den Anlagen alles gefordert werden muss.

Unser Ziel ist es mit Hilfe der Datenverarbeitungsanlagen im gesamten Klinikum eine sichere Informationsaufnahme und eine ebenso sichere, dazu schnelle sowie gezielte Informationsabgabe für alle Bereiche zu entwickeln. Hierbei sind mehrere Fakten gegeben, die
grundsätzlich beachtet werden müssen.

Der Mittelpunkt aller unserer Bemühungen als klinisch tätige- und
wissenschaftlich arbeitende Ärzte hat der Patient zu sein. Daraus
ergibt es sich zwanglos, dass die Einführung neuer Verfahren zu
keinerlei Störungen des klinischen Betriebs führen darf. Eine derartige Forderung kann aber nur erfüllt werden, wenn man die Situation unserer Kliniken und des darin tätigen Personals (Ärzte, Pfle-
ge- und Verwaltungspersonal usw.) berücksichtigt.

Wir müssen davon ausgehen, dass die Medizin, d. h. die Ärzteschaft
insgesamt völlig unvorbereitet mit den Gegebenheiten der EDV konfrontiert worden ist. Hierauf hat besonders PROPPE hingewiesen und
dieses gilt auch heute noch, trotz der Arbeiten und Bemühungen von
GRIESSER, HOSEMANN, KOLLER, PROPPE, WAGNER und einigen anderen, die
schon vor vielen Jahren den Nutzen und die Notwendigkeit der masch.
Datenverarbeitung betont haben.

Hinzu kommt, dass die Strukturen unserer Kliniken heute noch weitgehend denen des 19. Jahrhunderts entsprechen, obwohl wir bereits
die Ärzte ausbilden, welche auch im 21. Jahrhundert tätig sein werden.

Es ergibt sich somit die Notwendigkeit, zunächst eine umfassende
und klare Konzeption zu erarbeiten, die unter Überwindung des bisher "hierarchisch bedingten Nebeneinander" zu einem sinnvollen
"Miteinander" aller im Sinne eines echten Teamworks führt. Dieses
gilt umso mehr, je stärker sich die einzelnen Fächer in die verschiedensten Spezialgebiete unterteilen. Der zentralen Datenverarbeitung
in einem Klinikum wird aber besonders dann eine sehr verantwortungs-
volle Aufgabe zukommen, wenn die neuesten Bestrebungen der Med. Fa-
kultäten, sich in Fachbereiche aufzugliedern, Form annehmen werden.
Die Datenverarbeitung und damit auch die Dokumentation wird dann
durch ihre Eigenschaft als Informationsträger und Informationsver-
mittler die Klammer über alle Bereiche sein können.

Die Med. Fakultät Tübingen hat mit als eine der ersten, nach Mainz,
Kiel und Heidelberg die Notwendigkeit einer zentralen Dokumentation
und Statistik bereits 1964 durch die Schaffung eines entsprechenden
Lehrstuhls anerkannt. 1965 wurde eine umfassende Konzeption zum
Aufbau einer zentralen Dokumentation und Datenverarbeitung erarbei-
tet und von der Fakultät angenommen.

Diese Konzeption sieht nach einer kurzen Übergangsphase, in der mit
einfachen Lochkartenmaschinen (konventionelle Phase) gearbeitet
wird, den Aufbau der zentralen elektronischen Datenverarbeitung vor.
In der konventionellen Phase haben wir seit Januar 1966 bereits mit
mehreren Kliniken eine gemeinsame Basisdokumentation in Anlehnung
an den Allgemeinen deutschen Krankenblattkopf aufgebaut. Dieser Basisdokumentation schliessen sich immer mehr Kliniken an. Hinzu
kommt die seit 1957 bestehende Basisdokumentation und die seit 1960
durchgeführte Karzinomnachsorge der Chir. Klinik. Die Frauenklinik
hat die Daten ihrer Ca.-Patienten bereits seit 1957 auf Masch.-
Lochkarten erfasst.

Bei einer zentralen elektronischen Datenverarbeitung im Fakultäts-
bereich ist ein Prozessrechner ein wesentlicher und unentbehrlicher
Bestandteil, er bedarf aber für weitergehende Aufgaben der umfassender angelegten Zentrale, wie diese für die Analogdatenverarbei-
tung im Gesamtbereich der Kliniken den Prozessrechner benötigt.

Ziel der zentralen Datenverarbeitung im Bereich der Med. Fakultät
Tübingen ist der stufenweise Aufbau eines Krankenhausinformations-
systems, welches Kliniken und Verwaltung in den verschiedensten Da-
tenbanken zusammenfasst. Nur so wird es möglich, den gemachten An-
satz eines Diagnostikinformationssystems auf breiter Ebene zu rea-
lisieren. Dabei werden sich dann die Grundlagen praktisch von
selbst erstellen, welche für eine systematische Entwicklung von maschinellen Diagnoseverfahren benötigt werden. Dieses gilt sowohl
für die Erstellung von aktuellen Symptomenstatistiken als auch beispielsweise für Untersuchungen zur Problematik der "Normbereiche".
Auf die besondere Bedeutung des Begriffs "Normalwert" hat KOLLER
auf der Tagung der Deutschen Gesellschaft für Med. Dokumentation
und Statistik 1968 in Kiel hingewiesen.

Der erste Schritt in unserer Planung ist die gemeinsame Erfassung
von Daten aus Anamnese und Aufnahmebefund. Damit wird zunächst ein
"Medical record system" aufgebaut. Grundlage ist ein Krankenblatt-
modell, das 1966 entwickelt wurde. Anregung erhielten wir durch ein
von FRITZE entwickeltes Krankenblatt, welches eine Systematisierung
von Anamnese und Aufnahmebefund anstrebt und das von uns an die
chirurg. Verhältnisse angepasst wurde, sowie durch die Versuche von
STEIN und SPINDELBERGER, mit Hilfe des Markierungslesers klinische
Befunde erfassen zu wollen. Die Leistungsfähigkeit der Methode des
Markierungslesers hatten wir zu diesem Zeitpunkt bereits bei den
grossklinischen Versuchen zur Wirkung des Trasylols an ca. 12 000
Belegen erprobt. Hierfür haben besonders MÖRL, sowie MATIS und HA-
BERLAND berichtet.

Bei diesem Krankenblatt wurden die Verhältnisse im klinischen Betrieb zugrunde gelegt, wobei die Praktikabilität besonders berücksichtigt wurde - Abb. 1 -. Deshalb war es nicht möglich alle irgend-
wann einmal vorkommenden Fälle vorzudrucken. Vielmehr wurde auf die
Masse der Fälle abgezielt, welche in einer Klinik immer wieder
vorkommen. Diese machen ca. 80 % des Gesamtmaterials aus. Die Son-
derfälle können aber auch mit diesem Krankenblatt durch entsprechende Klartexteintragungen festgehalten werden. Dabei werden diese zusätzlich gemachten Angaben nach dem Ablochen durch Programm an

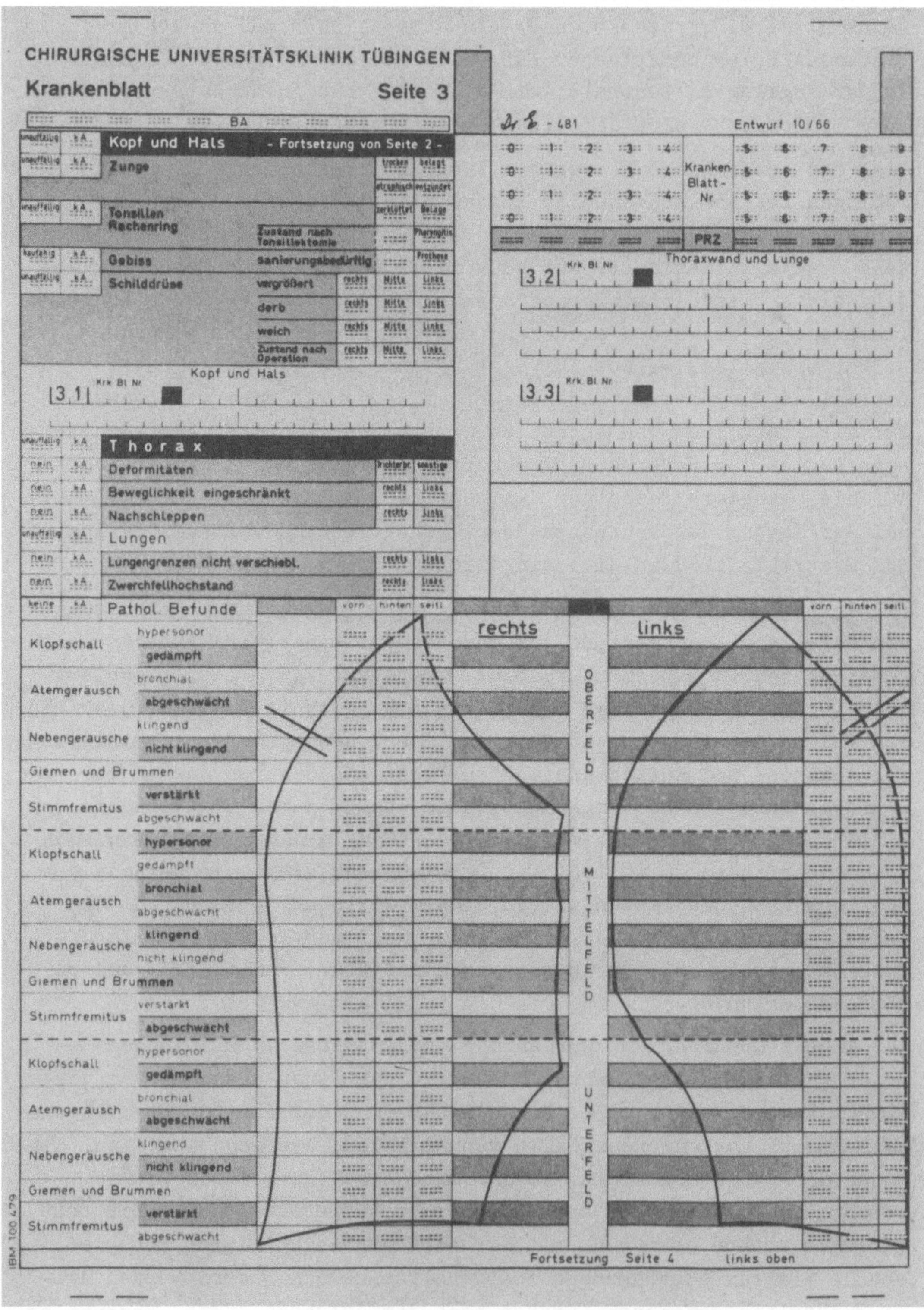

Abb. 1   Seite 3 des aus insgesamt 7 Seiten bestehenden Krankenblattes

die richtige Stelle im von der Maschine geschriebenen Krankenblatt gebracht - Abb. 2 -. Ein entsprechender Aufbau macht die Belege

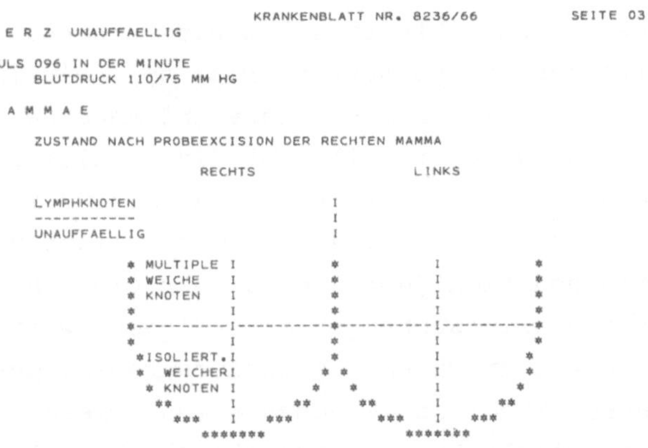

Abb. 2 Wiedergabe der durch Striche markierten Sachverhalte

übersichtlich und formale sowie logische Prüfungen durch das Maschinenprogramm bewirken im Ausdruck des Krankenblattes die sofortige Feststellung von Ungereimtheiten - Abb. 3 -. Die unumgänglichen Grundprinzipien, welche bei der Erfassung von Daten berücksichtigt werden müssen, wurden beachtet. Insbesondere galt das für den

```
**** FEHLER ************** FEHLER ************** FEHLER ****************
     FEHLERHAFTE MARKIERUNG TONSILLEN UND RACHENRING
     TONSILLEN ZERKLUEFTET
     ZUSTAND NACH TONSILLEKTOMIE
```

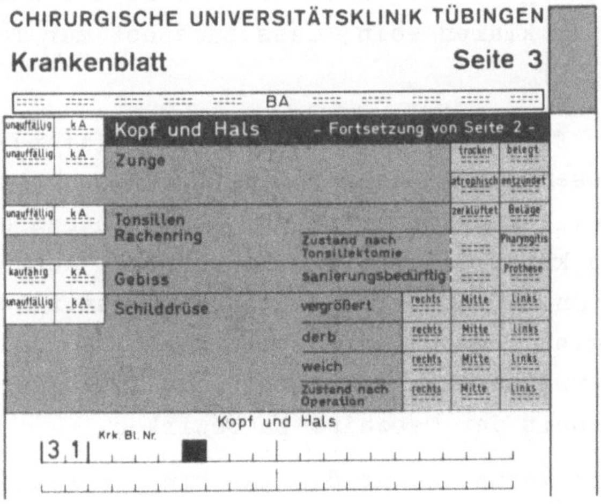

Abb. 3 Fehlermeldung bei unkorrekten Markierungen

Antwortbereich, der in der Medizin in jedem Falle 3 Aussagemöglich-
keiten wie: ja oder nein bzw. analoge Antworten und die Möglichkeit
keine Aussage bzw. keine Angabe enthalten muss.

Auf der Basis dieses Krankenblattmodells wird ein neues Krankenblatt für alle Kliniken erarbeitet. Hierbei soll ein Teil für alle
Kliniken verbindliche Fragen zur Anamnese und Angaben zum Aufnahmebefund enthalten. Ein weiterer Teil gibt den speziellen Bedürfnissen der einzelnen Kliniken entsprechenden Raum. Durch eine derartige Massnahme erreichen wir u. a., dass jeder Patient von Kopf bis
Fuss angesehen wird und nicht nur die für das einzelne Fachgebiet
erforderlichen Spezialuntersuchungen stattfinden. Weiterhin bekommen wir einen Stammsatz an Daten, deren Aussagewert durch die maschinellen Prüfungen erheblich verbessert ist. Diesem Datenbestand
können dann die erforderlichen Angaben für den Verwaltungsbereich
hinzugefügt werden.

Der nächste Schritt wird die Entwicklung eines "Medical record
linkage" sein. Hier werden zu dem Stammsatz die weiteren Angaben,
welche sich im Laboratorium, beim Röntgen, bei der Operation, im
Pathologischen- oder im Hygiene-Institut sowie auch aus der Therapie
usw. ergeben, hinzugefügt. Unser Vorgehen muss schrittweise erfolgen, wobei sowohl in den einzelnen Kliniken selbst nur eins nach
dem anderen erfasst werden kann als auch gleichzeitig eine stetige
Erweiterung der Anlage erfolgen muss. Während der Aufbauphase muss
man sich darüber im klaren sein, dass zunächst nur Teillösungen
möglich sind.

Da die Anlage der Fakultät nicht über einen Stifterverband ange-
schafft wird, müssen wir zunächst unter Berücksichtigung der Gesamtkonzeption Teillösungen anstreben, welche neben der Versorgung
der notwendigsten klin. Belange, zu denen neben den erwähnten Da-
tenbanken für Anamnese und Befund noch eine zentrale Ca.-Nachsorge
und ein Risikoregister nach dem Muster von KOLLER und FASSL kommen,
bestimmte Verwaltungsbereiche enthalten, um in gewissem Grade eine
kostendeckende Arbeit der Maschine zu bewirken.

Weiterhin sind die Vorhaben für die maschinelle Patienten-Überwa-
chung angelaufen, was besonders nach Einrichtung eines Lehrstuhles
für Anästhesiologie notwendig wurde. Bei dieser Planung werden
selbstverständlich auch die Intensivpflegestationen der einzelnen
Grosskliniken mit berücksichtigt werden müssen. Solche Projekte
sind nach allgemeiner Erfahrung so umfassend und aufwendig, dass es
unmöglich ist, sie jeweils für eine Klinik lösen zu wollen.

Wesentlich für eine integrierte Datenverarbeitung im Bereich einer
Med. Fakultät ist es, dass man einzelne Einsatzmöglichkeiten von
EDV-Maschinen im med. Bereich nicht isoliert betrachtet, sondern
sie nur im Rahmen einer umfassenden Gesamtkonzeption sehen darf.

ERFAHRUNGEN

MIT DER ELEKTRONISCHEN DATEN-

VERARBEITUNG AUF MEDIZINISCHEM

SEKTOR IN ANDEREN LÄNDERN

ERFAHRUNGEN MIT DER EDV
AUF DEM MEDIZINISCHEN SEKTOR IN UPPSALA

W. Schneider

Eine neuartige Strategie für die Einführung der elektronischen Datenverarbeitung in Krankenhäusern wurde in Uppsala entwickelt (1).
Folgende Gesichtspunkte waren hierbei massgebend:

1) Die Eigenart in der funktionellen Struktur eines Krankenhauses
(Verwaltung, Laboratorien, ambulante und stationäre Behandlung) und
die sich daraus ergebenden Anforderungen an Priorität, Schweigepflicht und Verantwortung für die laufende Bearbeitung.

2) Die ständigen Änderungen in der funktionellen Struktur eines
Krankenhauses und die damit notwendig verbundene Bereitstellung von
Programmen und maschineller Ausrüstung in Form funktionell geschlossener und, unabhängig vom Gesamtsystem, austauschbarer Einheiten.

3) Die innerhalb jeder Funktion gewünschte Vereinheitlichung des
Betriebes für möglichst viele Krankenhäuser verschiedener Grösse.

4) Der Bedarf einer hierarchisch gegliederten Lagerung der gesamten Information über einen Patienten in örtlichen, regionalen und
zentralen Registern zum Zwecke laufender Bearbeitung, interregionalen Austauschs und lexikographischer Verwendung.

Der programm- und verarbeitungstechnische Aufbau des in Uppsala
nach dieser Strategie (MSS Multi-Satellite-System) entwickelten Informationssystems entspricht maschinentechnisch einer Datenverarbeitungsanlage , die mit einer Reihe von Satelliten in Verbindung
steht.
Auf die regionale Einheit entfällt die Lagerung der vollständigen
Krankengeschichten. Die Daten werden laufend von den verschiedenen
örtlichen Satelliten eingesammelt und geeigneten Registern zugeführt.
Eine derartige regionale Datenbank ermöglicht
a) Follow-up Untersuchungen von Patienten
b) Statistische Bearbeitungen

c) Schnellen Zugang zu kritischen Daten (Blutgruppe, Allergien usw)
d) Kurzfristige Ergänzung örtlicher Register
e) Überregionalen Austausch von Patientendaten
f) Fortlaufende Ergänzung der zentralen Register

Für die beiden ersten Gruppen liegen fertige Programmeinheiten vor.
Die Programmeinheit für die statistische Bearbeitung wurde bereits
von anderen Datenverarbeitungszentralen übernommen. Für die übrigen
Gruppen werden gegenwärtig geeignete Programmeinheiten in Zusammen-
arbeit mit dem schwedischen Sozialamt, dem Krankenhaus Danderyd in
Stockholm und IBM versuchsweise entwickelt.

Die Aufgaben der Satelliten bestehen darin, die unmittelbaren Da-
tenverarbeitungsprobleme einer oder mehrerer Funktionen zu lösen.
Den gegenwärtigen Bedürfnissen der Krankenpflege in der Region
Uppsala entsprechend wurden folgende Satelliten in Betrieb genommen
oder geplant:

a) Selbstbedienungssatellit für klinisch chemisches und bakterio-
logisches Labor sowie für Patientenregistrierung. Die Programmeinheit für das chemische Labor (CLS) ist seit einigen Monaten an drei
Krankenhäusern der Region Uppsala in Betrieb und wird im Laufe des
Jahres 1969 von einer grösseren Anzahl in- und ausländischer Labors
übernommen. Die Einsammlung der Labordaten erfolgt über eine IBM
1080. Eine on-line Variante der IBM 1800 ist in Vorbereitung. Die
Programmeinheit für die Patientenregistrierung ist seit längerer
Zeit in drei Krankenhäusern der Region Uppsala in Betrieb und wird
in Kürze von weiteren Krankenhäusern übernommen. Eine Verbindung
dieser Programmeinheit mit CLS unter Einschluss positiver Probenidentifizierung wird vorbereitet. Am bakteriologischen Labor erfolgt die Einsammlung der Daten mit Hilfe optisch lesbarer Markie-
rungsbelege.

b) Satellit zur Einsammlung der Daten für Krankengeschichten ambu-
lanter und stationärer Patienten und zur Weitergabe an die regionale Einheit. Der Aufwand für das Einsammeln der Daten darf unter keinen Umständen den Zeitverbrauch für das Ausschreiben der herkömmli-
chen Krankengeschichte übersteigen. Hierfür geeignete Geräte werden
gegenwärtig erprobt. Die Entwicklung erfolgt in Zusammenarbeit mit
IBM auf einer IBM 1130.

c) Satellit zur Bearbeitung radiophysikalischer und klinisch phy-
siologischer Labordaten. Vor kurzem wurde in Uppsala in Zusammenarbeit mit Elema-Schönander/Siemens WWMED ein langfristiges Entwick-

lungsprojekt in Angriff genommen. Die Versuche werden auf einer
Siemens 305 durchgeführt werden.

d) Auf längere Sicht ist die Installation eines Satelliten zum
Einsatz bei klinischer Intensivbehandlung geplant. Die Entwicklung
wird von einer Gruppe von Ärzten unter der Leitung von Prof. Dr.
Norlander in Zusammenarbeit mit Standard Radio Schweden am Stock-
holmer Krankenhaus "Karolinska sjukhuset" durchgeführt und seit
längerer Zeit im täglichen Betrieb erprobt.

Beim Satelliten für klinische Intensivbehandlung tritt einer der
Hauptvorteile der MSS-Strategie deutlich hervor. Die Entwicklung
und Erprobung der EDV einzelner Funktionen kann da geschehen, wo
die Voraussetzungen dazu am geeignetsten sind. Diese für jeden Fort·
schritt absolute Notwendigkeit wird im Rahmen der wohlbekannten
Zentralplanungen leider allzu oft übersehen. Wieviele grossaufge-
zogene Projekte auf dem Gebiete der medizinischen EDV in den USA
und Europa sind nicht gerade deshalb mehr oder weniger gescheitert.

Literatur

(1) SCHNEIDER,W.:   Integration of Data from a Computer
                          Automated Laboratory into a Genera-
                          lized Hospital Information System.
                          Methodik der Information in der Me-
                          dizin Suppl. 3,1968

DATA PROCESSING IN CLINICAL BIOCHEMISTRY

T. P. Whitehead

Data processing began to be used in the Biochemistry Laboratory of
the Queen Elizabeth Hospital in June, 1964. At first we used a
simple punch card system. We introduced the system for a fourfold
purpose. First, to reduce the clerical labour of scientific staff
in the laboratory and medical staff in the wards; second, to gain
experience in data processing prior to the possible installation of
a computer; third, to show that data in a computer-readable form
was of use in laboratory management and patient care; fourth, to reduce errors in patient identification by communicating information
in a machine-readable form.

We have realised our objective during the last three years as the
techniques have been developed and altered. At first, analysis of
the data was performed on a card sorter, later we used a computer at
a commercial data centre and since early in 1967 we have been using
the hospital IBM 1440 computer. The equipment in the laboratory has
not varied during this time and consists of an IBM 870 system which
is a card punch with an electric typewriter link. The facilities of
the system are such that at the time of punching a card, all, or
selected parts, of the information being punched, can be automatically typed on the adjacent typewriter. In addition, by inserting
cards into punching machine, information already punched on the
card may be typed to a selected format. The usual facilities for
duplicating cards are also available.

Description of Present System

The request for laboratory investigations

In the majority of the hospitals in this country, the doctor in the
ward usually makes a request for laboratory investigation on a request form which gives details of the patient and also the test re-

quired. The patient's details may be written by the doctor or nurse and it is the experience of most laboratories that a great deal of the required information is either incorrect or missing. The 'Addressograph' system using pre-printed labels overcomes inaccuracies and the data are complete but transferring such data into a laboratory data-processing system is subject to error and is a manual task.

We are utilising the data-processing system in the Registration Dept. of the Queen Elizabeth Hospital, where, when a patient is admitted, the details of name, forenames, year of birth, sex, registration number, and ward are prepared on an IBM 826 system. Request punch cards are then mechanically generated from this master card, this is a simple task for the operator taking five seconds per card. Five cards are prepared for every patient admitted and these are placed in the patient's notes. This number of cards was decided upon after a survey of patient requests showed that this was the most economical and suitable number. On reaching the ward these five cards are placed in a convenient rack adjacent to the resident doctor's desk where requests for laboratory work are written. Using one of these cards he is only required to "ring" the appropriate test required, add the date and then complete the details on the reverse of the punch card. This card contains the same patient identification details as the small wrist-band worn by each patient and the two are compared before blood is taken from the patient. On the blood specimen tube is written the patient's name, and date. The blood or other types of specimen are sent to the laboratory along with the punch card. On arriving in the laboratory, a number is allocated to the specimen, this is written on the specimen and on the punch card, this is called the specimen number and begins at 001 at each day.

Some specimens have more than five laboratory requests and therefore need additional request cards in their notes. This situation is dealt with by specially marking the fourth card of the five originally supplied to the ward. When this fourth card is received in the laboratory, a further five request cards are produced and sent to the ward so that they may be used for further requests.

Data processing within the laboratory
A flow-chart of the method of handling data within the laboratory is

shown in Fig. 1. In this diagram a single arrow (>) represents a
manual process, a double arrow (>>) a mechanical process. This
data flow occurs in four stages as follows:

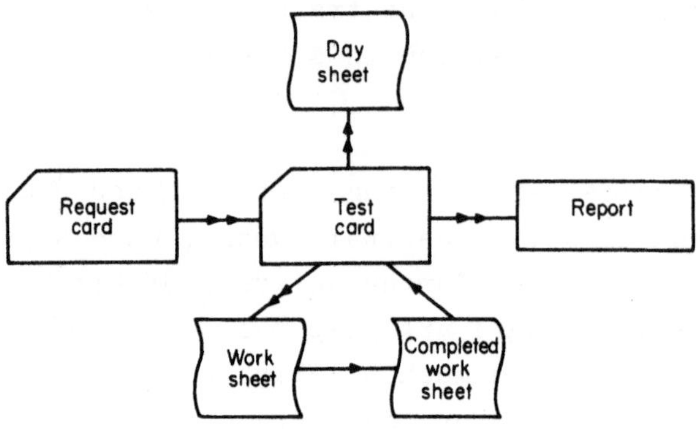

Fig. 1

1. Additional processing of the request card and preparation of
    the day sheet

Immediately on receipt, the request card is placed in the 870
machine and the first twenty-eight columns are copied on to one or a
series of test cards. The punch operator adds the date and the test
number of the analysis required. During this process the typewriter
automatically prints a list of all specimens coming into the department on that day. This list, known as the day sheet, is displayed
in the laboratory to act as a ready means of telling whether a
specimen has been received and it gives laboratory workers information on workloads. The day sheet may contain additional information, for example, that a specimen is urgent or details of unusual
tests which are not individually specified on the test cards by test
number.

2. Preparation of work sheet

Depending on the workload the test cards are sorted into test groups
by hand or machine. The groups correspond to work areas in the
laboratory. A work sheet is then prepared for each group. This work
sheet is automatically typed by cycling the sorted test cards
through the 870 system. The work sheet is collected by the appropriate laboratory worker and it is held in a looseleaf notebook. The
test cards are kept in the same order as the work sheet listing
while the analytical work is carried out. Analytical results are

written on to the work sheets by the laboratory worker on completion
of analyses, this being the only clerical task required of the
scientific staff on routine work.

3. Punching results into the test cards
As the test cards are maintained in the same order as the work sheet
listing, transferring the results from the work sheets is eased. A
visual check of the patient identification printed along the top of
the card is all that is necessary before punching the results from
the work sheet. Recording and punching results are manual operations
and therefore subject to more error.

Improvements to these processes, that is by mechanically calculating
the result and automatically recording this in a computer-readable
form, is the next data-processing task under investigation in this
department.

4. Preparation of the report
The report is typed by the 870 system from the completed cards which
now contain the patient identification and the result. The salary-
slip type of report is used as it constitutes convenient stationary
for use with the 870 system and provides economical and acceptable
display in patient's notes. Many such reports can be attached to
one mount sheet in a patient's notes and all may be seen without
turning over of several report forms.

The ten different coloured test cards are all of the same general
format, each one corresponding to a specific report form.

Applications of Computer-readable Data

It is important to emphasise that the computer readable data on
punch cards is produced as a by-product of a data processing system
which in itself is worthwhile for the production of laboratory
reports.

The IBM 1440 computer was installed at the beginning of 1967. It is
a 16K random access machine equipped with magnetic disc drives and
tape units, a paper-tape reader, a card reader and punch and a line
printer. Prior to the installation of this computer, facilities at

a data centre were used. The present computer is housed some
200 yards from the laboratory. All programs have been written in
Fortran IV with the exception of the cumulative report project in-
volving extensive file handling for which a commercially orientated
language is more suited.

During the last two years we have concentrated on the use of the
computer in assessing the accuracy and precision of laboratory
results ("quality control") and in laboratory management techniques.
Quality control of laboratory results is an increasingly important
facet of laboratory management and maintaining accuracy and precision is an important aid to a laboratory head.

Quality control in the hospital laboratory may only be fully ex-
ploited by having data in computer readable form. The use of the
computer for quality control statistical calculations is fully described in a previous paper (WHITEHEAD, BECKER, PETERS, 1968).

Biochemical Profile

The use of mechanised analytical systems and data processing has
enabled us to expand our work into the area of biochemical profile
techniques of investigation. That is, performing as many as sixteen
biochemical tests on all patients entering the hospital whatever
their clinical condition . We have been doing this as an experiment.

The experiment has been designed so that all the information was
available in a computer readable form and this has provided
most stimulating and worthwhile information on patient investigation
with implications well outside our own investigation. It also shows
some of the power of the digital computer in handling data. This
work has been fully described in a previous paper (WHITEHEAD, 1968)

Cumulative Reporting

During the last few months we have been sending all our results on
punched cards to the Computer Centre in the hospital. These have
been processed in order to produce a report on each patient which
not only includes that days results but all previous biochemical
results on that patient. These cumulative reports, which are only
produced if there are more than five biochemical results on the
patient file or if the patient is being discharged, are then sent to
the ward for consideration by the clinical staff and later insertion

into the notes. This reporting system will be fully reported else-
where.

Acknowledgements

This work described in this paper was done with many collaborators
including Dr. J. F. Becker, Mrs. Margaret Peters and the staff of
the Computer Centre of the Queen Elizabeth Hospital.

The projects were financed by the Department of Health and Social
Security, The Nuffield Provincial Hospitals Trust and the Medical
Research Council.

References

WHITEHEAD,T.P.,BECKER,J.F.,   Computers in the Service of
PETERS,M.:   Medicine (Shegog and McLachlin)
    Vol. 1, 115

WHITEHEAD,T.P.:   Bio-Medical Engineering 3, 476
    (1968)

DATENVERARBEITUNG IM KLINISCHEN LABORATORIUM *

R. Richterich und H. Ehrengruber

Entwicklung der klinischen Chemie

Die klinische Chemie hat sich in den letzten zehn Jahren aus einem
medizinisch relativ unwichtigen Spezialgebiet zu einer selbststän-
digen Disziplin entwickelt (1). Die Bedeutung der "chemischen Diagnose" wird vom Arzt nur selten noch unterschätzt. Die exakte Analyse von Körperflüssigkeiten beim Kranken bildet heute einen wesentlichen Bestandteil des ärztlichen Rüstzeugs.
Die Zahl der im Zentrallabor des Inselspitals Bern durchgeführten
Analysen hat sich während der letzten fünf Jahre verdoppelt (Tab.1).

Tabelle 1. Zahl der quantitativen Analysen im chemischen Zentrallaboratorium des Inselspitals Bern 1963 - 1967

Jahr	Analysenzahl		Analysenzahl pro Patiententag
	Absolut	Zunahme gegen- über 1963	
1963	153845	--	0,319
1964	171412	+ 11,4 %	0,354
1965	208147	+ 35,3 %	0,420
1966	272409	+ 77,1 %	0,570
1967	316966	+ 106,1 %	*

* noch nicht bekannt

Diese Zunahme der Analysenzahl scheint ein allgemeines Phänomen zu
sein, liegen doch ähnliche Berichte auch aus Deutschland, England,
Kanada und den USA vor. Die Ursache für die exponentielle Zunahme
der Analysenzahl ist zweifacher Natur: einerseits werden pro Patient pro Spitaltag mehr konventionelle Analysen durchgeführt und andererseits müssen jedes Jahr 3 bis 5 neue Analysenmethoden in das analytische Programm aufgenommen werden. Bei diesen neuen Methoden han-

* Aus: Die Naturwissenschaften, 55, 368-374 (1968).

delt es sich meist um die Bestimmung von Enzymen, Metaboliten oder
Hormonen, also um Stoffe, bei denen das analytische Vorgehen keines-
falls einfach ist.

Rationalisierung

Da einer der Analysenzahl parallellaufenden unbeschränkten Ausdeh-
nung der Spitallaboratorien aus räumlichen, personellen und finan-
ziellen Erwägungen Grenzen gesetzt sind, muss nach Methoden der Rationalisierung gesucht werden; diese darf jedoch auf keinen Fall auf
Kosten der Qualität der Resultate erzwungen werden. Bevor Rationa-
lisierungen vorgenommen werden können, ist es unumgänglich, zunächst
eine genaue Analyse des Zeitaufwandes für die einzelnen bei einer
Bestimmung notwendigen Schritte vorzunehmen. Erfahrungsgemäss entfallen etwa 1/3 des Zeitaufwandes auf Vorbereitungen u. ä., 1/3 auf
die eigentliche Analytik und 1/3 auf Schreibarbeiten irgendwelcher
Art. Gewöhnlich wird der Schreibaufwand in den Laboratorien unterschätzt, doch zeigen alle sorgfältigen Studien, dass dieser zwischen
20 und 40 % der gesamten Arbeitszeit liegt (2). Es stellt sich nun
die Frage, ob versucht werden soll, zunächst durch Automation die
Analytik zu beschleunigen, oder aber durch elektronische Datenverarbeitung die Schreibzeit , zu reduzieren. Im Gegensatz zu vielen anderen Laboratorien haben wir uns entschlossen, die Rationalisierung bei
der Datenverarbeitung zu beginnen, und zwar auf Grund folgender
Überlegungen: Die Datenverarbeitung ist in ihrer technischen Entwicklung heute schon sehr weit fortgeschritten, und mit fundamentalen, prinzipiellen Änderungen des Arbeitsablaufes ist kaum zu rechnen. Zwar werden weitere Zusatzgeräte neue Möglichkeiten eröffnen,
die Rechenzeit wird kürzer, die Speicher grösser, doch bleibt der
Ablauf der Vorgänge im Prinzip gleich, und die Umstellung auf neue
Maschinen erfordert nur relativ geringfügige Abänderungen der Ar-
beitsabläufe und der Programme.
Im Gegensatz dazu ist die Automation auf dem Gebiet der chemischen
Analytik noch in ihren Anfängen. Es kann mit Sicherheit vorausgesagt
werden, dass in den nächsten fünf Jahren die heutigen "Automaten
1. Generation" durch raschere, vielseitigere und weniger störanfäl-
lige Geräte ersetzt werden. Somit lag es nahe, die Rationalisierung
auf dem Datensektor zu beginnen und erst später auf den Analytik-
Sektor auszudehnen.

Nach dreijähriger Planung und ca. einjähriger Vorbereitungszeit haben wir im August 1967 das unten beschriebene System in den Laboratorien der Kinderklinik eingeführt. Im Januar 1968 wurden die grös-

seren medizinischen und chirurgischen Kliniken angeschlossen. Grundsätzliche Änderungen des Systems mussten nicht vorgenommen werden.

Beschreibung des Systems

Maschinen

Das Inselspital ist zum grössten Teil eine Universitätsklinik mit
insgesamt 1200 Betten und grossen Polikliniken. Zur Zeit besteht
das Chemische Zentrallabor aus 7 räumlich getrennten Einzellabora-
torien, die innerhalb des nächsten Jahres in einem Neubau zentral
untergebracht werden. Das Datenverarbeitungssystem wurde in enger
Zusammenarbeit mit dem Rechenzentrum der Universität Bern (Leitung:
Dr. R. HÜSSER) entwickelt; dort erfolgt auch die Auswertung der Daten. Die zur Verfügung stehende Anlage ist ein Computer vom Typ Bull
Gamma 30 mit einem Kernspeicher von 40 000 alphanumerischen Positionen zu je 6 Bits, 6 Magnetbandstationen, Kartenleser, Kartenstanzer
und Schnelldrucker (1000 Zeilen pro min). Dazu kommen die üblichen
Hilfsgeräte, etwa Sortiermaschinen und Schneidmaschinen. Das Inselspital verfügt über zwei Maschinenlocher für das Lochen der Karten.
Das Lochen der unten beschriebenen Resultat-Karten erfolgt peripher,
d. h. in unseren Laboratorien; es wird durch technische Assistentinnen vorgenommen. Zur Auswertung werden die fertigen Karten täglich
um 16.45 Uhr an das etwa 1,5 km entfernte Rechenzentrum gebracht
(Transport per Auto). Die Verarbeitung der Spitaldaten erfolgt täglich um 17.00 Uhr. Sie hat Priorität, d. h. alle anderen Aufgaben
werden in diesem Zeitpunkt unterbrochen. Die Verarbeitungszeit für
etwa 1000 Tests beträgt ca. 15 min.

Input-Formulare
Zur Dateneingabe werden zwei Typen von Formularen verwendet: eine
Stamm-Karte und eine Resultat-Karte.
Die Stamm-Karte (Fig. 1) enthält administrative Angaben. Sie wird für
jeden Patienten einmal erstellt: Unmittelbar nach Spitaleintritt eines Patienten erhält das Labor-Sekretariat dessen personelle Angaben
und fertigt eine solche Stamm-Karte an. Die Stamm-Karten für alle
hospitalisierten Patienten werden alphabetisch in einer Stamm-Kartei
aufbewahrt. Beim Spitalaustritt wird die Karte aus der Kartei herausgenommen und kann für andere Zwecke, z. B. für die Herstellung einer
Diagnosen-Kartei, verwendet werden.
Der Aufbau der Test-Karten geht aus Fig. 2 hervor. Durch Reproduzie-
ren werden für jeden im Labor durchgeführten Test ein Stoss Karten
mit vorgedrucktem und vorgelochtem Test-Code vorbereitet. Dieser
Test-Code, über den an anderer Stelle ausführlicher berichtet wird,

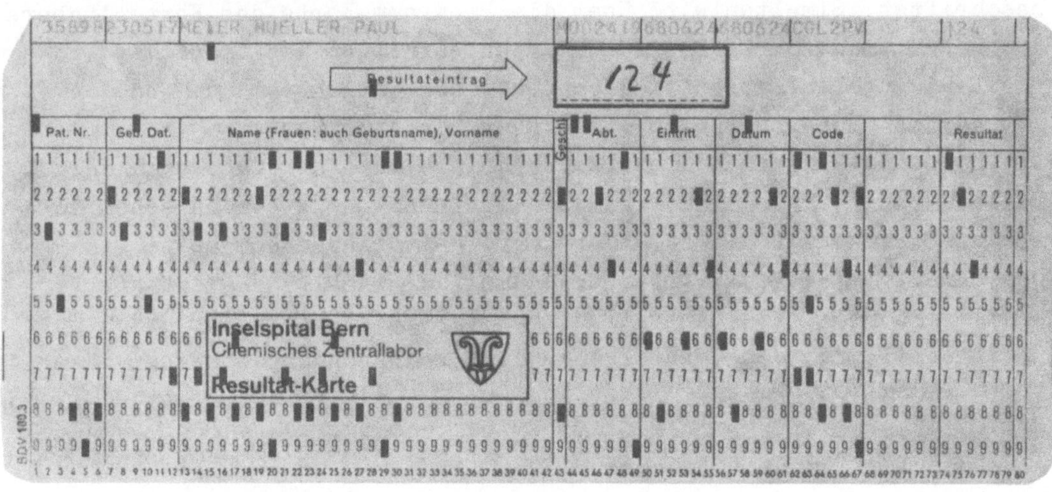

Fig. 1   Stamm-Karte zur Identifizierung des Patienten

Fig. 2   Resultat-Karte. Das von der technischen Assistentin manuell
eingetragene Resultat wird vor der Verarbeitung im Computer
in die Kolonnen 74 - 79 gelocht

besteht aus 6 alphanumerischen Code-Einheiten. Der 1. Buchstabe bezeichnet das Laboratorium (z. B. C für Chemie oder H für Hämatolo-
gie). Der 2. und 3. Buchstabe definiert die zu analysierende Substanz, z. B. GL für Glucose, oder NA für Natrium. Die 4. Zahl wird
zur internen Beschreibung der Methodik verwendet. Die heute verwendeten Techniken haben die Ziffer 1; wird eine neue Methode oder ei-

ne neue Modifikation eingesetzt, so wird diese 1 durch eine 2 ersetzt werden. Dies erlaubt zu einem späteren Zeitpunkt eine eindeutige Identifizierung der für einen bestimmten Test verwendeten Methode. Der 5. Buchstabe kennzeichnet das Untersuchungsmaterial,
z. B. P für Plasma. Der 6. Buchstabe schliesslich wird für Ergän-
zungs-Angaben verwendet, etwa V für venös. Diese Resultat-Karten
werden in einer Resultat-Karten-Kartei aufbewahrt.

Arbeitsablauf im Labor

Blutproben und Bestellkarten werden von den Abteilungen in das La-
borsekretariat geschickt. Auf Grund der Personalien wird zunächst
die Stamm-Karte für den entsprechenden Patienten aus der Stamm-Kartei hervorgesucht. Für jeden der geforderten Tests wird aus der Re-
sultat-Kartei je eine Karte gezupft und hinter die Stamm-Karte gelegt. Mit Hilfe der peripheren Kartenlocher wird nun die auf der
Stamm-Karte enthaltene Information auf jede der einzelnen Resultat-
Karten übertragen. Jede Karte wird gleichzeitig mit dem Lochen auch
beschriftet. Simultan wird über die Programm-Karte des Kartenlochers
das Datum eingelocht. Die Test-Karten enthalten jetzt gelocht und
im Klartext alle Personalangaben über den Patienten, den Code der
gewünschten Untersuchung und das Datum der Analyse.
Die Karten gelangen in dieser Form in die Laboratorien. Nach der
Durchführung der Analyse wird das Resultat von der technischen Assistentin direkt auf die Resultat-Karte geschrieben und später im La-
borsekretariat gelocht. Die Verwendung der Resultat-Karten als Ver-
bundkarten macht die Herstellung von Arbeitsblättern für jeden Test
überflüssig; für die Herstellung solcher Listen wurde bisher beträchtliche Zeit aufgewendet.

Arbeitsablauf im Rechenzentrum
Der Arbeitsablauf im Rechenzentrum ist schematisch in Fig. 3 (3)
dargestellt. Es werden 4 Standard- und 9 Spezial-Programme (COBOL)
benötigt. Nach dem Einlesen, Prüfen und Sortieren der Resultat-Karten entstehen im Programm 4 als erstes Produkt die "Laborlisten"
(Fig. 4)

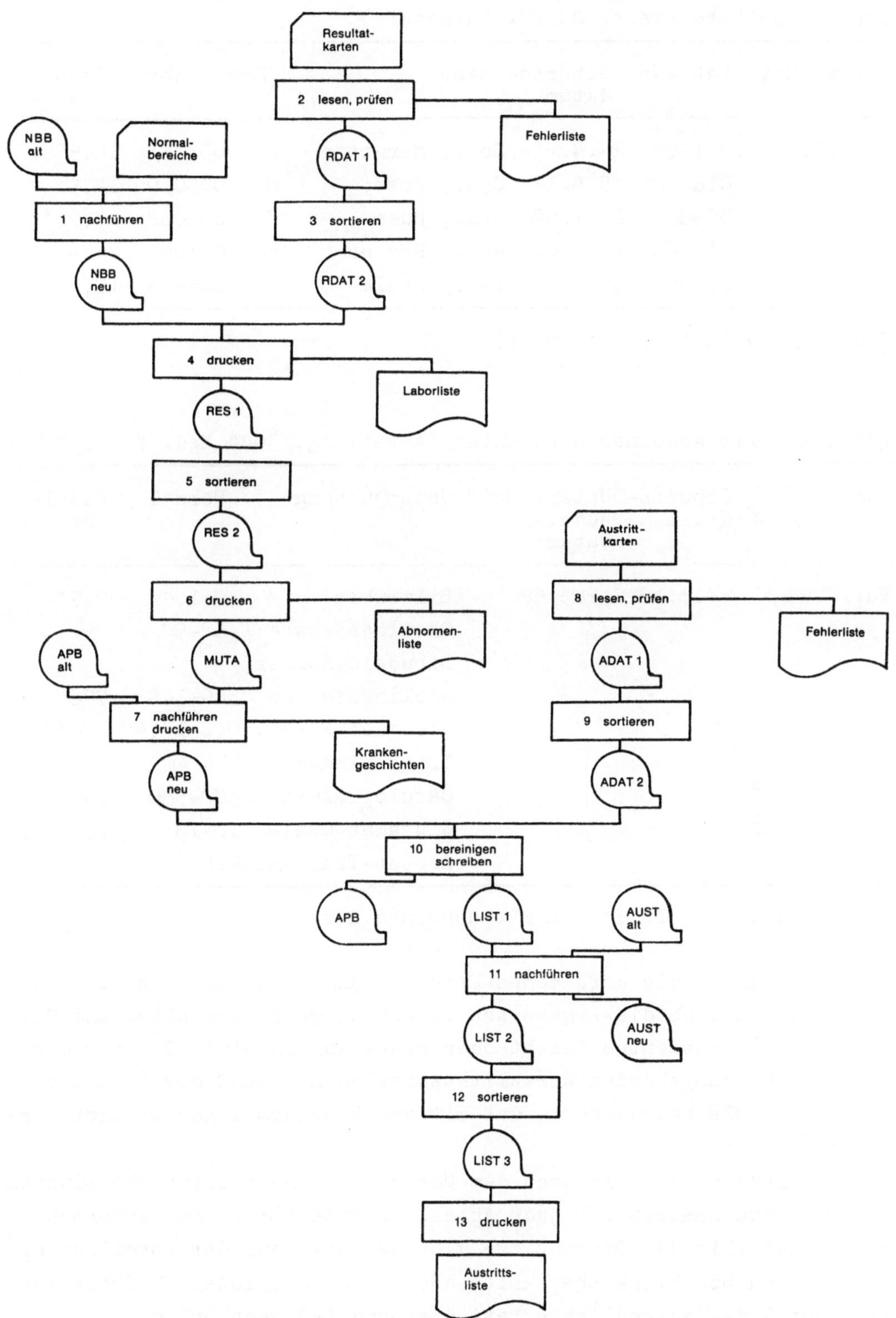

Fig. 3 Arbeitsablauf für die Auswertung von Laborresultaten
(aus HÜSSER, 1968)

Labor-Resultate (Test: CUA2PV Harnstoff)

Datum	Zeit	Pat.-Nr.	Geburts- datum	Name		Sex	Abt.	Resul- tat
12.3.68		011468	24.4.94	Sol.,	Margrith	F	003062	14,5
		018138	5.4.12	Spe.,	Josef	M	003059	14,5
		009848	24.1.99	Utz.,	Rosa	F	003062	23,7 **
		011668	19.5.00	Wei.,	Rosina	F	003060	24,4 **
		016048	31.3.10	Zau.,	Paula	F	002416	18,2 *

Fig. 4 Laborliste (Ausschnitt)

Patienten mit abnormen Resultaten (Abteilung: 3044 Med. Kl. I' 9)

Name	Geburts- datum	Unter- such.- Datum	Zeit	Untersuchung	Normal	Resul- tat
Vui., Rog.	23.3.19	12.3.68		Bilirubin	0-1,4	7,7*
				Cholinesterase: Dibucain-Nummer	62-90	82
				Cholinesterase	560-1492	778
				Glutamat-Pyruv. Transaminase	0,2-13,4	220**
				Cäruloplasmin	300-580	640
				Glutamat-Oxal- Acetat-Transaminase	10-18	280

Fig. 5 Liste der Patienten mit abnormen Resultaten (Ausschnitt)

Diese enthalten die gefundenen Untersuchungswerte zusammen mit einer
Kennzeichnung, ob die Ergebnisse in Abhängigkeit vom Alter und Geschlecht des Patienten leicht oder stark abnorm sind. Die für die
Vergleiche massgebenden Normalitätsangaben sind auf dem Normalbereichsband NBB gespeichert, das mit dem Programm 1 nachgeführt werden kann.
Das Programm 6 erstellt nach dem Umsortieren nach Spitalabteilungen
und Patientennummern für jede Abteilung eine "Liste der abnormen
Resultate" (Fig.5). Diese Liste gibt dem Arzt auf der Abteilung einen raschen Überblick über kritische Fälle. Schliesslich führt das
Programm 7 das akkumulierte Patientenband APB nach und druckt
gleichzeitig ein "Einlageblatt für die Krankengeschichte" (Fig. 6).

Name: **DAE MARKUS** Abt.: **2717 KI, KL, MED, B** C

Pat. Nr.: **223007** Geb. Datum: **3, 6,65** Alter: **2 JAHRE**

Analyse	Norm	4,12,67	3. 1.68	8, 1.68	29, 1,68	17. 2,68
Hämolyse	0	0	0	0	0	0
Ikterisch	0	0	0	0	0	0
Lipämie	0	1 *	0	0	0	0
Elektrolyte, Säure-Basen-Haushalt, mMol/Liter (P, S)						
Natrium	127-143		134	134	137	136
Kalium	2,36-7,08		4.2	4,7	4,85	4,7
Calcium, mg/100 ml	10,4-12,0		8.8 **	9,0 **		
Magnesium						
Chlorid	96-108		96	93 *	103	101
Anorgan. Phosphor, mg/100 ml	3,5-5,5		2.84 **	4,6		
Bicarbonat (vB)						
Bicarbonat (cB)						
Basen-Excess (cB)						
pCO$_2$ (cB), mm Hg						
pH (cB), Einheiten						
Osmolalität, mOsm/Liter						
Schwermetalle, μg/100 ml (P, S)						
Eisen						
Eisen-Bindungs-Kapazität						
Metabolite, g/Liter (P, S)						
Glucose (vP, vS)						
Glucose (cB)						
Protein, g/100 ml	5,80-8,60		6.7			
Harnstoff, mg/100 ml	0-16		15.1		10,8	14.2
Harnsäure, mg/100 ml						
Creatinin, mg/100 ml						
Cholesterin, mg/100 ml						
Bilirubin, mg/100 ml						
Bilirubin, direkt, mg/100 ml						
Enzyme, μMol min^{-1} Liter^{-1} (P, S)						
GOT	6-22	19	25 *		38 **	
GPT	0,2-13,4	12	14 *		20 **	
Glutamat-Dehydrogenase						
Cholinesterase	560-1492	1144	915			
Dibucain-Nummer	62-90	88	80			
Caeruloplasmin, mg/Liter						
Alkalische Phosphatase						
Creatin-Kinase	1,2-8,8				10 *	
α-OH-Butyrat-Dehydrogenase						
Lactat-Dehydrogenase	135-299	230	150		230	
α-Amylase						
α-Amylase (U)						
Saure Phosphatase (P)						
Prostata-Phosphatase (P)						
Funktions-Proben						
BSP-Elimination, mg/100 ml						
Phenolrot-Ausscheidung, %						
Xylose-Ausscheidung, %						
Creatinin-Clearance, ml/min						

Fig. 6 Kumulatives Einlageblatt für die Krankengeschichte

Dieses Formular enthält zusätzlich zu den Untersuchungen des betreffenden Tages auch alle früheren Resultate eines Patienten, so dass das neue Blatt das alte ersetzt. Ausser diesen täglichen Arbeiten wird jeden Monat das akkumulierte Patientenband durch das Löschen der ausgetretenen Patienten bereinigt. Ferner entsteht im Programm 13 eine Zusammenfassung aller Laborresultate der in diesem Monat ausgetretenen Patienten in alphabetischer Reihenfolge als Nachschlagewerk für Rückfragen. Das mit dem Programm 11 nachgeführte Aus - trittsband AUST steht für wissenschaftliche Auswertungen zur Verfügung.

Output-Formulare

Vier Typen von Output-Formularen werden durch den Computer hergestellt. Als erstes druckt der Computer eine"Fehlerliste", nachdem unmittelbar beim Einlesen alle eingegebenen Karten auf grobe Fehler wie unmögliche Abteilung, unmögliches Geburtsdatum, nicht-existenter Test-Code usw. geprüft wurden. Die meisten dieser Fehler können sofort behoben werden.
Nach dem Vergleich der individuellen Resultate mit den im Normalbereichsband vorgegebenen Werten entsteht als nächstes eine Laborliste (Fig.4). Diese Laborliste kommt ins Laboratorium und dient der raschen Informierung über die Resultate eines Tages. Sie wird vor allem bei Rückfragen an das Labor verwendet. Ein Sternchen neben einem Resultat bedeutet, dass dieses zwischen 2 und 3 Standard-Abweichungen der Norm liegt, zwei Sternchen, dass das Resultat ausserhalb von 3 Standard-Abweichungen liegt, d.h. sicher abnorm ist.
Als nächstes werden die Resultate nach Abteilungen geordnet. Jeder Abteilungs-Arzt erhält eine "Liste der abnormen Resultate" (Fig. 5)
Auf dieser Liste sind alle Laborresultate derjenigen Patienten angeführt, bei denen mindestens ein Resultat abnorm ist. Diese Liste ermöglicht dem Arzt, sich rasch zu informieren und bei unerwarteten Resultaten eine entsprechende Behandlung einzuleiten, oder aber die Bestimmung im zentralen Notfall-Labor wiederholen zu lassen.
Die Listen der abnormen Resultate werden am nächsten Morgen weggeworfen.
Als letztes werden täglich "Einlageblätter für die Krankengeschichte" (Fig. 6) hergestellt. Dazu werden vorgedruckte Formulare verwendet, die im Rechenzentrum auf A 4-Format zurechtgeschnitten werden. Die rechte obere Ecke ist grün; dies bedeutet, dass es sich um Laboruntersuchungen handelt. Das grosse C bedeutet Chemie Routine.
Der Kopf dieses Blattes enthält die wichtigsten Angaben über den

Patienten, wobei jeweils das Alter des Patienten aus dem Geburtsdatum und dem Datum der Analysen durch den Computer ausgerechnet wird.
In der 1. Kolonne sind die wichtigsten Routine-Tests vorgedruckt.
Anschliessend folgt eine 2. Kolonne, in der die alters- und geschlechtsspezifischen Normwerte für die Patienten angeführt werden.
Schliesslich hat das Formular auf 5 Spalten Platz, um die Resultate
von 5 Analysentagen aufzunehmen. Ist ein Formular voll, so schreibt
der Computer unterhalb der Personal-Angaben: "1. Fortsetzung, altes
Blatt nicht wegwerfen". Dieses Formular kommt in die Krankenge -
schichte; es bietet eine kumulative Darstellung aller Laborresultate.
Schliesslich wird monatlich eine alphabetische Zusammenstellung aller Laborresultate der ausgetretenen Patienten durch den Computer
hergestellt, die ein rasches Aufsuchen der Daten bei Rückfragen ermöglicht.

Diskussion

Bisher sind in der Literatur nur wenige EDP-Systeme für klinische
Laboratorien beschrieben worden (2), obschon zur Zeit eine grössere
Zahl von Laboratorien mit deren Einführung beschäftigt ist. Die
meisten dieser Systeme arbeiten mit einem Computer innerhalb des
Laboratoriums oder des Spitals. Da diese Möglichkeit aus finanziel-
len Erwägungen für uns nicht in Frage kam, versuchten wir, unser
System gemeinsam mit dem Rechenzentrum der Universität aufzubauen
und die tägliche und periodische Verarbeitung der Daten am Rechenzentrum vornehmen zu lassen. Nach unserer bisherigen Erfahrung bietet ein solches Vorgehen nur Vorteile. Am Rechenzentrum steht ständig ausgebildetes Personal zur Verfügung, das bei irgendwelchen
Schwierigkeiten sofort eingreifen kann. Für ein solches Zentrum besteht weiterhin die Möglichkeit, einen viel grösseren Computer einzusetzen, als in einem Spital. Dies ermöglicht eine viel raschere
Verarbeitung, als dies im Spital möglich wäre. Eine vernünftige
Arbeitsteilung und Zusammenarbeit ist natürlich Voraussetzung für
das Funktionieren eines EDP-Systems. Bei uns wird die tägliche Computer-Arbeit durch das Rechenzentrum vorgenommen, während die Ent-
wicklungsarbeit und das Programmieren im Spital erfolgt.
Vor der Einführung einer Datenverarbeitung im Laboratorium muss man
sich über den Zeitaufwand Rechenschaft ablegen (Fig. 7). Wir benötigten eine Studien- und Planungszeit von etwa 3 Jahren, die vor
allem für Literatur-Studium und Besuch von Kongressen und bestehen -
den Systemen aufgewendet wurde. Eine Entwicklungszeit von einem wei-

teren Jahr diente der Entwicklung der Formulare und der Programmierung. Eine Versuchsperiode war überflüssig, da das System vom 1.Tag an funktionierte.

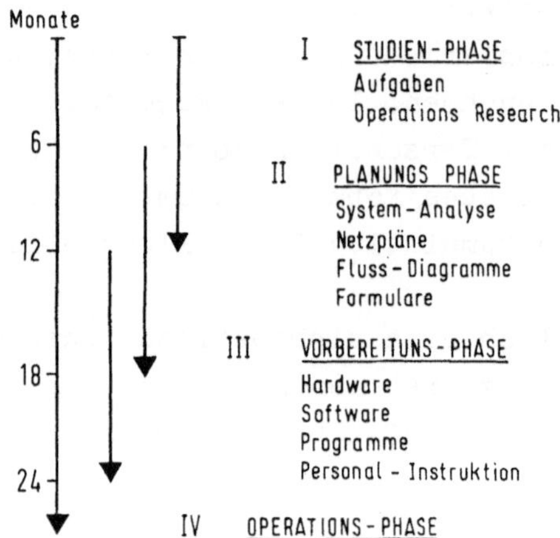

Fig. 7   Zeitaufwand für die Einführung elektronischer Datenverarbeitung in einem mittelgrossen Betrieb

Die Vorteile des verwendeten Systems sind die folgenden:

1. Reduktion der Schreibarbeiten im Laboratorium: Während die Personalien der Patienten bisher 2 - 5 mal pro Test und 2 - 100 mal pro Spitalaufenthalt geschrieben werden mussten, geschieht dies heute nur noch ein einziges Mal. Der Schreibaufwand im Laboratorium wird von ca. 30 % der Arbeitszeit auf 10 % reduziert.
2. Eliminierung von Schreibfehlern im Labor: Besonders bei der Verwendung von Nummern an Stelle der Patienten-Namen kommt es bei den üblichen Systemen relativ häufig zu Verwechslungen. Diese Fehlerquelle wird eliminiert, da alle Testkarten stereotyp auf Grund derselben Stamm-Karte hergestellt werden.
3. Reduktion der Schreibarbeit auf den Abteilungen: Bei den meisten konventionellen Systemen werden die Analysen-Resultate auf einem Zettel auf die Abteilungen gebracht. Auf der Abteilung müssen diese dann chronologisch auf ein Formular übertragen werden. Die Ausgabe chronologischer und kumulativer Einlageblätter für die Krankengeschichte eliminiert diese Fehler.
4. Elimination von Schreibfehlern auf den Abteilungen: Durch das Wegfallen des Übertragens von Resultaten fällt auch die Gefahr von Verwechslungen oder Verschreibungen weg.

5. Vereinfachung der Archivierung von Labordaten: Bei den konventionellen Systemen werden die Laborresultate in Registern oder auf Kopien aufbewahrt. Bei diesen Systemen kann das Aufsuchen eines Resultates bei Rückfragen sehr zeitraubend sein. Auch benötigen diese Systeme viel Platz. An ihre Stelle tritt der alphabetische Monats-Rapport. Für Forschungszwecke liegen die Daten auf Magnetband vor.
6. Automatische Herstellung von Statistiken: Statistiken über die Zahl der Analysen, der Notfallanalysen, der einzelnen Abteilungen usw. können leicht durch den Computer hergestellt werden.

Im Laufe dieses Jahres soll das System in folgenden Richtungen weiter ausgebaut werden:
1. Die bisher verwendeten alters- und geschlechtsspezifischen Normalwerte haben sich bei gewissen Analysen als zu weit gefasst erwiesen. Es soll daher versucht werden, mit Hilfe der auf Magnetband gespeicherten Werte - bisher etwa 100 000 Resultate - diese Werte schärfer zu definieren.
2. Die Qualitätskontrolle der Laborresultate, die bisher manuell vorgenommen wird, soll durch ein entsprechendes Computer-Programm ersetzt werden.
3. Neben den einfachen Routine-Analysen sollen auch alle übrigen Tests auf Datenverarbeitung umgesetzt werden. Zwei weitere Krankengeschichten-Einlageblätter sollen eingeführt werden, eines für die Urin-Analysen (U) und eines für alle Spezial-Untersuchungen (S).
4. Im Rahmen einer besonderen Kommission, der Vertreter der Verwaltung, des Pflegebereichs und der Ärzte angehören, wird versucht, ein einheitliches Kommunikationssystem für alle Spitalbereiche zu schaffen.
Es ist klar, dass die Entwicklung eines durch den Computer gesteuerten Spital-Informations-Systems mehrere Jahre in Anspruch nehmen wird. Dennoch glauben wir, dass sich dieser grosse Arbeitsaufwand lohnt, und zwar keineswegs nur im Interesse einer besseren Ökonomie, sondern vielmehr im Interesse des kranken Menschen, der durch die raschere und sichere Übermittlung von Daten eine bessere Pflege erhalten wird.

Literatur

(1) RICHTERICH, R.:   Klinische Chemie. Theorie und Praxis
                      2. Aufl. Basel-New York: Karger 1968

(2) RICHTERICH, R.:   Council of the Association of Clini-
                      cal Pathologists. J. Clin. Path. 21,
                      229 (1968)

(3) HÜSSER, R.:   Techn. Rundschau Nr. 23 vom 24.5.68
                      (p. 9) und Nr. 25 vom 7.6.1968
                      (p. 25)

IMPLEMENTATION OF A HOSPITAL INFORMATION SYSTEM

H. Korn

In the last three decades, a revolution has occurred in the science
and practice of medicine. The care of a patient today is radically
different in many respects from what it was a generation ago. In a
large part this is a consequence of the tremendous increase in the
understanding of scientific foundation of health and disease. New
techniques, new laboratory tests, and new forms of therapy all based
on this increased understanding have introduced fundamental changes
in patterns of medical practice. Some diseases have vanished, others
once regarded as fatal can now be controlled. Medical care is
evolved with the changing disease incidents and the urbanization of
our population, until current hospital functions bear little re-
semblance to those of fifty years ago. The number of professional
individuals involved in giving medical care to a single patient has
significantly increased. An even greater increase has occured in the
amount of information available concerning the disease process and
the alternative possible therapies.

However, there is one area of medical practice where there has been
very little change. The area of neglect concerns the information
processing that constitutes an integral procedure of medical
practice. Lack of progress in this area has put an increasing
hindrance on efforts toward achieving a higher quality of patient
care. The implementation of a particular plan of action may be very
complex and involve a large number of individuals from the professional and hospital staff, including such diverse groups as the
nursing service, the radio therapy unit, the operation room,
anesthesiology staff, pharmacy, blood bank, dietary kitchen, physio-
therapy unit, the social service staff, etc. A single order may re-
quire repeated communications with several different units and
numerous individuals over the course of many hours or days. A
characteristic feature of the doctor's order is this explosion into a
myriad of different orders and communications. Thus, one simple

order such as the request for a fasting blood test requires a staggering list of routines: filling out the laboratory requisition, determining the type of and amount of the sample, informing the team which draws the blood, notifying the dietary department to delay feeding and then to reinstate the feeding schedule after the test sample has been taken, checking to prevent conflict of orders, and to ascertain that **the** patient will be available for the collection of the sample, collecting the sample, transporting the sample with the requisition to the appropriate lab by the laboratory technician, transcribing the test results from the lab sheet to the original test requisition, filing the information to insure that the appropriate charges to the patient will be made, transporting the completed requisition with the test result to the appropriate patient care unit, and finally, sorting all the test results for a given care unit and posting each result in the appropriate patient's medical record.

With hospital expenses rising at a higher rate than most other services, with an increasing shortage of professional personnel, and a demand for better medical care from all sectors of our population, hospital costs must be contained while services are expanded.

This can most effectively be achieved through efficient utilization of medical personnel and hospital facilities.

With this in mind, approximately 5 1/2 years ago, it was felt that research should be undertaken to determine if a computer can be utilized as the main, single and central ordering, storing and retrieval mechanism for this hospital. From this came our Hospital Information System.

The H.I.S. (Hospital Information System) is the beginning, and only the beginning. It is the first step in a computerized hospital system. This is the first but just as in medical research, many approaches are disgarded and changes are made as testing and use demands. We, too, have made and are making continuous changes in the H.I.S. System.

A Hospital Information Processing System must collect, record, store, retrieve, summarize, transmit and display both qualitative and quantitative patient and administrative data. Objectives established for our Hospital Information System include: 1) control of the hospital work flow, 2) improved hospital service by reduction of professional and staff clerical work loads, 3) aid to medical education, 4) integration of professional and administrative functions, 5) greater efficiency and accuracy of data handling with greater ease of input, 6) faster reporting cycles, 7) provide administrative research for better hospital management, 8) improve patient care through rapid and accurate transmission of patient data, scheduling of patient services, storing patient data for retrieval by the medical staff.

Data is gathered from source points, i.e. the admitting office, nursing stations, laboratories, etc. and are entered into the system via remote terminals. These terminals carry the data from its source to the Computing Center where it can be processed. As a result of being processed, messages are sent back to the source point verifying the correctness of the data received and are also sent to the various service areas: the blood bank, x-ray, pharmacy, etc. initiating action on the patient's behalf. To illustrate how H.I.S. works let us take an example. The clerk on the nursing station will transmit the exact order and patient number to the computer. Once the order is received by the computer a message is sent back to the nursing station to verify that the order received by the computer is exactly what the doctor has ordered. Let's say that this was a pharmacy item, after the verification is sent back to the nursing station, the order is transmitted from the computer directly to the pharmacy. At the pharmacy, a lable is automatically created by the computer indicating patient's name, patient's number, item ordered, dosages, frequencies, doctor's name, and nursing station number, etc. A carbon copy is also created for pharmacy filing purposes. The prescription is then filled and the order sent to the nursing station.

At the same time, the pharmacy inventory is decreased by the amount of the order, the patient's file in the computer is updated to indicate the item that is ordered and a charge is placed in the patient's accounts receivable file.

Another possible example would be in the Clinical Laboratory area. Again, the order is transmitted by the clerk on the nursing station via terminal to the computer. Again, once the order is received by the computer a message is sent back to the nursing station to veri-

fy that the order received by the computer is exactly what the
doctor has ordered.

If the order for the clinical laboratory area is for today, the
order is transmitted directly to the laboratory from the Computing
Center describing the complete order that the doctor has placed.
Once the laboratory has completed the test, the results are transmitted to the computer. Upon receipt of the results, a message is
transmitted from the computer directly to the nursing station
giving all of the results for the patient. This information is also
placed in the patient's accounts receivable file. Then a charge for
the service is placed in the patient's accounts receivable file. If
the test ordered is not for today, the verification message is sent
to the nursing station as described before but no message is sent
directly to the laboratory area. In this case the patient's order
is held in the computer and a report is produced during the computer
night operations indicating all outstanding orders for the next day.
With this report the laboratory area knows all outstanding orders
to be performed for the day plus, of course, all orders processed
that day.

The examples given are only two of the many types of orders that
can be processed. H.I.S. must obviously service the entire hospital
complex in the same manner and this is being done at this time. In
the area of terminal equipment, the original H.I.S. System as installed 15 months ago, utilized what is called a 1001 port-a-punch
card transmitting device whereby the clerk would have to punch out
holes in an IBM card, transmit a card identifying the patient, then
transmit a second card identifying what services were ordered, and
then key in a doctor's code number and tell us she was finished
transmitting. We would then have to pick up cards that were transmitted to us, place them in the computer and start our actual processing back to the nursing station. This type of system took a
minimum of seven to ten minutes to verify back to each nursing
station, what they had ordered. Some of the problems became obvious
immediately, such as, if it takes ten minutes to send back a message to the nursing station, errors may or may not be caught. Many,
many times the clerk was then busy doing something for the nurse or
filling a request for a doctor or just doing her normal clerical
duties. Therefore, many errors messages that came back to the nursing station were missed or ignored and were never seen. We imme-

diately undertook a change in our system. The first areas to re-
ceive the changed system was the outpatient area, where the obvious
need for faster communications is needed. We have placed in the
outpatient area first, what is called a 1092/1093 matrix keyboard.
With the matrix keyboard you could change the names of any of the
buttons so that you may be ordering pharmacy followed by clin labs
followed by an x-ray and utilizing the exact same buttons on one
piece of equipment. The big advantage to the 1092 matrix is the
faster response. We average between ten and thirty-five seconds to
respond back to a nursing station. This helps catch any possible
errors faster, notifies the nursing station faster, the orders are
sent to the pharmacy, x-ray, clin labs faster because within that
same ten to thirty-five seconds they are receiving their message.
But this, too, is not the end. We have placed on order and are now
working towards the goal of using what is known as a CRT units,
(T.V. tubes). We invision that all admissions, nursing stations,
and all of the outpatient areas will be equipped eventually with
the CRT television tubes. This will not only enable ordering for
patients but will enable the doctor, at will, to request information about his patient, any time he wants it, and it will be displayed back within a matter of two or three seconds, no longer
seven to ten minutes. Information such as, what are the open orders
existing for my patient, or what were the test results for the last
three days, what results are in today and what open orders are
there still in the clinical laboratory area, what is the patient's
medical record, and what does his previous medical record look
like.

We have just scratched the surface in the medical record area. This
is another project which will be at least another 18 months -
2 years before it is complete. To computerize completely the medical
records area so that all of the information, statistical studies,
various other things that the medical record library is now used
for will come through the Computing Center.

The new tools that we see in the Hospital Information System that
we have developed will greatly enhance and make the system a true
Hospital Information System. At the present time, a lot of **the limi-**
tations also are in the hardware or the equipment that is sitting
in the Computing Center. This as you may or may not know is being
changed at this time. We started out with older equipment, not quite

as sophisticated. We are now moving into the newest and more
sophisticated equipment. This will enable us to provide better services for the hospital such as the CRTs. Television tubes cannot
perform on our present equipment. They can perform on the new
equipment we are putting in. Hence, one reason for the change. But,
even with the CRT system, we do need to offer more services to the
nursing stations and doctors. Right now, we are investigating and
will shortly be testing a method by which we will tie the SMA/12
auto analyzer that is located in the clinical laboratory area
directly in to our computer in the Computing Center. This will not
only give us faster result reporting and eliminate the need for a
person to transmit the results to us, but will be monitoring and
checking the SMA/12 that is sitting in the clinical laboratory area.
Once we have the SMA/12 automated and tested, we will move on to the
other equipment that is presently in the laboratory. Our limitations
on the number of pieces of equipment that we could put on is virtual-
ly endless. With our new equipment we can tie in things like laboratory equipment, be monitoring and receiving results faster, and obviously transmitting the results back to you, the doctors, faster.
But there is another type of service we could provide with the new
equipment which we must and do see the need for. It's what we call
a MACRO order. A MACRO order is simply, that, by placing one order
it becomes a tree with branches and one order creates maybe five,
six, seven little sub orders. A good example of this is an order
being placed at the nursing station requesting a simple GI Series,
we at the Computing Center should be able to create automatically,
let's say for instance, a medication order for 1 oz. of castor oil
at 9 p.m., nothing by mouth after midnight, cleansing enema at
5 a.m., no breakfast, first appointment in the x-ray department at
9 a.m., hold lunch, drainage film six hours later, so that just in
this one example we've talked about five or six individual orders,
that would new have to be produced at a nursing station to fill the
doctor's one request a GI Series. So the computer should have and
will have the ability for what we call MACRO orders from a large
order, to create five, six, seven orders automatically so long as
they are stagnant orders and it is always the same. Ordering an
SMA/12 basically creates twelve individual orders. Because of our
limitation in equipment right now, we obviously don't handle it this
way, but in essence, this is what it is doing. So what's the
future..........the future lies, we believe, in having the full retrieval system available to all medical personnel, in the use of

television tubes. And what, is so far fetched as having a television
unit or one of our CRT units sitting in a doctor's office, whereby,
he can scan his patients in the hospital, his nurse in the office
would have the ability to pre-admit directly in her office, into our
hospital. He could check the availability of a bed directly on-line
in his own office. What's so far fetched about this? Today, it's
not. What we need is the experience, here at Roosevelt, and some
telephone lines from us to any doctor's office anywhere in the
country. And we provide the service? What's so far fetched about
having a MICRO unit going along with the doctors and the nurses
during the rounds and orders being placed directly from bedside of
the patient? What's so far fetched about EKGs being directly taking
on-line, analysis directly back from the same computer?

Offsetdruck: Julius Beltz, Weinheim/Bergstr.